Nitsch · Praxis des Firmenkreditgeschäftes

Rolf Nitsch

Praxis des Firmenkreditgeschäftes

Erfolgreich beraten, verhandeln
und betreuen

GABLER

Die Deutsche Bibliothek – CIP-Einheitsaufnahme

Nitsch, Rolf:
Praxis des Firmenkreditgeschäftes : erfolgreich beraten,
verhandeln und betreuen / Rolf Nitsch. – Wiesbaden : Gabler,
1993

Der Gabler Verlag ist ein Unternehmen der Verlagsgruppe Bertelsmann International.

© Betriebswirtschaftlicher Verlag Dr. Th. Gabler GmbH, Wiesbaden 1993
Softcover reprint of the hardcover 1st edition 1993

Lektorat: Silke Strauß

Höchste inhaltliche und technische Qualität ist unser Ziel. Bei der Produktion und Verbreitung unserer Bücher wollen wir die Umwelt schonen: Dieses Buch ist auf säurefreiem und chlorfrei gebleichtem Papier gedruckt. Die Einschweißfolie besteht aus Polyäthylen und damit aus organischen Grundstoffen, die weder bei der Herstellung noch bei der Verbrennung Schadstoffe freisetzen.

Die Wiedergabe von Gebrauchsnamen, Handelsnamen, Warenbezeichnungen usw. in diesem Werk berechtigt auch ohne besondere Kennzeichnung nicht zu der Annahme, daß solche Namen im Sinne der Warenzeichen- und Markenschutz-Gesetzgebung als frei zu betrachten wären und daher von jedermann benutzt werden dürften.

Satz: Satzstudio RESchulz, Dreieich-Buchschlag

ISBN 978-3-322-96511-0   ISBN 978-3-322-96510-3 (eBook)
DOI 10.1007/978-3-322-96510-3

Vorwort

Eine Kreditentscheidung im Firmenkreditbereich setzt die Prüfung sehr komplexer, vielschichtiger und zeitabhängiger Kriterien voraus, die je nach Einzelfall extrem variieren können. Daher ist ein einfaches und allgemeingültiges Kreditentscheidungskonzept, welches den Charakter einer Arbeitsanweisung annehmen könnte, nicht darstellbar. Ein systematisches Grobraster, das das Kreditwürdigkeitsfeld gebührend ausleuchtet, ist hier dienlich. Der Autor versteht es, den gesamten Prüfungskomplex, die Prüfungsfelder und die einzelnen Beurteilungskriterien greifbar und dadurch bewertbar zu machen.

Da der Kapitaldienst in der Zukunft erbracht wird, werden die zukunftsorientierten Prüfungsbausteine schwerpunktmäßig herausgestellt und aufgeschlüsselt. Welche Prüfungseinheiten im konkreten Kreditfall heranzuziehen sind und mit welcher Gewichtung sie im Kontext beurteilt werden, muß nach wie vor dem Pouvoirträger überlassen werden.

Die Offenlegung der Vorgehensweise bei einer Kreditprüfung sowie der Kreditüberwachung unterstützt das Kreditwürdigkeitsmanagement. Diejenigen, die das Kreditwürdigkeitsmanagement aktiv gestalten, sind hinsichtlich der Zukunftssicherung ihres Unternehmens immer einen Schritt jenen Firmen voraus, welche die Vertrauensbildung gegenüber den Banken dem Zufall überlassen. Dieses Buch trägt auch zu einer partnerschaftlicheren und vertrauensvolleren Zusammenarbeit zwischen Kunde und Bank bei.

DR. PETER SCHMIDT
Trainer für professionelles
Bankmarketing

Inhalt

A. Stellung der Kreditsparte im Firmenkundengeschäft

1. Inhalt und Umfang des Firmenkundengeschäftes

1.1 Überblick

Das Firmengeschäft schließt neben der Kreditvergabe das Auslandsgeschäft, das Einlagen- sowie Wertpapiergeschäft, das Electronic-Banking-Geschäft und den Komplex Corporate Finance mit ein. Oft überlappen sich die Geschäftsbereiche wie beispielsweise bei den Auslandsfinanzierungen. Die Produktmöglichkeiten im Auslandsgeschäft umfassen

– den dokumentären Zahlungsverkehr (Dokumenten-Akkreditive, Ankaufszusagen, Dokumenten-Inkassi),
– den nicht dokumentären Zahlungsverkehr (einfacher Zahlungsverkehr, Schecks, S.W.I.F.T., Wechsel),
– Garantien (Gewährleistungsgarantie, Anzahlungsgarantie, Vertragserfüllungsgarantie, Lieferungs- und Leistungsgarantie, Bietungsgarantie, Konossementgarantie, Kreditsicherungsgarantie),
– kurzfristige Finanzierungen (Import-Export-Vorschüsse, Bevorschußung, Export-Inkassi, Rembourskredit, Warenlombard, Negoziierung, Bankers Acceptance, Diskontkredit, Deferred Payment),
– mittel- und langfristige Exportfinanzierungen (Lieferantenkredit aus AKA-Plafonds, Gefi-Plafonds, Euromarktmittel, Besteller- oder Käuferkredite aus Plafond C der AKA/Plafond III der Gefi, Finanzkredite an ausländische Kreditnehmer, Diskontierung und Ankauf hermesgedeckter Ausfuhrforderungen),
– den Devisen-/Geldhandel (Währungsfestgelder, Devisen-Kassageschäft, Devisenoptionen, Devisen-Termingeschäft, Financial Futures, Währungskonten).

Ferner zählen zum Auslandsgeschäft Handelsvermittlungen, Barter-, Kompensations-, Switchgeschäfte, Beteiligungsvermittlungen, Edelmetallkonten, Handelsvermittlungen, Projektfinanzierungen, Multi-Currency-Swaps u. a.

Die Electronic-Banking-Produkte haben im Firmenkundengeschäft mittlerweile eine große Bedeutung gewonnen. Electronic Banking umfaßt alle Bankleistungen, durch die unter Zuhilfenahme der EDV Informationen zur Verfügung gestellt und Finanztransaktionen abgewickelt werden. Das Anwendungsgebiet der Electronic-Banking-Leistungen erstreckt sich von der PC-Steuerung bzw. -Kommunikation über den Inlands- und Auslandszahlungsverkehr, die Finanzbuchhaltung, die Finanzdisposition und -planung bis zum Bankauskunftswesen und schließt den Geld-, Devisen- und Wirtschaftsinformationsdienst und die Personalabrechnung mit ein.

Nahezu jedes Unternehmen greift heute auf die vielfältigen Möglichkeiten im Electronic-Banking zurück. Viele größere Firmen, aber auch zunehmend die mittelgroßen Unternehmen, arbeiten bereits mit Cash-Management-Systemen. Cash-Management dient der Information und Disposition über Bankkonten, um damit Verbindlichkeiten und die Anlage von Geldern sowie die Planung und Kontrolle des kurz-, mittel- und langfristigen Finanzbedarfs zu steuern. Electronic-Banking-Produkte sind damit Hilfsleistungen zur rationellen Informationsbeschaffung und Transaktionsabwicklung. Sie sind heute aus dem Geschäftsverkehr kaum mehr wegzudenken, weil damit die Zusammenarbeit mit den Banken durch eine zeitgleiche Informationsbereitstellung über Konten, Kurse und sonstige Wirtschaftsinformationen sichergestellt werden kann.

Aus dem Einlagen- und Wertpapiergeschäft kommen für Firmenkunden insbesondere geldmarktorientierte Passivgeschäfte (Overnight-Geld, terminiertes Tagesgeld, Währungseinlagen, Höherverzinsung von DM- und Währungssichteinlagen, Festgelder in DM oder Fremdwährung) und kapitalmarktorientierte Passivgeschäfte (festverzinsliche Wertpapiere, Aktien) zum Tragen.

Ein relativ junges Geschäftsfeld stellt Corporate Finance dar. Darunter sind alle unternehmerischen Finanzdienstleistungen zu verstehen, die Eigentums- und Kapitalstrukturentscheidungen bedingen. Als Beispiele können Beratungen und Hilfsleistungen bei Nachfolgeproblemen, Neu- und Repositionierungen von Großunternehmen, Projektfinanzierungen, Venture-Capital-Finanzierungen, Mergers & Akquisitions, Emissions- und Emissionsfolgegeschäfte (Going Publics, Kapitalerhöhungen), Spezialfinanzierungen von Unternehmensakquisitionen (Leveraged Buy-Outs/Management Buy-Outs) genannt werden.

Das Firmenkundengeschäft endet also nicht bereits bei den klassischen Bankleistungen, sondern geht weit darüber hinaus. Alles, was einem Firmenkunden „Support" bringt, ist dem Firmenkundengeschäft zuzuordnen, gleichgültig, ob es sich dabei um die Bereitstellung einer Information oder eines Softwareprogramms, einer Vermittlungstätigkeit, einer Beratung, einer Mittelbereitstellung oder einer Mittelanlage handelt. Wichtig ist eine möglichst breite Leistungskette über sämtliche Unternehmensbelange hinweg. Ansatzpunkte zum Ausbau einer Geschäftsbeziehung liefern die aufgezeigten Geschäftsfelder, die in der Regel stark ineinandergreifen und oft gerade dadurch neue Geschäftsmöglichkeiten (Cross-Selling-Profil) etablieren. Es lassen sich beispielsweise im Finanzierungsbereich Produkte zur Absicherung von Zinsänderungsrisiken oder Wechselkursrisiken ergänzend beim Kunden anbringen. Im mittel- und langfristigen Kreditbereich bieten sich Swaps, Caps und Collars an; im kurzfristigen Bereich Forward-Rate-Agreements. Wird die Währungskomponente noch mit einbezogen, könnte beispielsweise ein Zins-Währungs-Swap offeriert werden. Zur Absicherung von Wechselkursrisiken können Devisenterminkontrakte, Devisenoptionen, die Diskontierung von Fremdwährungswechseln, Forfaitierungen etc. angeboten werden.

1.2 Das Geschäftsfeld Firmenkredite

Innerhalb des gesamten Firmenkundengeschäftes kommt dem Firmenkredit sowohl aus Sicht der Bankinstitute als auch aus Sicht der Unternehmen eine wichtige Bedeutung zu. Zum einen ist die Zinsertragskomponente im Aktivgeschäft der Banken immer noch von zentraler Bedeutung, zum anderen ist es für die Unternehmen unverzichtbar, auf Kredite bei Finanzinstituten zurückgreifen zu können. Auch ist die Mittelbereitstellung eine wichtige volkswirtschaftliche Aufgabe der Kreditinstitute.

Unterscheidet man die Firmenkredite nach dem Verwendungszweck, so bietet sich eine Grobaufteilung in Betriebsmittelkredite und Investitionsdarlehen an. Während *Betriebsmittelkredite* neben Lieferantenkrediten und Abschlagszahlungen sowie Anzahlungen vorrangig dazu bestimmt sind, das Umlaufvermögen zu finanzieren und damit eher kurz- bis mittelfristigen Charakter haben, dienen die Investitionsdarlehen bzw. die überwiegend langfristigen Mittelaufnahmen der Finanzierung des Anlagevermögens. Eine weitergehende Differenzierung hinsichtlich der Laufzeit ist nicht möglich, weil die Grenzen fließend sind. So können beispielsweise langfristige Finanzierungsmittel auch für Teile des Umlaufvermögens (sogenannter „eiserner Bestand") geeignet sein und kurzfristige Mittel (Zwischenfinanzierungen) zur Finanzierung von Anlagevermögen. Bei den Betriebsmittelkrediten handelt es sich in der Regel um Kontokorrentkredite (Saisonfinanzierungen, Sicherstellung der Zahlungsbereitschaft während der Leistungserstellung, Sondereinkäufe u. a.), Wechselkredite (Handelswechsel, Eigenakzepte, Konzernwechsel, Gruppenwechsel, Bankakzepte), Eurokredite (mit Roll-over-Perioden von 30 Tagen bis einem Jahr), Tagesgeldkredite (bis-auf-weiteres-Abschlüsse, Laufzeiten zwischen zwei und 29 Tagen und 30 bis 90 Tage).

Bei den Investitionskrediten kann zwischen hauseigenen Krediten und öffentlichen Krediten (Bundes- und Länderprogramme) unterschieden werden. Hervorzuheben ist das Eigenkapitalhilfeprogramm der Ausgleichsbank hingewiesen, das mit vorgeschriebenem Verwendungszweck ohne Übernahme eines Kreditrisikos durch die Bank (volles Obligo der Ausgleichsbank) im Rahmen einer Existenzgründungsfinanzierung ausgereicht werden kann. Fast alle der rund 500 öffentlich subventionierten Darlehen für Investitionen der gewerblichen Wirtschaft haben gemeinsam, daß die Bewilligung der Mittel an Neuinvestitionen gekoppelt sind. Eine Vollfinanzierung aus einem Programm ist nicht möglich, Nachfinanzierungen oder Umschuldungen sind von der Förderung ausgeschlossen, so daß die Antragstellung vor Beginn des Vorhabens vorgenommen werden muß und über eine Hausbank läuft.

Eine Sonderkreditform stellt der Avalkredit dar. Er gehört in die Kategorie der Kreditleihe im Gegensatz zur Geldleihe. Bei den Avalkrediten geben die Bankinstitute ihren „guten Namen" her, um Gewährleistungen, Anzahlungen, Vorauszahlungen etc. gegenüber den Begünstigten (Dritten) zu sichern. Bei den Avalherauslegungen sind Laufzeiten von über vier Jahren (Baubranche, Ausrüstungs- und Großprojektbranche) keine Seltenheit, so daß eine klare Fristigkeitszuordnung im Avalkreditbereich nicht möglich ist.

1.3 Was ist das Besondere am Firmenkreditgeschäft?

In keiner Firmenkundensparte ist vor einer Geschäftsvereinbarung eine so tiefgehende und breitgefächerte Überprüfung notwendig wie im Kreditbereich. Das Informationsbedürfnis eines Firmenkundenbetreuers ist daher entsprechend groß. Er ist gehalten, solange zu recherchieren, bis er davon überzeugt ist, daß die Rückzahlungs- und Zinsverpflichtungen unter bestimmten Zukunftsprämissen – die wahrscheinlich und plausibel sowie anhand von Ertragspotentialen untermauert sein müssen – vertragsgerecht eingehalten werden können. Das Prüfungsprozedere ist nicht nur aufgrund bankinterner Richtlinien und Vorgaben, sondern auch durch Gesetze reguliert und konzipiert. Gerade bei Firmenkunden, die mit Informationen und Unterlagen sehr zurückhaltend sind, ist es sehr schwierig, die notwendigen Daten und Zahlen zu erhalten, ohne eine Verärgerung zu riskieren. Hier ist behutsames und sensibles Vorgehen gefragt, um die Beziehungsqualität zum Kunden nicht unnötig zu belasten.

Eine weitere Besonderheit hebt das Firmenkreditgeschäft von allen anderen Geschäftssparten ab: Die Qualität der Bankbeziehung wird von fast allen Firmenkunden daran gemessen und bewertet, wie die Kreditvergabe gehandhabt wird. Wird diesbezüglich eine Bank höher eingeschätzt als ein Mitwettbewerber, so ist dies oft bei der gesamten Geschäftszuweisung spürbar. Unabhängig über welches Produkt ein Firmenkunde akquiriert werden konnte, die potentielle Kreditbereitschaft einer Bank beeinflußt die Kundenbeziehung an ihrer empfindsamsten Stelle und entscheidet somit indirekt über das Ausmaß der Zusammenarbeit. Nicht umsonst können sich in Extremfällen über zwei Generationen hinweg Firmenkunden an die Kreditablehnung einer bestimmten Bank erinnern. Auch bei kreditorischen Kundenverbindungen spielt das vorgenannte positive Kreditimage eine entscheidende Rolle. Aus Bankensicht stellt das Firmenkreditgeschäft wie kein anderes Geschäftsfeld auch Querverbindungen zu anderen Geschäftsmöglichkeiten her. Cross-Selling-Impulse sind hier insbesondere für den Auslandsbereich, die Electronic-Banking-Sparte und Corporate Finance gegeben.

2. Fünf Grundsatzfragen des Bankenvertreters

„Niemand kennt den Menschen so gut wie der Pfarrer und der Banker." (Sprichwort)

Der Begriff „Kredit" wird von dem lateinischen Wort „credere" abgeleitet, das „Vertrauen" bedeutet. Vertrauen wiederum kann man nur zu jemandem haben, den man gut kennt. Sich kennenlernen heißt, sich gegenseitig öffnen und sich auszutauschen. Je besser das Vertrauensverhältnis, je transparenter die persönlichen und materiellen Verhältnisse eines (angehenden) Kreditkunden sind, desto höher sind die Kreditvergabechancen. Die vermeintliche Neugierde des Bankers ist ein unbedingtes Muß vor jeder Kreditentscheidung. Neben den übergeordneten Vorschriften, auf die hier nicht näher eingegangen werden soll, muß auch den jeweiligen hausinternen Richtlinien und Vorgaben Rechnung getragen werden. Das Informationsbedürfnis des Bankers ist erst dann gestillt, wenn die Erkenntnis erreicht ist, daß der zukünftig zu erbringende Zins- und Tilgungsdienst gesichert erscheint. Oft sind hierzu mehrere Gespräche und vielerlei Unterlagen notwendig.

Fünf Grundsatzfragen, wie sie in der Abbildung 1 dargestellt sind, werden in das erste Kreditgespräch auf alle Fälle mit einfließen:

- Wer will Kredit?
- Wieviel Kredit wird benötigt?
- Wozu werden die Kreditmittel verwendet?
- Welche Sicherheiten stehen zur Verfügung?
- Wann und wie soll der Kredit zurückgezahlt werden?

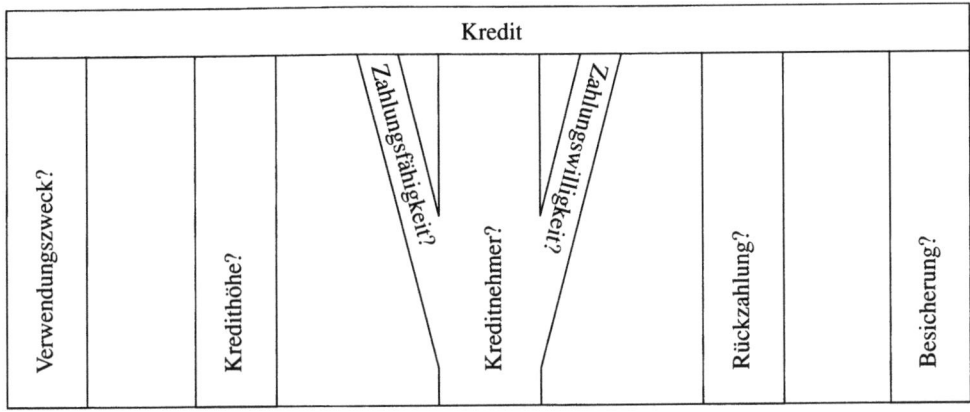

Abbildung 1: Grundsatzfragen im ersten Kreditgespräch

Liegen die Basisinformationen vor, schließt sich daran die Prüfung der Kreditwürdigkeit an. Die Wichtigkeit der vollständigen und richtigen Informationsgewinnung aus den Grundsatzfragen kann nicht deutlich genug herausgestellt werden. Fehler in dieser Phase können große Probleme verursachen, die im Extremfall zum Totalausfall führen. Im folgenden wird deshalb jede Grundsatzfrage auf wichtige und praxisnahe Kriterien hin durchleuchtet, ohne einen Anspruch auf Vollständigkeit zu erheben.

2.1 Wer will Kredit?

Das Hinterfragen der Person des Kreditnehmers klingt im ersten Moment vielleicht banal, doch bei näherem Hinsehen macht es durchaus Sinn, sich länger damit auseinanderzusetzen. Nur diese Frage beinhaltet auch die wesentlichen Momente der personellen Kreditwürdigkeit. Die restlichen vier Grundsatzfragen stellen mehr auf die materielle Seite ab. Jeder, der über Krediterfahrung verfügt, weiß, was für fatale Folgen eine Falscheinschätzung der kreditnehmenden Person(en) haben kann. Eine wichtige Rolle kommt deshalb auch dem Hinterfragen des Umfeldes zu. Hierzu zählen auch Firmen-, Vereins- und Genossenschaftsvertreter wie Geschäftsführer, Finanzprokuristen, Abteilungsleiter, Vor-

15

stände, Konzern-Treasurer, Gesellschafter etc. Der Unternehmenserfolg und damit implizit die vereinbarungsgemäße Erfüllung der Kreditverpflichtungen wird durch die persönlichen Eigenschaften zu einem großen Teil mitbestimmt. Die Auseinandersetzung mit dem Ruf, dem Ansehen, dem fachlichen Können, der Vertrauenswürdigkeit, der Umsichtigkeit, der unternehmerischen Fähigkeiten, dem Durchsetzungsvermögen, dem Realisierungsvermögen und der sozialen Kompetenz im Vorfeld einer Kreditverhandlung können weitere wichtige Entscheidungshilfen sein. Erste Bonitätshinweise sind aus Bankauskünften sowie Auskünften von Auskunfteien und eventuell aus der Lokalpresse zu erhalten.

Die Palette der Kreditnehmer reicht von Privatpersonen, Freiberuflichen, Kleingewerbetreibenden über Personengesellschaften, Einzelkaufleute, Kapitalgesellschaften bis zu Vereinen, Genossenschaften sowie öffentlichen Körperschaften und Anstalten. Am Anfang eines Kreditgespräches gilt es, die *Kreditfähigkeit* zu prüfen. Kreditfähig ist, wer rechtsgültig Kreditgeschäfte abschließen kann. Bei natürlichen Personen ist dies bei voller Geschäftsfähigkeit der Fall. Juristische Personen werden mit Eintragung in die entsprechenden öffentlichen Register (Handelsregister, Vereinsregister, Genossenschaftsregister) rechtsfähig und damit gleichzeitig kreditfähig.

Besondere Formalitätssorgfalt ist bei Kreditvergaben an Kapitalgesellschaften in Gründung geboten. Bei einer GmbH i. Gr. haften zum Beispiel alle Gesellschafter mit ihrem gesamten Vermögen, bis die handelsregisterliche Eintragung vollzogen ist. Die persönlichen Daten sämtlicher Gesellschafter und deren Unterschriften auf dem Kontoeröffnungsantrag sind deshalb unabdingbar.

Bei der Beantwortung der Frage, wer Kreditnehmer sein soll, spielen haftungsrechtliche Aspekte eine gewichtige Rolle. Sollen zum Beispiel mehrere Firmen (einer Firmengruppe) gesamtschuldnerisch haften? Dieser Gesichtspunkt ist auch bei der Trennung in Besitz- und Betriebsgesellschaft zu berücksichtigen. Sollte eine Firma in einen Firmenverbund oder Konzern eingebettet sein, so ist auch dieser zu hinterfragen und bonitätsmäßig auszuwerten. Je mehr und tiefergehende Informationen sowie Hintergrundwissen über einen (angehenden) Kreditkunden vorhanden sind, desto sicherer und schneller kann eine Kreditentscheidung getroffen werden. Gerade in diesem Punkt trifft der Spruch zu: „Der Bestinformierteste ist oft auch der Erfolgreichste". Wer im vorhinein tiefe und breite Informationsgewinnung durch Gespräche und die Einholung von Unterlagen betreibt, ist hinterher oftmals vor bösen Überraschungen gefeit und stellt sein Entscheidungsfeld auf eine solidere Basis.

2.2 Wieviel Kredit wird benötigt?

Jede seriöse Kreditberatung verlangt, daß das Kreditvolumen auf die persönlichen Verhältnisse des Kreditnehmers abgestellt wird, d. h. die Kredithöhe soll in einem angemessenen Verhältnis zur Bedienbarkeit der Fremdmittel und zum Investitionsgesamtvolumen bzw. zur Umsatzdimension bei Betriebsmittelkrediten stehen. Ferner kann die Kredithöhe durch bankinterne und -externe Vorschriften bzw. Vorgaben bei bestimmten Kreditarten, wie zum Beispiel Akzeptkrediten, Tagesgeldkrediten etc. eingeschränkt sein. Laufzeitenrisiko, Rückzahlungsmodus und Zinsänderungsrisiko sind weitere Kriterien, die bei der Festlegung der Kreditvolumina mitberücksichtigt werden müssen.

So ist ein Eigenmitteleinsatz von 20–40 % des Investitionsvolumens in den meisten Bankhäusern eine gewünschte bzw. gewollte Größe. Hier werden allerdings eher Konzessionen eingegangen als bei der Kapitaldienstrechnung, die einen auskömmlichen Puffer haben sollte. Bei einer Baufinanzierung beispielsweise sollte der anfängliche Kapitaldienst nicht mehr als 50 % des Nettoeinkommens ausmachen. In der Regel werden die Bezieher höherer Einkommen auch einen höheren Lebensstandard haben, so daß die Verhältnismäßigkeit in etwa gewahrt bleibt. Mangelndes Eigenkapital kann auch durch einen entsprechenden Vermögenshintergrund oder durch eine herausragende Sparfähigkeit, die allerdings unter Beweis gestellt sein sollte, kompensiert werden. Bei Saisonbetrieben kann es sinnvoll sein, für den Spitzenbedarf eine befristete Sonderlinie einzuräumen. Die Höhe der zusätzlichen Kreditbereitschaft sollte sich am Volumen des vorweggenommenen Saisoneinkaufs orientieren.

Vor einem ungeprüften Mehrbedarf kann nur gewarnt werden: Sehr schnell verwässern sich normale Betriebsausgaben mit Ausgaben für befristete Warenaufstockungen. Die Rückführung der Mehrinanspruchnahme sollte deshalb streng kontrolliert werden und von Warenbestandsprüfungen begleitet sein.

In der Kreditpraxis haben sich einige Faustregeln bezüglich der kritischen Kredithöhe herausgebildet. Die Größen „Kapital", „Liquidität", „Cash Flow" und „Umsatz" sind in erster Linie die Orientierungswerte:

- Der Betriebsmittelkredit sollte nicht mehr als 1 bis 2 1/2 Verkaufsmonatsumsätze betragen. Bei mehreren Bankverbindungen sind die Kontokorrent-Linien zusammenzufassen und auf die Umsätze als Aggregat zu relativieren. Der Konsumgroßhandel hat üblicherweise einen schnelleren Warenumschlag als der Ausrüstungsgroßhandel und wird – gleiches Zahlungsziel vorausgesetzt – demzufolge mit einem kleineren Kontokorrentkredit auskommen.
- Der blanko gewährte Betriebsmittelkredit sollte nicht höher als 25 % bis 40 % des Haftkapitals sein und nicht mehr als 1/7 des Jahresverkaufsumsatzes betragen. Ferner sollte das Kreditvolumen nicht höher sein als 1/3 aus der Liquidität zweiter Ordnung.
- Die Gesamtverschuldung soll das 3,5-fache des durchschnittlichen Cash Flow der letzten drei Geschäftsjahre nicht übersteigen (auch Bayer-Formel genannt).
- Die Gesamtverschuldung sollte durch den hochgerechneten aktuellen Cash Flow innerhalb von maximal 5 bis 6 Jahren zurückgeführt werden können. Da aus der Bilanz nur eine stichtagsbezogene Gesamtverschuldung ersichtlich ist, gibt die Evidenzmeldung (KWG § 14) aufgrund der vier Meldetermine innerhalb eines Jahres mehr Aufschluß über die Gesamtverschuldung.
- Neu aufgenommene kurzfristige Kredite sollten nicht größer sein als die positive Differenz zwischen Umlaufvermögen und kurzfristigen Verbindlichkeiten.

- Der gesamte Kapitaldienst p. a. sollte das gesamte Cash-Flow-Potential des entsprechenden Jahres mit weniger als 80 % belasten.
- Um Spitzen- bzw. kurzfristiger Mehrbedarf in der Betriebsmittelsphäre vorsorglich zu ordnen, sollte eine einzuräumende Kontokorrentlinie die prognostizierte durchschnittliche Inanspruchnahme um rd. 15 % bis 20 % überschreiten.
- Bei der Finanzierung von Erweiterungsinvestitionen ist auch die damit einhergehende Vergrößerung des Umlaufvermögens und in der Folge davon ein höherer Finanzierungsbedarf im Betriebsmittelbereich zu bedenken. Insbesondere während der Investitionszeit und kurz danach können die Vorlaufkosten beträchtlich anwachsen. Zusatzkosten wie Maschineningangsetzung, Mehreinkauf von Roh- und Betriebsstoffen und vermehrte Personal- und Sachkosten sind hierfür mögliche Beispiele.
- Da die Betriebsmittelkredite bei den verschiedenen Instituten selten voll transparent sind, hat sich eine weitere Orientierungsgröße für die Kredithöhe herausgebildet: Die Höhe eines Betriebsmittelkredites sollte je nach individueller Gegebenheit zwischen einem Sechstel bis maximal der Hälfte des im Geschäftsjahr erzielten Bank-Habenumsatzes betragen.

Daß vorgenannte Faustregeln nur eine grobe Marschrichtung vorgeben können, und daß in besonders begründeten Einzelfällen von diesen Regeln abgewichen wird, versteht sich von selbst. Weder eine zu eng bemessene noch eine zu weit ausgelegte Kreditlinie, wegen der Bereitstellungskosten, kann im Sinne des Kreditgebers liegen. Um Nachfinanzierungen bzw. Überziehungen von vorneherein auszuschließen, sollte der Kredithöhe unter Würdigung der Rückführungsmöglichkeiten über die Kreditlaufzeit, der Bonitätsverhältnisse, der Ertragsperspektiven, der Zinsänderungsrisiken und des Verwendungszwecks besondere Aufmerksamkeit geschenkt werden.

2.3 Wozu werden die Kreditmittel verwendet?

Der Verwendungszweck der aufzunehmenden Gelder muß hinreichend erläutert sein. Die Kreditmittel sollten in ein wirtschaftlich sinnvolles und rentables Investitionsprojekt eingebracht werden. Bei einer Investition kann es sich um Erweiterungsinvestitionen, Rationalisierungsinvestitionen, Änderungsinvestitionen oder Ersatzinvestitionen handeln. Ersatzinvestitionen werden üblicherweise voll aus den verdienten Abschreibungen abgedeckt und bedingen dadurch in der Regel keine Fremdfinanzierung. Besondere Vorsicht und genaues Hinsehen auf die wirtschaftlichen Verhältnisse ist deshalb bei der Finanzierung reiner Ersatzinvestitionen angebracht. Investitionsmotive, die auf Prestige, Geltungssucht oder Nachahmungen beruhen, sind gefährlich, weil sie oft wirtschaftlicher Grundüberlegungen entbehren. Gerade in diesem Punkt wird wieder deutlich, wie wichtig das Abstellen auf die persönliche Kreditwürdigkeit ist.

Die Bereitstellung einer Kontokorrentlinie kann vielschichtige Motive haben: Dispositionsreserve, Dispositionserleichterung, Betriebsmittelverstärkung, Vorfinanzierung von Außenständen, Überbrückung von finanziellen Engpässen etc. Ein großes Gefahrenpotential steckt in Umschuldungen und Ablösungen. Nach einer Ablösung dürften schon viele Bankvertreter aufgeatmet und sich der jeweilige Kontrahent latente Probleme eingehandelt haben, die bei genaueren Recherchen vielleicht vermeidbar gewesen wären. Aussagen wie zum Beispiel „Meine jetzige Bank ist einfach zu kleinkariert bei der Kreditvergabe" oder „Ich komme mit meiner jetzigen Bank nicht mehr zurecht" bzw. „Ich werde von der Kontoführung viel zu eng gehalten" müssen im übertragenen Sinne sofort die roten Warnlampen angehen lassen. Wenn der eine oder andere Anhaltspunkt vielleicht berechtigt ist, so wird doch in der Vielzahl der Ablösungen versucht, wesentliche Mängel in der Bonität zu verschleiern.

Auch die Zusammenlegung mehrerer kleinerer Kredite bei verschiedenen Bankinstituten zu einem großen Kredit hat vielfach einen „Pferdefuß". Der Banker ist gut beraten, wenn er über die Hinterfragung des Verwendungszweckes hinaus ebenso den entsprechenden Mitteleinsatz selbst überprüft und, wenn möglich, sogar die Zahlungen (zum Beispiel Kaufpreis, Abschläge etc.) selbst steuert. Zu letzterem ist eine Zahlungsanweisung des Kunden erforderlich. Nicht umsonst müssen bei den öffentlichen Darlehen strenge Verwendungsnachweise aufgestellt und rechtsverbindlich unterzeichnet werden. Damit soll bei zinssubventionierten Darlehen sichergestellt werden, daß die Darlehensvaluta auch dem festgelegten Verwendungszweck nach eingesetzt wurde.

Auf eine falsche Finanzierungsform, die in der Praxis oft anzutreffen ist, soll noch hingewiesen werden. Der Betriebsmittelkredit wird von manchen Firmenkunden zur Finanzierung von Sachanlagevermögen wie zum Beispiel Kraftfahrzeugen, kleineren Maschinen und sogar für bauliche Investitionen benutzt. Daß es bei der Finanzierung des Umlaufvermögens bzw. der Betriebsmittel dadurch oft knapp hergeht, ist die logische Konsequenz. Abhilfe kann nur durch ein klärendes Gespräch zwischen Kunde und Bankvertreter geschaffen werden. Ein gesunder Finanzierungsaufbau ist für eine positive Geschäftsentwicklung und Liquiditätssicherung unabdingbar. Dies wäre zum Beispiel der Fall, wenn das Anlagevermögen mit Eigenkapital und langfristigem Fremdkapital finanziert ist. Eine weitere Steigerung wird dadurch erzielt, wenn ein Sockelbetrag der Vorräte (die eisernen Bestände von Roh-, Hilfs- und Betriebsstoffen sowie von Fertigwaren, die zur Aufrechterhaltung der Betriebsbereitschaft notwendig sind), d. h. die langfristig gebundenen Umlaufvermögensteile, ebenfalls langfristig finanziert sind. Generell gilt, daß das Kapital nicht kürzer befristet sein sollte als die Vermögenspositionen gebraucht werden. Bei der Beantwortung der Frage nach dem Verwendungszweck der Kreditmittel sollte das Kreditmotiv hinreichend aufgedeckt werden. Ferner ist der rechtmäßige Einsatz der Kreditvaluta zu kontrollieren bzw. während der Auszahlphase zu überprüfen.

2.4 Welche Sicherheiten stehen zur Verfügung?

Hier ist die Frage der Besicherung bzw. Nichtbesicherung eines Kredites zu klären. Bei mittelfristigen und langfristigen Krediten spielen Grundschulden die bedeutendste Rolle. Insbesondere bei Investitionsdarlehen sind Grundschulden in der Regel unabdingbar, weil die wirtschaftlichen Verhältnisse über einen längerfristigen Zeitraum nicht mehr eingeschätzt werden können. Die Bank ist hier gehalten, sich gegen das Risiko einer eventuell zukünftigen Zahlungsunfähigkeit und/oder Zahlungsunwilligkeit abzusichern. Bedenkt man, daß die Kreditinstitute überwiegend „fremde Gelder" wieder ausreichen, so erscheint diese Erfordernis auch gerechtfertigt. Investitionskredite ohne Sicherheiten bzw. solche, die teilweise blanko zur Verfügung gestellt werden, sind Ausnahmen. In solchen Fällen wird auf eine überdurchschnittliche Vermögensposition, eine aktuell und zukünftig zu erwartende positive Ertragskraft und ein herausragendes Management abgestellt. Vor diesem Hintergrund ist der alte Bankerspruch zu verstehen, „der sicherste Kredit ist der, der keiner Sicherheit bedarf".

Weitere wichtige Faktoren bei einer Blankokreditgewährung sind ein positiver Betriebsmittelsaldo, ein Anlagedeckungsgrad von über 100 %, eine Eigenkapitalposition von über 20 % sowie überdurchschnittliche Indizes gegenüber den Branchenkennziffern und der nachhaltig erzielbare Unternehmensertrag. Dieser wiederum ist quantitativ und qualitativ zu beurteilen. Es macht einen großen Unterschied, ob der größte Teil des Gewinns aus dem operativen Bereich oder aus dem außerordentlichen Ergebnis erzielt wurde. Der Unternehmensertrag bzw. etwas weiter gefaßt der Netto-Cash-Flow gibt gleichzeitig die Kapitaldienstgrenze vor. Die Entwicklung des Ertrages bzw. Netto-Cash-Flows setzt somit auch die Grenzen für eine mögliche Neuverschuldung. Besteht zwischen zusammengefaßten Zins- und Tilgungsdiensten und dem Ertrag nach Steuern bzw. dem Netto-Cash-Flow noch auskömmlicher Spielraum, so minimiert dieser das Risiko der Bank.

Grundsätzlich ist der Ertragskraft und den Ertragsperspektiven mehr Gewicht beizumessen als den Sicherheiten. Sicherheiten sollen vordergründig bei längeren Darlehenslaufzeiten dem zunehmenden Kreditrisiko Rechnung tragen und/oder zeitlich begrenzte Ertragsschwächen oder sonstige Risiken beim Kreditnehmer (zu kleiner Vermögenshintergrund, Veränderungen in den privaten Verhältnissen, Nachfolgeprobleme etc.) überbrücken helfen. Ferner können auch bei den momentan stabilsten Kunden externe Umstände wie Konjunkturschwankungen, Wirtschaftskrisen etc. zur Zahlungsunfähigkeit oder zu Leistungsstörungen bei den Kreditrückzahlungen führen.

Bei Kreditvergaben an GmbHs sollten, soweit die wirtschaftlichen und finanziellen Verhältnisse nicht absolut unzweifelhaft sind, selbstschuldnerische Bürgschaften der Gesellschafter, insbesondere der geschäftsführenden Gesellschafter, eingeholt werden. Hier zeigt sich schnell, ob die Gesellschafter voll hinter ihrem Unternehmen stehen und sich haftungsrechtlich nicht ausgrenzen wollen. Vorsorglich sollte auch in jedem Kreditbestätigungsschreiben, wenn die Bank keine Besserstellung in der Sicherheitenposition besitzt, ein Gleichbehandlungspassus mitaufgenommen werden. Der Gleichbehandlungspassus besagt, daß andere Kreditgeber mit Krediten ähnlicher Laufzeit sicherheitenmäßig nicht besser gestellt werden dürfen bzw. alle Kreditgeber gleich behandelt werden. Bei absolut vertrauenswürdigen und bonitätsmäßig einwandfreien Kunden, bei denen sich eine Grundschuldeintragung nur sehr schwer durchsetzen läßt, können Verpflichtungserklärungen (Negativerklärung oder Positiverklärung) vereinbart werden.

Bei der *Negativerklärung* verpflichtet sich der Kunde, sein Vermögen nicht durch Veräußerung oder Belastung seiner Grundstücke oder durch Bestellung sonstiger Sicherheiten an Dritte zu Ungunsten der Bank zu verändern. Die *Positiverklärung* enthält zusätzlich die Verpflichtung, auf Verlangen der Bank eine Grundschuld eintragen zu lassen. Die Negativerklärung und die Positiverklärung stellen keine echte Sicherheit dar. Sie haben mehr „moralischen Charakter".

Eine besondere Verpflichtungserklärung stellt die *Patronatserklärung* dar. Patronatserklärungen sind Verpflichtungserklärungen von Muttergesellschaften, deren Tochtergesellschaften bei einer Bank einen Kredit aufnehmen, ohne die notwendigen Sicherheiten stellen zu können oder zu wollen. Eine Patronatserklärung kann so formuliert sein, daß überhaupt kein Sicherungswert benannt wird bis zur einklagbaren Verpflichtung (man spricht auch von einer weichen bzw. harten Patronatserklärung). In der Regel wird die Patronatserklärung der Bürgschaft, Garantie und der Schuldmitübernahme vorgezogen. Dies liegt darin begründet, daß bei einer geschickten Formulierung die Patronatserklärung nicht in der Bilanz ausgewiesen werden muß.

Der Sicherungswert einer Patronatserklärung hängt schlußendlich davon ab, ob sie im Verwertungsfalle einen durchsetzbaren Rechtsanspruch hergibt, d. h. der Gewährscharakter muß erkennbar ausgedrückt sein. Ist zwischen Mutter- und Tochtergesellschaft eine Ergebnisabführungsvereinbarung getroffen worden, ist zu prüfen, ob neben der Gewinnabführung auch die Verlustübernahme der Muttergesellschaft gegeben ist. Möchte man sich gegen das Abkuppeln der Muttergesellschaft von ihrer Tochtergesellschaft sichern, kann eine Organschaftserklärung vereinbart werden. Hier verpflichten sich Mutter- und Tochtergesellschaft während der Dauer des Kreditverhältnisses einen bestimmten Organschaftsvertrag ohne Zustimmung der Bank nicht zu ändern. Die Muttergesellschaft ist aus dem Organschaftsvertrag verpflichtet, Verluste der Tochter zu übernehmen. Möchte sich die Bank gegen den Abzug von Gesellschafterdarlehen oder sonstigen Kapitalpositionen sichern, kann eine sogenannte Kapitalbelassungsvereinbarung oder Kapitalintakthaltererklärung getroffen werden. Hierin werden Art, Höhe und Zeitdauer der im Unternehmen zu verbleibenden Gelder festgehalten. Die Frage, ob und gegebenenfalls in welchem Umfang ein Kredit besichert werden muß, steht mit der Frage, welche potentiellen Besicherungsmöglichkeiten durchgeholt werden sollen, gleichrangig nebeneinander. Bei der Auswahl aus der möglichen Sicherheitenpalette müssen dann die Fragen nach

– Bewertung,
– Risiko und
– Verwertung

beurteilt und entschieden werden.

Bei der Bewertung einer Sicherheit ist deren *Wertschwankung* besonders zu bedenken. Es empfiehlt sich, die Sicherheitsmarge um so größer festzulegen, je stärker das Sicherungsgut im Wert schwanken kann, also insbesondere bei Liebhaberobjekten, nicht marktgängigen Immobilien und Mobilien, bestimmten Forderungsabtretungen oder bei eingeschränkter Drittverwendung von Firmenanwesen. Auch bargedeckte Kredite sind mit einer gewissen Vorsicht zu sehen. Oft liegt hier eine latente Bonitätsschwäche des Kunden vor. Denn wer läßt die Bank schon gerne auf der Aktiv- und Passivseite verdienen, wenn nicht irgendwelche persönlichen Gründe, in der Regel Verschleierung der wirtschaftlichen und finanziellen Lage, dafür maßgeblich sind? Als akzeptable Ausnahmen sind kurzfristige Dispositionsüberschneidungen anzusehen. Es ist darauf zu achten, daß die Zinsansprüche aus der Anlage auf alle Fälle mitverpfändet werden. Ein Beispiel soll die Gefahrenmomente eines bargedeckten Kredites aufzeigen: Gegen Verpfändung eines Festgeldes über DM 0,5 Mio. wurde eine Kontokorrentlinie von DM 0,5 Mio. zugesagt. Schon nach kurzer Zeit wurde der Betriebsmittelkredit voll ausgeschöpft. Die Inanspruchnahme wurde regelmäßig neben Betriebseinnahmen durch zur Gutschrift eingereichte Eigenschecks zurückgefahren. Zeitweise – und hier liegt das eigentliche Gefahrenmoment – lag volle Ausnutzung der Betriebsmittellinie vor, und die Bank hatte zusätzlich Eigenscheckziehungen mit 5 Tagen Eingang vorbehalten in Höhe von DM 0,5 Mio. in den Büchern. Wären die Schecks nun „geplatzt", hätte die Bank ein potentielles Ausfallrisiko von DM 0,5 Mio. zu verzeichnen gehabt.

Die realistische Bewertung eines Sicherungsgutes stellt das Zentrum des gesamten Besicherungskomplexes dar. Die Besicherungsrisiken sollten analog der Kreditlaufzeit ständig neu kalkuliert werden. Abgetretene Forderungen können sich zum Beispiel in der Struktur ändern. Mögliche Beispiele: der Anteil dubioser Forderungen steigt ständig, Auslandsforderungen nehmen zu, Streuung der Forderungen nimmt ab. Eine Immobilie kann durch besondere Umstände an Wert verlieren (zum Beispiel Lärm- und Schmutzbelästigung durch den Neubau einer Produktionsstätte mit enormen Emissionen in unmittelbarer Nähe eines Wohnviertels). Muthesius[1] zitiert dazu die extreme Äußerung eines Bankers mit den Worten: „Lieber beleihe ich einen gutgehenden Friedhof als eine schlechtgehende Fabrik".

Bei jeder Sicherheiteneinholung sollte die Verwertung des Sicherungsgutes gedanklich durchgespielt werden. Hier spielen die Drittverwertbarkeit bzw. Marktgängigkeit, der Zeitfaktor und die Vorlast eine große Rolle. Umfangreiche Vorlasten bedingen erfahrungsgemäß nur sehr geringen Einfluß auf den Verwertungszeitpunkt. Eine Zwangsversteigerung zum Beispiel setzt viel Erfahrung und vor allem Zeit voraus. Ein fremder oder eigener Zinsauflauf kann schnell beträchtliche Ausmaße annehmen. Bei der Hereinnahme von Bürgschaften sind neben der Werthaltigkeitsfixierung auch die Stellungen der Bürgen zu bedenken. Ist der Bürge zum Beispiel auch ein wichtiger Kunde unseres Hauses? Sind besondere Probleme bei einer Inanspruchnahme bereits vorgezeichnet? Der Banker sollte sich im Vorfeld solche und ähnliche Fragen stellen, um sich vor bösen Überraschungen zu schützen.

Im individuellen Kreditgeschäft kann hinsichtlich der Sicherheiten nie pauschaliert werden. Bei jedem Kreditengagement stellt sich die Sicherheitenposition anders dar. Soviele Variationsmöglichkeiten es zwischen Kreditart, Konditionen und Laufzeit gibt, soviele

---

1 Vgl. Muthesius, Volkmar, Geld und Geist. Kulturhistorische und wirtschaftspolitische Aufsätze, Frankfurt 1961, S. 131

Besicherungsformen sind denkbar. Die Besicherung den individuellen Verhältnissen entsprechend so maßzuschneidern, daß den Vorstellungen von Kunde und Bank genügt wird, ist keine einfache Aufgabe und eine Herausforderung mit besonderer Brisanz, da der Kreditnehmer für das Sicherheitsbedürfnis der Bank selten volles Verständnis zeigt und er sein Vermögen nach Verkehrswerten bewertet.

Vorsorglich sollten bei Krediten ohne Sicherheiten in Kreditgesprächen und Kreditbestätigungsschreiben nie die Wörter „Blankokredit" oder „Sicherheitenverzicht" verwendet werden. Wenn ein Kunde aktuell für eine Kreditausreichung ohne Sicherheiten gut sein mag, so ist doch zukünftig das Entstehen eines Sicherungsbedürfnisses nie auszuschließen. Einerseits möchte die Bank einen möglichst hohen Ertrag aus einem Kreditengagement erwirtschaften, andererseits wird durch das Sicherheitserfordernis oft eine Gegenkraft wirksam, die im Interesse des Kreditrisikos jedoch unvermeidlich ist. Dieses Dilemma umschrieb Walter Seipp mit dem Satz: „Sicherheit so viel wie möglich, Risiko so viel wie nötig".[1]

2.5 Wann und wie soll der Kredit zurückgezahlt werden?

Die Rückzahlungsdauer eines Kredites soll sich generell an der Abschreibungszeit eines Wirtschaftsgutes orientieren. Überschreitet die Kreditlaufzeit den Abschreibungszeitraum, so verringert die Abschreibung nicht mehr den zu versteuernden Gewinn. Der Tilgungsdienst muß aus voll versteuerten Gewinnen erbracht werden. Für den Kunden wird damit die Kapitalbedienung erschwert und für die Bank können sich Probleme hinsichtlich der stark abnehmenden Sicherungswerte (zum Beispiel einer voll abgeschriebenen Maschine, die sicherungsübereignet wurde) ergeben. Man ist also immer gut beraten, wenn die Kreditlaufzeit den Abschreibungszeitraum nicht überschreitet und die Abschreibungsbeträge den entsprechenden Tilgungsraten mindestens entsprechen. Der Zinsaufwand mindert den zu versteuernden Gewinn analog den Absetzungen für Abnutzung. Generell gilt, daß der Zusatznutzen aus der getätigten Investition die damit verbundenen Aufwendungen sowie Abschreibungen und Zinsen übertreffen soll.

Die Kreditbefristung kann ultra-kurzfristig (bis auf weiteres), kurzfristig (bis zu einem Jahr), mittelfristig (mehr als 1 Jahr bis 4 Jahre) und langfristig (über 4 Jahre) sein. Der Kontokorrentkredit ist in der Regel bis auf weiteres bestätigt. Manche Unternehmen wünschen jedoch auch eine kurzfristige bis mittelfristige Laufzeitbestätigung. Aus Risikogesichtspunkten heraus sollte eine solche Befristung nur bei bonitätsmäßig unzweifelhaften Kunden abgegeben werden.

Die Rückzahlung eines Kredites kann auf Annuitätenbasis, Ratentilgungsbasis, per endfälligem Darlehen oder mit einer Kombinationsvariante (zum Beispiel Tilgungsstreckungsdarlehen oder Ratentilgungsdarlehen mit Freijahren) vereinbart werden. Sollte das Investitionsobjekt nicht sofort Gewinne abwerfen, empfiehlt es sich, eine tilgungsfreie

---

1 Vgl. Seipp, Walter, Risikopolitik im Firmenkreditgeschäft. Vortrag an der Universität Stuttgart-Hohenheim, Mai 1983

Zeit bei einem Ratentilgungsdarlehen miteinzubeziehen. Das Annuitätendarlehen und das endfällige Darlehen stehen dem Ratentilgungsdarlehen bei Investitionsfinanzierungen im gewerblichen Bereich noch hintenan. Für welchen Tilgungsmodus man sich entscheidet, wird im wesentlichen von den Verfügbarkeitszeitpunkten der Rückzahlungsmittel und von steuerlichen Kriterien abhängig sein.

Bei der Finanzierung von Sockelbeträgen in der Betriebsmittelsphäre wird manchmal auch ein langfristiger Barrahmen gewünscht, der im Gegensatz zu dem Festsatzkredit mit 3 oder 6-monatigen Eurokrediten auf Roll-over-Basis in Anspruch genommen wird. Diese Variante wird insbesondere in Zeiten nachgefragt, in denen mit fallenden Zinsen gerechnet wird. In Zeiten steigender Zinsen besteht die Möglichkeit, ein langfristiges Darlehen mit einem vorab fixierten Maximalzins – sogenannter Cap-Kredit – abzuschließen. Der endfällige Cap-Kredit kann während der Kreditlaufzeit temporär mit günstigeren kurzfristigen Ziehungen (zum Beispiel Eurokredit, Tagesgeldkredit) ausgenutzt werden. Bei einer variablen Nutzung ist zudem eine Gewerbesteuerersparnis möglich.

Bei der Festlegung der Darlehenslaufzeit gilt grundsätzlich, daß das investierte Kapital zurückgeflossen sein muß, wenn das Wirtschaftsgut voll abgeschrieben ist. D. h., daß zu diesem Zeitpunkt der Kredit getilgt sein sollte bzw. daß das anteilig eingebrachte Eigenkapital für neue Investitionsprojekte wieder freigesetzt sein muß. Kreditlaufzeit und Tilgungsart haben sich an dem voraussichtlichen Nutzen- und Abschreibungsverlauf des Investitionsobjektes zu orientieren. Die meisten Unternehmer bevorzugen den Ratentilgungskredit, weil der Liquiditätsrückfluß mit der degressiven Abschreibung gut kompatibel ist. Das Annuitätendarlehen hat im Vergleich zum Ratenkredit eine gleichbleibende Kapitaldienstrate. Es eignet sich besonders, wenn der mittelfristige oder langfristige Nutzen aus dem Investitionsobjekt relativ konstant eingeschätzt wird (zum Beispiel bei Bauinvestitionen). In kleineren Firmen bzw. bei Einzelunternehmen werden bei Investitionsfinanzierungen auch endfällige Darlehen eingesetzt, die in der Regel mit einer Kapital-Lebensversicherung bzw. mit einem Bausparvertrag gekoppelt sind. Die Tilgungsmittel werden hier ersatzweise durch die Lebensversicherungsprämien bzw. die Bausparkassenbeiträge aufgebracht. Bei größeren Betrieben ist es durchaus üblich, einen gewissen Sockelbetrag für die Finanzierung des Umlaufvermögens durch die Aufnahme endfälliger Darlehen abzudecken. Da diese Sockelbeträge auf alle Fälle Dauerinanspruchnahmen darstellen, wird hier die objektbezogene Betrachtungsweise durch eine globale Finanzierungsüberlegung ersetzt. Diese endfälligen Darlehen sind Prolongationsdarlehen, die revolvierend aufgenommen werden.

2.6 Zusammenfassung

Inhalt des ersten Kreditgespräches sollte die Hinterfragung des Kreditnehmers, der Kredithöhe, des Verwendungszweckes, der Besicherung und der Rückzahlung sein. In jedem einzelnen Punkt können offene oder/und latente Risiken stecken. Die Durchleuchtung des Finanzierungsanliegens durch die fünf Grundsatzfragen sollen diese Risiken transparenter und kalkulierbarer machen. Die Kreditentscheidung kann somit auf eine solidere Basis gestellt werden. Abschließend wird in Abbildung 2 beispielhaft eine Risikopositionierung aus Sicht der Bank dargestellt. Der Mittelpunkt des Kreises stellt hundertprozentiges Risiko für die Bank dar. Je weiter man sich vom Zentrum entfernt und zum Rand des Kreises geht, desto geringer wird das Risiko. Auf den einzelnen Risikostrahlen werden die eingeschätzten Positionen markiert und die Punkte miteinander verbunden. Je größer das Feld beschrieben werden kann, desto geringer fällt das Restrisiko für die Bank aus.

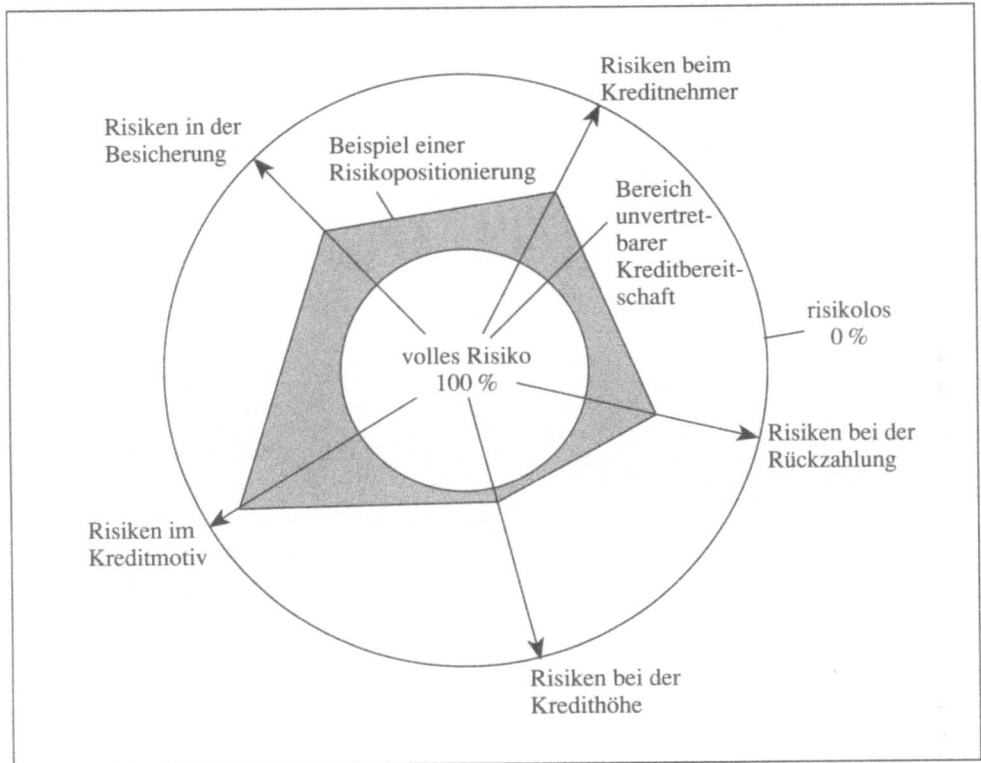

Abbildung 2:   Risikonetz bei der Grundsatzprüfung

B. Bonität und Kreditwürdigkeit

„Wenn du den Wert des Geldes kennenlernen willst, versuche,
dir welches zu borgen".

Benjamin Franklin

1. Verwendung der Begriffe

In Theorie und Praxis werden die beiden Begriffe Bonität und Kreditwürdigkeit häufig synonym verwendet. Von ein paar Fachautoren abgesehen, besteht relativ wenig Interesse, sich mit der Definition und Abgrenzung der beiden Wörter auseinanderzusetzen. Vielleicht auch gerade deswegen, weil sich die Bedeutungsgehalte durch die seit langem bestehende synonyme Verwendung stark verwässert haben. Interessant ist die Feststellung, daß nahezu alle Rating-Agenturen und Auskunfteien sowie die Anlageexperten eher dem Begriff Bonität als dem der Kreditwürdigkeit zugewandt sind. Während die kreditorientierten Banker bzw. Kreditentscheider in internen Gespräche in der Regel das Wort Kreditwürdigkeit dem der Bonität vorziehen.

Es gibt Stimmen, die den Begriff Kreditwürdigkeit oder Kreditwürdigkeitsprüfung als wenig kundenfreundlich und als diskriminierend empfinden. Andere wiederum sehen darin eine wertvolle Umschreibung für die Kreditwirtschaft, weil vor und nach der Kreditherauslegung die Würdigkeit, d. h. auf die Kreditbeziehung übertragen, das in den Kreditnehmer gelegte momentane und zukünftige Vertrauen, hinsichtlich der Zahlungswilligkeit und Zahlungsfähigkeit im Mittelpunkt der Kreditpolitik steht. Wenn auch die Begriffe Würde und Würdigkeit antiquiert erscheinen mögen, so sind sie es doch, die der personellen und materiellen Analyse die besondere Würze verleihen. Dabei sei an dieser Stelle hervorgehoben, daß die Kreditwürdigkeitsprüfung in der Praxis keine einmalige, statische, vergangenheitsorientierte Aktion ist, wie das manche Autoren meinen.

Während der Kreditvergabezeit steht der Firmenkreditkunde unter ständiger Beobachtung, die nicht selten über alle Ebenen (Geschäftsführung und Bankdirektor oder Kundenberater, Finanzprokurist und Firmenkundenbetreuer, Buchhaltungskraft und Fachabteilung oder Sachbearbeiter) läuft. Ein ständiger Dialog, eine dauerhafte Auseinandersetzung der Bankvertreter – schwerpunktmäßig der Firmenkundenberater mit den Firmenvertretern – nährt u. a. die Kreditwürdigkeitseinschätzung im Zeitverlauf. Sicherlich gibt es im Kundenstamm eines jeden Betreuers Adressen, die aufgrund des geringen Cross-Selling-Profils seltener, im Jahr mindestens jedoch zwei bis drei Mal, kontaktiert werden. Bei einem Firmenkunden, der neben einer umfangreichen Kontokorrentlinie, Investitionsdarlehen, Diskont-, Akkreditiv- und Avallinien in den Bankbüchern stehen hat, ist die Betreuungsintensität – unabhängig von der Besicherung – mit Sicherheit höher. Die gezogenen Informationen aus allen Hierarchiestufen werden zu einem Meinungsbild verdichtet, welches ständig überprüft und gegebenenfalls modifiziert wird. Das Ergebnis der Kreditwürdigkeitsüberprüfung wird – soweit keine besonderen Umstände zu sofortigen Handlungen zwingen – einmal im Jahr, zum Prolongationszeitpunkt, im Kreditantrag schriftlich zusammengefaßt. In diesem Votum werden Veränderungsangaben aus dem Handelsregister, Grundbuchamt, einer Auskunftei, der Wirtschaftspresse, der § 14 KWG-Meldung und der Sicherheitenaufstellung ergänzend berücksichtigt.

Die Kreditwürdigkeitseinschätzung unterliegt einer ständigen Kontrolle und Anpassung. Sie trägt dynamischen Charakter und wird mindestens immer soweit vorangetrieben, bis der Erkenntnisgrad erreicht ist, daß der in absehbarer Zukunft zu erbringende Kapitaldienst gesichert erscheint. Insofern ist Prof. Seibel beizupflichten daß Kreditwürdigkeit „kein zwangsläufiges Ergebnis" ist, sondern „eines immerwährenden Bemühens"[1] der Firmenrepräsentanten bedarf. Festzuhalten bleibt, daß der Begriff Kreditwürdigkeit aus der Kreditpraxis nicht wegzudenken ist und das Wort Bonität verkaufspsychologisch vielleicht passender erscheint, Kreditwürdigkeit jedoch keinesfalls vollständig ersetzen kann. Die Verwendung des Begriffs Bonität bei der Beurteilung der personellen und materiellen Seite des Kreditnehmers hat durchaus auch seine Berechtigung, dürfte jedoch vermehrt bei der Beschreibung der materiellen Gegebenheiten und bei größeren Schuldnern (Emittenten wie internationale Banken, Weltkonzerne, Länder, Kommunen, Staaten) benutzt werden.

2. Von Rating-Agenturen und Auskunfteien lernen?

2.1 Das Ratingverfahren von Moody's und Standard & Poor's

Zu den renommierten Rating-Agenturen gehören Moody's Investors Service sowie Standard & Poor's Corporation. Nahezu jede Anleiheemission in den USA wird von Standard & Poor's und Moody's bewertet. Die beiden Marktführer haben ihre Tätigkeiten jedoch nicht nur auf die USA beschränkt, sondern nach Entstehung der Euromärkte wurden auch Emittenten außerhalb der USA mit aufgenommen. Moody's Investors Service umschreibt ihre Zukunftsperspektiven folgendermaßen: „Unsere Zielsetzung für die Zukunft ist, die globalen Kreditmärkte mit den gleichen unabhängig erstellten Bonitätsanalysen zu beliefern, die den US-Finanzmarkt bereits seit 1909 kennzeichnen".[2] Die Analysten von Moody's geben offen zu, daß die Bonitätsergebnisse subjektiven Charakter tragen. Es wird hervorgehoben, daß in der subjektiven Bonitätseinschätzung der Analysten quantitative und qualitative Merkmale abgewogen werden. Die Subjektivität kommt dabei, insbesondere bei der Gewichtung der einzelnen Bewertungskriterien, zum Tragen.

Ein Bewertungskriterium stellt die Konjunkturanfälligkeit des Emittenten dar. Mögliche Risiken bei einem ungünstigen Konjunkturverlauf bzw. eines schwieriger werdenden wirtschaftlichen Umfeldes ist Gegenstand der Betrachtung. Ein weiteres Einschätzungs-

---

1 Vgl. hierzu Seibel, Johannes J., Kreditwürdigkeit ist ein Ergebnis und kein Zufall, FAZ, Blick durch die Wirtschaft, Jg. 25, Nr. 34, 1982, S. 3
2 Vgl. hierzu Everling, Oliver, Moody's erhebt globalen Anspruch, Rating-Agenturen (26), Börsenzeitung v. 7. 11. 1990

kriterium ist die vergleichende Analyse. Hierunter ist eine Gesamtbild-Betrachtung zu verstehen, mit Hilfe derer man auch kleine Bonitätsabstufungen vornehmen kann. Die Querschnittsbetrachtung wird dadurch erreicht, daß jeder Analyst an möglichst vielen Bonitätseinschätzungen beteiligt wird. Das Ausbrechen eines Ratings aus der subjektiven Normierung wird dadurch vermieden. Ein weiteres Kriterium, das in die Bonitätsanalyse einfließt, ist der fundamentale Datenkranz. Die Vermögens-, Finanz- und Ertragslage stehen hier im Zentrum des Interesses.

In der Branchenanalyse wird die relative Marktposition bzw. Marktstärke abgeschätzt. Hinzu kommt ein Vergleich der Kostenstruktur, der Ausgaben für Forschung und Entwicklung, der Marktanteile, Umsätze und Gewinne mit dem Branchendurchschnitt. Woher die Branchenzahlen und die Branchenkenntnisse der einzelnen Analysten, die oft für mehrere Länder und Märkte zuständig sind, herrühren soll, ist unbeantwortet. Einen besonders hohen Stellenwert hat die Beurteilung der Führungsqualifikation des Managements. Hierbei werden strategische und taktische Zielplanungen sowie deren Umsetzungen mit den Zahlen aus dem Rechnungswesen verglichen und entsprechend beurteilt. Sicherlich ist auch in diesem Bonitätskriterium ein hohes Maß an Subjektivität vorhanden. Nach Aufbereitung der angeforderten Unterlagen (Darlehensverträge, Zulassungsprospekte, Jahresabschlüsse etc.) und der umfangreichen Analysetätigkeit wird in einem ein bis zwei Tage dauernden Gespräch mit ca. vier bis fünf Firmenrepräsentanten sowie mindestens zwei Moody-Analysten das Ergebnis erörtert.

Hierbei wird sowohl Vergangenheitsorientiertes und Gegenwärtiges als auch Zukünftiges besprochen. Nach dieser Unterredung wird von den Analysten ein Bericht abgefaßt und dem Rating-Komitee vorgelegt. Dieses entscheidet in einem Rating-Verfahren, das drei bis sechs Wochen dauern kann, über das Rating. Nach der Urteilsfindung des Komitees wird dem Emittenten Gelegenheit gegeben, Einwendungen zu erheben. Wird davon abgesehen, kommt es zur Veröffentlichung des Ratings. Der Emittent steht auch nach Publizierung des Ratings weiterhin unter Beobachtung und Zensur. Die Arbeit der Rating-Agentur reduziert sich jetzt jedoch auf die Analyse von Geschäftsberichten, Informationen aus der Wirtschaftspresse, Zwischenergebnissen etc. Der meines Erachtens genauso wichtige Teil, mit den Firmenrepräsentanten im Dialog zu bleiben und die Entwicklungen und strategischen Zielsetzungen aus erster Hand zu erfahren, unterbleibt. Hierin ist ein wichtiger Unterschied zur Kreditwürdigkeitsprüfung zu sehen. Die Rating-Abstufung hat eine Bandbreite im langfristigen Laufzeitbereich von „Aaa" (höchste Qualität) bis „C". In der Einstufung „Aa" bis „B" werden kleine Unterschiede in der Bonitätsbeurteilung durch die Zusätze „1", „2" und „3" vorgenommen. „1" ist in der Wertung höher anzusiedeln als „2" und „3". Kurzfristige Ratings werden mit „P-1", „P-2", „P-3" und „NP" einklassifiziert. „NP" bedeutet „not prime" und soll zum Ausdruck bringen, daß die entsprechende Emission nicht den Anforderungen der Investmentqualität genügt. Für Vorzugsaktien werden die Merkmale „aaa" bis „c" benutzt.

Genau wie Moody's hat auch Standard & Poor's die Zielsetzung, die Märkte außerhalb der USA mit Ratings zu belegen. Die mittlerweile weltweit agierende Rating-Agentur hatte als erste amerikanische Gesellschaft den Sprung über den „großen Teich" gewagt. Die Rating-Kriterien werden bei Standard & Poor's je nach Schuldner und Fristigkeit differenziert. Im langfristigen Bereich sind eher fundamentale Faktoren dominant, während im kurzfristigen eher Liquiditätsüberlegungen größeres Gewicht haben. Bei der Liquiditäts-analyse spielen die verschiedenen Liquiditätsgrade eine große Rolle.

Das Einschätzungsverfahren läuft wie folgt ab: Nach Vorbereitungsgesprächen von Standard & Poor's Vertretern mit der Geschäftsführung werden mindestens zwei Analysten mit der Durchführung beauftragt. Ähnlich wie bei Moody's werden die zur Verfügung gestellten Unterlagen ausgewertet, die auch eine Branchenanalyse beinhaltet. Auf die Untersuchungen folgen ausführliche Gespräche mit dem Management des Emittenten, die in der Regel ein bis zwei Tage dauern. Schwerpunktmäßig werden auch hier Fragen zur strategischen Zielsetzung, Organisationsstruktur, Unternehmenskultur, der Finanzie-rungspolitik etc. erörtert. Die Erkenntnisse, die aus den Unternehmensrecherchen und Analysen der unternehmensspezifischen Daten gewonnen wurden, werden in einem Be-richt zusammengefaßt. Dieser wird dem Rating-Komitee zur Kenntnis gebracht und dient als Grundlage für eine vorläufige Rating-Einschätzung.

Auch bei Standard & Poor's enthält der Emittent die Möglichkeit, das Bonitätsurteil durch überzeugende Argumente und neuere Firmenunterlagen im Interesse des Emittenten zu modifizieren. Nach abschließenden Besprechungen wird das Rating fixiert und veröffent-licht. Der Schuldner bleibt aber weiterhin anhand von Zwischenzahlen und sonstigen Veröffentlichungen unter Beobachtung und ggfs. wird nach einem Review-Verfahren das Rating verändert. Die Rating-Kriterien sind bei Standard & Poor's entsprechend den verschiedenen Schuldnern angepaßt. „Standard & Poor's differenziert insbesondere zwi-schen unabhängigen Staaten (Rating-Kriterien: politische und soziale Stabilität, demo-graphische Charakteristika, Wirtschaftsstruktur, außenwirtschaftliches Gleichgewicht), vom Staat geschützten Einrichtungen („Sovereign-Supported Entities", bei denen insbe-sondere der Wille und die Fähigkeit der Regierung zur Stützung des Schuldners sowie Form und Ausdruck der Regierungsunterstützung zu untersuchen sind), Gemeinden (Ra-ting-Kriterien: Bevölkerungsstruktur, Infrastruktur, finanzielle und allgemeine wirt-schaftliche Lage), Banken und Industrieunternehmen."[1]

Rating-Kriterien bei Banken sind rechtliche und politische Rahmenbedingungen des Sitzlandes, geschäftspolitische und strategische Zielsetzung der Bank, Qualität und Zu-sammensetzung der Kreditausreichungen, Qualität der Refinanzierung, Kapitalausstat-tung, Ertragskraft, Besicherungspolitik etc. Die Rating-Einteilung von Standard & Poor's basiert im wesentlichen auf zwei Rating-Skalen: das Commercial-Paper-Rating (Laufzei-ten bis zu einem Jahr) und das sogenannte langfristige Rating (Laufzeiten von mehr als einem Jahr). Das kurzfristige Rating ist mit Symbolen „A-1+" (oberste Kategorie), „A-1", „A-2", „A-3", „B", „C" und „D" belegt. Lediglich die „A-Reihe" trägt Investmentcharak-ter. Die restlichen Kategorien kennzeichnen spekulative Titel. Das langfristige Rating ist in den obersten vier Kategorien mit „AAA", „AA", „A", „BBB" gekennzeichnet. Mit dieser Symbolik werden Anleihen mit Investmentqualität einklassifiziert. Spekulative Werte erhalten dagegen Einstufungen mit „BB", „B", „CCC", „CC", „C" sowie „D". „D" wird für Anleihen insolventer Schuldner vergeben bzw. hiermit werden Junk Bonds gekennzeichnet. Mit den Zeichen „+" oder „-" werden graduelle Abstufungen innerhalb einer Kategorie gekennzeichnet.

---

1 Vgl. Everling, Oliver, Standard & Poor's auf Aquisitionskurs, Börsenzeitung vom 12. 12. 1990.

Everling weist besonders auf den Kritikpunkt Aktualität hin. In den Nachbesserungs-Verfahren bzw. Review-Verfahren werden Bonitätsveränderungen fixiert, die in der Folge das Rating entsprechend anpassen. Everling führt aus: „Oft aber reagiert Standard & Poor's zu spät. So war beispielsweise die Investment-Bank DFC New Zealand noch am Tage ihrer Insolvenz bei Standard & Poor's unter den empfehlenswerten Anlagen („Investment-Grade") eingeordnet (vgl. BZ v. 17. Oktober 1989). Erst nach der Zahlungseinstellung wurde diese Adresse in die sieben Rating-Stufen niedrigere Kategorie „D" eingeordnet. Um Vermögenseinbußen zu verhindern, sind für Anleger jedoch aktuelle Informationen erforderlich. Da die verspäteten Rating-Anpassungen von Standard & Poor's oft Anlaß zur Kritik gaben, bemühte sich Standard & Poor's 1981 durch Einführung der „Credit Watch", das Problem zu entschärfen. „Credit Watch" ist eine besondere Liste mit den Namen der Emittenten, für die ein Review-Verfahren läuft und deren Einstufung gegebenenfalls verändert werden muß".[1] Sowohl Standard & Poor's als auch Moody's benutzen bei der Beschreibung der materiellen und personellen Bewertungsfaktoren fast ausschließlich den Begriff Bonität bzw. Bonitätsanalyse. Auch bei anderen Rating-Agenturen hat der Begriff Kreditwürdigkeit nur ganz geringe Relevanz. Der Einsatz des Begriffes Bonität bei größeren Aggregaten und Emissionen scheint daher charakteristisch.

Tabelle 1:   Langfristige Ratings von Moody's und Standard & Poor's

Moody's	Standard & Poor's
Aaa	AAA
Aa1	AA+
Aa2	AA
Aa3	AA–
A1	A+
A2	A
A3	A–
Baa1	BBB+
Baa2	BBB
Baa3	BBB–
Ba1	BB+
Ba2	BB
Ba3	BB–
B1	B+
B2	B
B3	B–
Caa	CCC+
Ca	CCC
C	CC–
	CC
	C
	CI
	D

---

1 Vgl. Everling, Oliver, Standard & Poor's auf Akquisitionskurs, Börsenzeitung vom 12.12.1990

Die Ratings von Aaa bzw. AAA bis Baa3 bzw. BBB haben von der Einschätzung her Investmentcharakter; Ba1 bzw. BB+ bis C bzw. D sind Bewertungen spekulativer Natur.

2.2 Der Bonitätsindex von Creditreform

Der im Jahre 1986 eingeführte Bonitätsindex von Creditreform versucht das Bonitätsrisiko eines Unternehmens einzuschätzen. Die Risikobestimmung basiert auf 15 Merkmalkombinationen:

1. Zahlungsweise
2. Krediturteil
3. Auftragslage/Geschäftsgang
4. Unternehmensentwicklung/Geschäftsentwicklung
5. Mitarbeiterstruktur
6. Umsatz/Gesamtleistung
7. Produktivität: Umsatz pro Mitarbeiter
8. Eigenkapitalstruktur
9. Zahlungsverhalten der Kunden
10. Zahlungsverhalten des Unternehmens
11. Kapitalumschlag
12. Rechtsform
13. Altersstruktur
14. Gesellschafterstruktur
15. Branchensituation

Jedes einzelne Kriterium wird bei bonitätsgefährdeten und solventen Unternehmen analysiert. Hieraus abgeleitet wird jedem einzelnen Kriterium eine bestimmte Gewichtung beigemessen. Je nach Unternehmenstyp und Marktsituation sind die Gewichtungen anders festgelegt. Im Groben wird jedoch der Zahlungsweise, die im Durchschnitt zwischen 20 % und 24 % Anteil hat, sowie dem individuellen Krediturteil, das durchschnittlich mit 25 % bis 30 % berücksichtigt wird, größte Bedeutung beigemessen. Im individuellen Krediturteil wird der persönliche Eindruck über die Firma bzw. die kreditnehmenden Personen sowie das bisherige Geschäftsgebaren der Firmenrepräsentanten mit einbezogen. Dem persönlichen Eindruck über die Firmenvertreter wird auch hier viel Platz eingeräumt. Mit welcher Akribie diese beurteilt werden und wer die personelle Beurteilung abgibt, dürften hier entscheidende Gütefragen sein. Ob ein Vertreter einer Auskunftei so tiefen Persönlichkeitseinblick und Versiertheit bei einer so umfangreichen und sowohl branchenbedingten als auch räumlich relativ weit gestreuten Klientel besitzt, um qualitativ gerecht und fundiert urteilen zu können, muß stark angezweifelt werden. Ferner dürfte es bei dem zur Verfügung stehenden relativ knappen Personalstamm einer Auskunftei schwierig sein, die Auskünfte aktuell zu halten.

Die Umsatz- u. Finanzdaten sind mit ca. 25 %, die Strukturdaten mit 10 % bis 15 % berücksichtigt. Die restlichen 10 % bis 15 % der Gewichtung sind der Branchenentwicklung und Größenklassenmerkmale vorbehalten. Der Bonitätsindex weist Werte zwischen

100 und 600 Risikopunkten aus. Setzt man nach der ersten Ziffer ein Komma, so läßt sich die qualitative Einstufung analog des Schulnotenprinzips übertragen. Eine ausgezeichnete Bonität liegt zum Beispiel bei einem Bonitätsindex von 130, gute Bonität bei ca. 200, zufriedenstellende Bonität bei ca. 300, schwache Bonität bei ca. 400, nicht ausreichende Bonität bei ca. 500 vor. Der Bonitätsindex von Creditreform ist von der Grundstruktur her positiv zu würdigen, dennoch darf die Auskunft nicht unkritisch übernommen werden, weil die qualitative Aufbereitung der Grunddaten mit Vorbehalten zu sehen ist. Als erste und aktuelle Orientierung bei Nichtkunden bzw. zur Ergänzung und Abrundung bei Kunden kann die Auskunft von Creditreform jedoch nützliche und wertvolle Hilfsdienste leisten sowie als Baustein bei einer Kreditwürdigkeitsprüfung dienen.

2.3 Das Rating von Schimmelpfeng

Die Schimmelpfeng GmbH ist ein Wirtschaftsinformationsunternehmen, das im Rahmen ihrer Auskunftserteilung Ratings für die zu beurteilenden Firmen vergibt. Das Rating wird durch zwei Untersuchungsfelder bestimmt:

1. Die finanzielle Kraft eines Unternehmens
2. Die allgemeine und wirtschaftliche Lage.

Die Finanzkraft wird aus den Unterlagen, die die finanzielle Lage dokumentieren, abgeleitet. Das reale Nettovermögen, das aus dem jüngsten Abschluß entnommen wird, errechnet sich wie folgt:

     Ausgegebenes Aktienkapital
+   thesaurierter Gewinn
+   Rücklagen
./. Goodwill
./. andere immaterielle Aktiva
_____
=   reales Nettovermögen

Das analysierte Zahlenwerk darf dabei nicht älter als 2 Jahre sein.

Die allgemeine und wirtschaftliche Lage eines Unternehmens ist das zweite Untersuchungsfeld im Ratingverfahren. Das Ergebnis dieser Analyse soll Erkenntnisse über die Stabilität des Unternehmens bzw. des Konzerns liefern und wird anhand von Risikoindikatoren ausgedrückt. Insgesamt gibt es fünf verschiedene Zustands-Codes (Risikoindikatoren), welche die wirtschaftliche Lage widerspiegeln. Eine komplexe Analyse vieler Variablen, wie zum Beispiel Verschuldung, Zahlungsweise, kurzfristiges Betriebskapital, Verkaufstrends, Gewinntrends, öffentliche Mitteilungen, reales Reinvermögen, Bankreferenzen, Branchenvergleiche etc. geht der Zuordnung eines Codes voraus.

Die fünf Codes können wie folgt interpretiert werden:

– Risikoindikator 1 steht für solide. Er wird Unternehmen mit unzweifelhafter Finanzlage zugeordnet.

- Risikoindikator 2 steht für gut. Das Unternehmen steht finanziell auf gesunden Beinen und erzielt angemessene Handelsergebnisse. Das Risiko ist gering und wird besser angesehen als der Durchschnitt.
- Risikoindikator 3 steht für befriedigend. Die Finanzlage und die Handelsergebnisse liegen unter dem Durchschnitt. Das entsprechende Risiko kann leicht größer als der ' Durchschnitt angesehen werden.
- Risikoindikator 4 steht für unzureichend. Das Unternehmen hat bekannte Finanzschwächen und unzufriedenstellende Geschäftsergebnisse. Das Risiko des Gläubigers ist daher beträchtlich und es wird angeraten, Geschäfte nur auf Basis von Sicherheiten zu tätigen.
- Der Risikoindikator – – ist mit unbestimmt zu interpretieren und wird Unternehmen zugeordnet, wenn unzureichende Informationen vorhanden sind, um die finanzielle Gesundheit und Stabilität zu bewerten.

Der Finanzstärkenindikator hat eine Symbolik von 5A-H, wie in Tabelle 2 wiedergegeben:

Tabelle 2: Finanzstärkenindikator von Schimmelpfeng

Nettovermögensbereich:			
35.000.000 + mehr		Pfund Sterling	5A
15.000.000 – 34.999.999			4A
7.000.000 – 14.999.999			3A
1.500.000 – 6.999.999			2A
700.000 – 1.499.999			1A
350.000 – 699.999			A
200.000 – 349.999			B
100.000 – 199.999			C
70.000 – 99.999			D
35.000 – 69.999			E
20.000 – 34.999			F
8.000 – 19.999			G
bis zu – 7.999			H

Ferner gibt es einige Besonderheiten, wie zum Beispiel der Finanzstärkenindikator O, der besagt, daß mangels Bilanz bzw. nicht mehr aktueller Bilanzen keine Nettovermögenszahl verfügbar ist. Der Indikator „NB" gibt an, daß sich das Unternehmen in den ersten 24 Monaten seines Geschäftsbetriebes befindet. „N" gibt an, daß es in der letzten Bilanz ein negatives reales Nettovermögen gab. In solchen Fällen kann von einer Insolvenz ausgegangen werden. „NQ" wird für Unternehmen verwendet, welche den Geschäftsbetrieb aufgegeben haben.

Ein Rating von beispielsweise „2A 2" bedeutet, daß das Unternehmen ein Nettovermögen zwischen GBP 1,5 Mio. bis GBP 7 Mio. besitzt und als finanziell gesundes Unternehmen mit entsprechenden Umsatz- und Ertragszahlen gesehen werden kann.

Das Rating von Schimmelpfeng ist von der Muttergesellschaft Dun & Bradstreet Limited übernommen worden. Dun & Bradstreet hat 1928 die ersten Kredit-Ratings eingeführt. Seither wurde das ursprüngliche System fortlaufend verbessert und erweitert. Der Datenkranz, von dem das Krediturteil abgeleitet wird, setzt sich nicht nur aus unternehmensinternen Faktoren zusammen, sondern beinhaltet auch viele externe Momente, wie Absatzchancen, Wettbewerbssituation, Bankreferenzen, Branchenvergleiche etc. Das Rating von Schimmelpfeng bzw. Dun & Bradstreet kann als relativ tiefgehend beurteilt werden. Ein ständiger Dialog mit den Unternehmensvertretern sowie dauerhaftes Aktuellhalten des Ratings innerhalb des Zweijahreszeitraumes dürfte nur sehr schwer zu bewerkstelligen sein. Es ist kaum anzunehmen, daß sich die Unternehmensvertreter für Wirtschaftsauskunfteien soviel Zeit nehmen wie mit ihren Bankbetreuern. Die Beurteilung der Managementqualifikation, die Bestandteil des Risikoindikators ist, muß demnach mit Vorbehalten gesehen werden. Positiv hervorgehoben werden muß jedoch, daß das Management überhaupt in die Beurteilung mit einbezogen wird. Das Rating von Schimmelpfeng kann für Vertriebsverantwortliche (potentielle Kunden), Finanzleiter (potentielle Akquisitionsadressen, Fusionen, Joint Ventures) und Kreditmanager (Überprüfung der eigenen Einschätzung) wertvolle Hilfsdienste leisten.

2.4 Fazit

Rating-Agenturen sowie Handels- und Wirtschaftsauskunfteien beziehen ihre Basisinformationen aus Selbstauskünften, Befragungen und Besprechungen, veröffentlichten Jahresabschlüssen, der Tagespresse, den öffentlichen Registern, aber auch von Empfängern von Auskünften, die ihre Erfahrungen mit den Beauskunfteten den Agenturen mitteilen. Die Beurteilung der Zahlungsweise speist sich aus Informationen des Amtsgerichtes (Schuldnerliste), den Inkassoabteilungen der jeweiligen Auskunfteien (zum Beispiel Forderungseinzüge mit dreimaliger Mahnung), der Unternehmenskontrahenten der Beauskunfteten (Mitteilung von Scheck- und Lastschriftrückgaben sowie Wechselproteste). Selbstverständlich beruhen die Ratings der renommierten Rating-Agenturen auf einer umfangreicheren, tieferen und längeren Analyse als die Ratings der Handels- und Wirtschaftsauskunfteien. Das Rating der Auskunfteien ist somit mit dem „der Rating-Agenturen in methodischer und systematischer Hinsicht nicht vergleichbar. Diese verstehen unter einem Rating eine durch Symbole bzw. Verknüpfungen von Zeichen einer festgelegten Skala ausgedrückte Meinung über die wirtschaftliche Fähigkeit und rechtliche Bindung eines Emittenten, alle bzw. die mit einem bestimmten Finanztitel verbundenen zwingend fälligen Zahlungsverpflichtungen vollständig und rechtzeitig zu erfüllen".[1]

Wenn auch das Rating-Verfahren viele subjektive Momente in der Urteilsfindung beinhaltet, ist es der Kreditwürdigkeitsprüfung hinsichtlich Systematik in der Analyse sowie Präzision in der Urteilsbeschreibung überlegen. Die Einbettung von Rating-Systemen in

---

1 Vgl. hierzu Everling, Oliver, Wie unterscheiden sich Rating und Bonitätsprüfung?, in: Kreditpraxis 5, Sept. 91, S. 19

die Kreditpraxis wäre wünschenswert, weil das Rating-Prinzip eine objektivere Analyse sowie eine einheitlichere, strukturiertere Kreditnehmerbeurteilung möglich macht.

3. Definitionsvorschlag für Bonität

Das Wort „Bonität" ist herleitbar von den lateinischen Wörtern „bonus", was mit gut, reichlich, begütert und angesehen übersetzt werden kann, „bonum", was soviel bedeutet, wie Reichtum, Güter, Vermögen, und „bonitas", was Güte heißt. Der Begriff „Bonität" umfaßt demnach vordergründig den materiellen Reichtum, kann aber auch menschliche Stärken und Schwächen auf das Gesamtbild hin bewertend berücksichtigen. Unter Bonität kann ein Gütegradmesser verstanden werden, der sämtliche materielle Gegebenheiten einer Person, Firma oder sonstigen Institution sowie persönliche Eigenschaften der entsprechenden Person bzw. Institutionsvertreter unter der Voraussetzung ihrer vollen Kreditierung zu einem bestimmten Zeitpunkt festlegt. Bonität steht demnach für eine globale, eher statische Bestandsaufnahme mit dem Ziel, die momentane Zahlungsfähigkeit und gegebenenfalls -willigkeit in einem Wertmaßstab bzw. Rating zu definieren. Jede Bonitätseinschätzung muß jedoch mit Blick auf den „Subjektivitätsschleier", mit dem sie umhüllt ist, mit Vorbehalten betrachtet werden. Es darf bei der Festlegung eines Bonitätsurteils nie vergessen werden, daß unvollkommene und mit unterschiedlichem Qualitäts-Know-how bestückte Menschen anhand unvollkommener und differenzierter Bonitätskriterien, die noch dazu ungleich gewichtet werden, urteilen. Anlagespezialisten greifen deshalb auf Ratings verschiedener Agenturen zurück, um das Bonitätsbild stärker zu objektivieren.

4. Kreditwürdigkeit

Bei jeder Kreditbeziehung liegen Leistung und Gegenleistung zeitlich versetzt. Die Beurteilung der Zahlungsfähigkeit und -willigkeit der in der Zukunft liegenden Gegenleistung des Schuldners ist Gegenstand der Kreditwürdigkeit.

In dem Wort Kreditwürdigkeit stecken die Worte „Kredit" und „Würdigkeit". Ob jemand eines Kredites würdig ist, kann nur durch eine Prüfung entschieden werden. Hinter dem Begriff „Würdigkeit" steckt also der Versuch, alle persönlichen Eigenschaften und materiellen Gegebenheiten eines Kunden so tief zu hinterfragen und auszukundschaften, bis der Überzeugungsgrad erreicht ist, daß der *in der Zukunft* liegende Kapitaldienst für einen bestimmten Kreditbetrag pünktlich und vertragsgerecht erbracht werden kann. Dieses Vertrauen ist weder ein Zufall noch ein Glücksfall. Es wird durch eine materielle und personelle Prüfung aufgebaut, die ebenso während der Kreditlaufzeit ständig fortgesetzt wird. Wie bei der Bonitätseinschätzung gilt auch hier der Subjektivitätsvorbehalt. Fachliches Know-how, Persönlichkeitsstärke, Visionskraft, Erwartungen, Urteilsvermögen etc. sind bei jedem Kreditentscheider unterschiedlich, was einen weiten Interpretationsspielraum eröffnet.

4.1 Materielle Kreditwürdigkeitsprüfung

Die materielle Kreditwürdigkeitsprüfung erstreckt sich auf das zurückliegende, gegenwärtige sowie zukünftige Vermögen und Einkommen des Kreditnehmers. Hier steht die wirtschaftliche und finanzielle Lage sowie deren Entwicklung im Mittelpunkt. Traditionell nimmt hier die Bilanzanalyse und -kritik einen großen Raum ein. Da der Jahresabschluß jedoch vergangenheitsorientiert ist, müssen den Informationen und Unterlagen über zukünftig Geplantes sowie den gesicherten Erfolgs- und Nutzenpotentialen bei der Beurteilung höheres Gewicht beigemessen werden. Die Ertragsperspektive bzw. die Zahlungsfähigkeit steht hierbei im Zentrum des Interesses, zum einen, weil die zukünftige Ertragskraft die Kapitaldienstgrenze vorgibt, zum anderen, weil sich das Vermögen aus dem Einkommen bzw. Gewinn speist.

4.2 Personelle Kreditwürdigkeitsprüfung

Prüfungsgegenstand in der personellen Kreditwürdigkeit sind die persönlichen Eigenschaften und Anlagen des Kreditnehmers. Bei Firmenkrediten stehen hierfür stellvertretend die Unternehmensvertreter. Die Person, die Persönlichkeit, der Charakter und ggfs. die Führungsqualifikation des Kreditnehmers erfahren eine kritische Würdigung. Aufgabe und Zielsetzung der personellen Kreditwürdigkeitsprüfung ist vordergründig, die Zahlungswilligkeit während der Kreditlaufzeit einzuschätzen.

4.3 Der Zukunftsaspekt in der Kreditwürdigkeit

> *„Die Vergangenheit und die Gegenwart sind unsere Mittel.*
> *Die Zukunft allein ist unser Zweck".*   Pascal

Den Kern der Kreditwürdigkeit stellt neben der Status-quo-Analyse die Einschätzung der wirtschaftlichen, finanziellen und persönlichen Entwicklung des Kreditnehmers während der Darlehenslaufzeit dar. Zweifellos ist die Risikoabwägung für zukünftige Entwicklungen der schwierigste Teil einer Kreditwürdigkeitsprüfung. Wie kann man an dieses subtile Prüffeld herangehen? Hier ist die Frage zu stellen, durch welche Maßnahmen, Verhaltensänderungen, Neustrukturierungen, Investitionsvorhaben etc. soll die zukünftige Ertragskraft zur Bedienung des Kapitaldienstes gesichert bzw. gesteigert werden. Analysebasis sind nicht mehr allein die vergangenheitsorientierten Zahlenwerke, wie zum Beispiel der Jahresabschluß, sondern zukunftsorientierte Chancen, die in bestehenden oder neuen Erfolgspotentialen begründet liegen müssen. Es muß also geprüft werden, ob diese erfolgsrelevanten Voraussetzungen vorhanden sind. Als Beispiele können angeführt werden: Verbesserung der Logistik, wie zum Beispiel verkürzte Lagerhaltung und dadurch geringere Kapitalbindung, neue Absatzkanäle im Ausland, durchschlagende Synergieeffekte durch Beteiligungsengagements, neue Produkte, neue Fertigungslinien, Produktionsverlagerung in Niedriglohnländer, neue Kooperationspartner, Aktivitätenverlagerung in neue Geschäftsfelder, qualitative Verbesserung des Personalstammes, Aufnahme neuer

Gesellschafter, geklärte Nachfolgeregelung in der Führungsetage, geklärte Privatprobleme von Firmenvertretern, effizientere Unternehmensorganisationen, verbessertes Führungsverhalten, leistungsfähigeres Rechnungswesen, etc. Die zukunftsorientierte, dynamische Betrachtungsweise in der Kreditwürdigkeitseinschätzung hat bei den Banken bereits größeren Eingang gefunden, als das allgemein bekannt ist. So schreibt auch der Generaldirektor der Schweizerischen Kreditanstalt Dr. Klaus Jenny, in seinem Aufsatz „Unternehmer und Risiko: Finanzierungsmöglichkeiten":

„In einer mehrwöchigen Spezialschulung werden jedes Jahr 20 ausgewählte und erfahrene Kundenbetreuer praxisnah zu SKA-Kommerzberatern ausgebildet – bis heute sind es gesamtschweizerisch bereits mehr als 150. Der Bankier wird so zum Berater, der auch zu nicht bankspezifischen Problemkreisen Rat erteilen kann. Ohne die Beraterfirmen zu konkurrenzieren, ergeben sich dadurch oft neue Perspektiven und Lösungsansätze. Die Bank schafft sich durch diese intensive Beratung die Basis, um den Betrieb und die Führungsmannschaft, das Produkt und den Markt zukunftsbezogen zu beurteilen.

Sie ist somit nicht mehr nur reagierend und retrospektiv durch die klassische Bilanzbesprechung mit dem Unternehmen verbunden (sogenannte statische Betrachtungsmethode). Vielmehr können durch den engen Kontakt zu Unternehmer und Unternehmen laufend die Zukunftschancen in eine Kreditgewährung miteinbezogen werden (sogenannte dynamische Betrachtungsmethode).

Für diese dynamische Beurteilung der Zukunft einer Unternehmung ist von der SKA eine Prognosesoftware entwickelt worden, die Planungsmodelle unter Einbezug der möglichen Zukunftsszenarien eines Betriebes errechnet und anschaulich darstellt. Unter anderem simuliert das Programm die möglichen Auswirkungen verschiedener Finanzierungsvarianten auf die Gesamtentwicklung einer Firma".[1]

So zeigt die Abbildung 3 unterschiedliche Entwicklungen der Kreditwürdigkeit während der Darlehenslaufzeit $t_0 - t_{10}$. Die exakten Einschätzungen K_1 und K_2 zum Zeitpunkt t_0 dürften für eine Kreditvergabe akzeptable Szenarien darstellen, die von K_3 dürfte unannehmbar sein. Während der Darlehenslaufzeit erfährt die Kreditwürdigkeit eine ständige Korrektur, so daß bei einer ex-post-Betrachtung kaum solche geradlinigen Entwicklungen wie K_1 bis K_3 möglich sind. K_{real} zeigt einen realistischeren Verlauf auf. In der Phase $t_4 - t_9$ ist eine Kreditpolitik zwischen Sicherheitenverbesserung, Kreditkürzung bis Neuherauslage eines Überbrückungs- bzw. Sanierungskredites denkbar.

---

1 Vgl. Jenny, Klaus D., Nr. 22 der Reihe „Aus der Sicht des Bankiers" SKA, Unternehmer und Risiko: Finanzierungsmöglichkeiten, Schweiz, 12/1989, S. 10

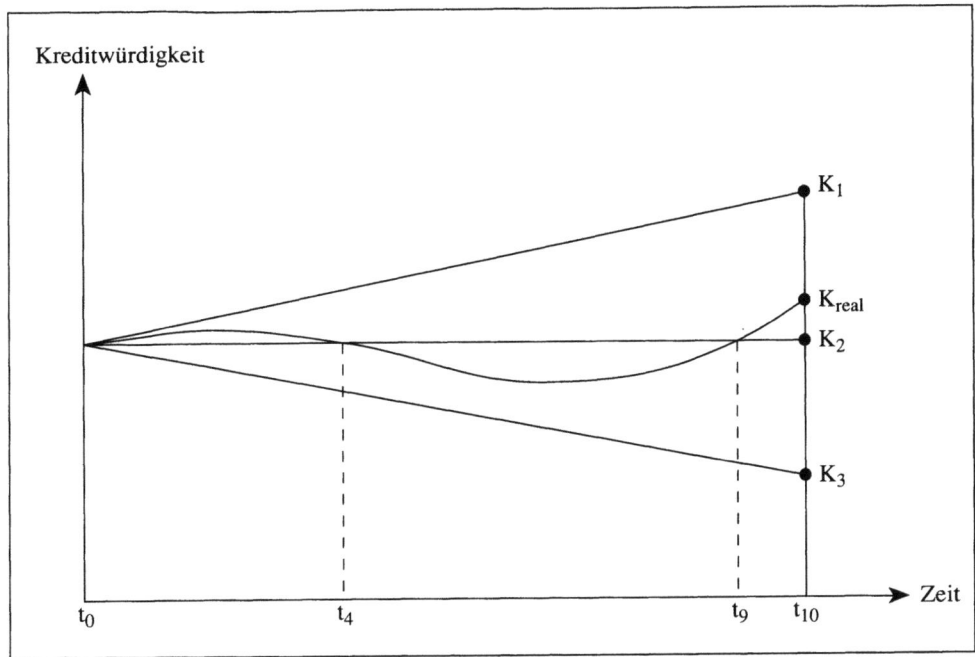

Abbildung 3: Kreditwürdigkeit im Zeitverlauf

5. Abgrenzung von Bonität und Kreditwürdigkeit

Der Begriff „Bonität" wird bevorzugt zur allgemeinen Beurteilung eines Schuldners oder einer Emission verwendet. Ferner wird der Begriff im Auskunftswesen benutzt, wo in der Regel über die Zahlungsweise und die wirtschaftlichen Verhältnisse berichtet wird. Auch Rating-Agenturen und Auskunfteien haben in ihren Wortschatz überwiegend den Bonitätsbegriff aufgenommen. Das Wort „Bonität" findet auch im allgemeinen Sprachgebrauch breite Anwendung.

Der Begriff „Kreditwürdigkeit" ist aus der Kreditwirtschaft nicht wegzudenken, wird von der Allgemeinheit jedoch nur wenig aktiv gebraucht. Der Bonitätsbegriff trägt im Gegensatz zu dem der Kreditwürdigkeit eher statischen bzw. punktuellen Charakter. Punktuell bedeutet, daß innerhalb einer Prüfungsperiode zu bestimmten Fixzeitpunkten analysiert und beurteilt wird. Bei der Kreditwürdigkeitsprüfung geht man während der Kreditlaufzeit fließend bzw. dynamisch vor und die Kreditwürdigkeitseinschätzung wird den Gegebenheiten dauerhaft angepaßt.

Man könnte auch sagen, daß die Bonität zeitlich gesehen integrativer Bestandteil der Kreditwürdigkeit ist. Der Begriff „Kreditwürdigkeit" umfaßt per definitionem auch die zukunftsbezogene Einschätzung, die einer ständigen Kontrolle und Entwicklungsanpas-

39

sung unterliegt. Bonität steht für eine mehr zeitpunktbezogene, Kreditwürdigkeit für eine eher zeitraumbezogene Betrachtungsweise. Bonität wird oft pauschal gefaßt, während Kreditwürdigkeit in der Regel speziell auf ein ganz bestimmtes Kreditvolumen hin formuliert wird. Kreditwürdigkeit berücksichtigt immer die personellen und materiellen Gegebenheiten, während Bonität auf personelle Aspekte verzichten kann. Insofern ist die Bonität ein Baustein der Kreditwürdigkeit. Als Fazit läßt sich festhalten, daß der Kreditwürdigkeitsbegriff zeitlich als auch inhaltlich höher dimensioniert ist als der Bonitätsbegriff. Dieser wiederum ist abstrakter im Gegensatz zum Kreditwürdigkeitsbegriff, bei dem immer eine Kreditkausalität vorliegt.

C. Personelle Kreditwürdigkeit

„Man kann einen Baum nicht nach der Güte seiner Blätter einschätzen, sondern nur nach der Güte seiner Früchte".

Bruno Giordano

1. Jeder Kredit ist ein personeller Kredit

Alle Darlehen, auch die Firmendarlehen, sind im Grunde genommen personenbezogene Darlehen. Die Vertreter von Firmen, Vereinen und sonstigen Institutionen sind für Banker die Bezugs- und Bewertungspersonen. Sie stehen stellvertretend für die gesamte Firma bzw. Institution. Ihre Vertrauenswürdigkeit, ihr Verhalten und ihre Zuverlässigkeit ist Spiegelbild für die Einschätzung und Beurteilung des Unternehmens. Eine Firma kann nur so gut sein wie ihre Mitarbeiter. Die personelle Kreditwürdigkeitsprüfung spielt deshalb bei allen Krediten eine entscheidende Rolle. Im Extremfall können die materiellen Gegebenheiten überdurchschnittlich gut sein und trotzdem ein Kreditwunsch wegen schlechter persönlicher Einschätzung des Managements abschlägig beurteilt werden. Es könnte somit die These vertreten werden, daß ein Kreditfachmann bei der Personenbeurteilung genauso versiert sein muß wie ein Personalreferent.

2. Grenzen der Menschenbeurteilung

In der Fachliteratur wird die personelle Kreditwürdigkeit relativ kurz und oberflächlich behandelt. Vielleicht liegt das darin, daß hier im Gegensatz zu der materiellen Kreditwürdigkeit keine klaren Zahlen und Fakten vorhanden sind. Hier muß auf die Menschenkenntnis und das Streben nach möglichst „objektivem" Urteilen jedes einzelnen Kreditentscheiders abgestellt werden. Jeder Kreditmanager ist bei der personellen Prüfung gefordert, möglichst unvoreingenommen, unparteiisch und ohne Sympathie- und Antipathiepräferenzen die einzelnen Bewertungsbausteine zu einem Gesamtbild zusammenzutragen. Da jede personelle Einschätzung auf der persönlichen Erlebnis- und Erfahrungswelt des Kreditentscheiders basiert, unterliegt sie immer einer individuellen Färbung. So wie Max Weber im Werturteilsstreit darauf hinwies, daß schon die Auswahl einer bestimmten Frage ein Werturteil darstellt, so ist auch jede personelle Einschätzung ein Werturteil, weil jeder Mensch bei der Meinungsbildung über einen anderen Menschen sich andere Fragen oder bei gleichen Fragen andere Gewichtungen zurechtgelegt hat und damit zu ganz anderen Ergebnissen kommen kann. Bei allem Streben nach Objektivität sind deshalb individuelle Unzulänglichkeiten und Vorbehalte nie zu eliminieren, aber es kann extreme „Auswüchse" verhindern helfen. Immer wenn Menschen über Menschen urteilen, entstehen Wertungen aus Stückwerkdenken und -erfahrung bzw. aus dem „eingeschränkten" subjektiven Blickwinkel.

Die personelle Kreditwürdigkeit kann aus obengenannten Gründen nur Grobraster anbieten, die sich in der Praxis als „wichtig" herauskristallisiert haben. Die Bewertung und Gewichtung der einzelnen Kriterien muß dem jeweiligen Kreditmanager vorbehalten bleiben. Dieser ist aufgerufen, durch ständige Weiterbildung und eigene Persönlichkeitsentwicklung der hochsensiblen Aufgabe gerecht zu werden. Im folgenden wird der Versuch unternommen, wichtige Kriterien, über die in der Praxis Übereinkunft bestehen, aus dem Gesamtkomplex herauszulösen, sie einzeln darzustellen, um sie für die Bewertung greifbarer zu machen. Die personelle Kreditwürdigkeitsprüfung versucht, die Person, die Persönlichkeit, den Charakter und gegebenenfalls die Führungsqualifikation eines (angehenden) Kunden zu durchleuchten. Da wir oft dasselbe sagen, aber selten dasselbe meinen, wird zunächst eine Wortdefinition und Abgrenzung von Person, Persönlichkeit und Charakter vorangestellt.

3. Person, Persönlichkeit und Charakter

Das Wort „Person" leitet sich aus dem lateinischen Wort „persona" ab und bedeutet soviel wie Maske, Rolle, Wesen. Ferner hat das Wort „Person" Verwandtschaft mit dem griechischen Wort Prosopon, was ebenfalls Maske bedeutet. Man könnte hier also den Schluß ziehen, daß die Person gewissermaßen „die Maske" ist, die ein Mensch gegenüber seinem Nächsten aufsetzt, um eine bestimmte Rolle darzustellen. Das spezifische Verhalten kann beruflicher (Stellung, Amt, Titel) oder privater Natur sein. Wir wollen jedoch von der maskenhaften Vorstellung wegkommen und den Begriff der Person in unserer umgangssprachlichen Bedeutung verstanden wissen. Unter Person soll ein erwachsener Mensch als Träger von Eigenschaften, bestimmten sozialen Beziehungen sowie bestimmten Fähigkeiten, Kenntnissen und Fachkompetenzen verstanden werden.

Worin besteht nun der Unterschied zwischen Person und Persönlichkeit? Die Personalisation, d. h. das Entwicklungsstadium zur Person, ist in der Regel bis zum Erwachsenenalter abgeschlossen. Der Entwicklungsprozeß bis an diese Stelle hat naturhaften, anlagebedingten Charakter. Findet darauf aufbauend eine lebendige Auseinandersetzung mit neuen schöpferischen Gedanken für die Realisierung geistiger Ziele statt, und ist ein Mensch zu Selbsterkenntnis, und damit auch zu einer ethischen Selbsterziehung fähig, so wollen wir von einer Persönlichkeit sprechen. Persönlichkeiten sind also u. a. geistbestimmte Menschen. Jeder erwachsene Mensch ist eine Person, aber dadurch noch lange nicht eine Persönlichkeit. Der Begriff der Person ist also der fundamentalere.

Eine Persönlichkeit hat immer auch ein tiefgefestigtes Benehmen, ethische Grundfeste, konsequentes berechenbares Verhalten sowie eine gewollte Geistherrschaft im konstruktiven Sinne. Im Gegensatz zur Person, die auch mit negativen Eigenschaften und Zielen besetzt sein kann, ist eine Persönlichkeit immer nur mit positiven Wesenszügen sowie Intentionen vorstellbar. Eine böse Persönlichkeit ist deshalb ein Widerspruch in sich selbst. Nur wer sich für objektive, geistige Ziele einsetzt wird Persönlichkeit. Für einen Unternehmer oder leitenden Angestellten können solche Ziele zum Beispiel lauten:

- Verbesserung der Arbeitsplatzbedingungen,
- Produktion, Verpackung umweltfreundlicher gestalten,
- Förderung der Mitarbeiter durch bewußte Qualifikationsentwicklung,
- persönliche Hilfestellung bei Mitarbeiterproblemen etc.

Zum Schluß wollen wir noch den Begriff Persönlichkeit von dem Begriff des Charakters abgrenzen. Einerseits ist Persönlichkeit umfangreicher, weil auch das Leibliche mit einbezogen ist, andererseits ist der Begriff Persönlichkeit enger, da er voll auf der Bewußtseinssphäre basiert, während Charakter auch alle unbewußten Momente einschließt und sowohl negative als auch positive Strukturen aufweisen kann. Der Charakter ist das Grundgerüst der Wesensart eines Menschen. Charakter steht für das seelisch-geistige Gefüge eines Menschen, auf das seine Handlungen und Verhaltensweisen zurückgeführt werden können. Die angeborenen, ererbten Charakterzüge und die umweltbedingt erworbenen Charakterzüge, die zum Beispiel durch besondere Erlebnisse und Schicksale, d. h. in ganz sensiblen Lebensphasen entstanden sein können, machen das seelisch-geistige Gefüge aus. Nachstehend werden aus dem riesigen Bündel der Eigenschaften, Grundanlagen und verschiedenen Kompetenzen einige herausgegriffen, die für die personelle Kreditwürdigkeit von Bedeutung sind und die unter die Begriffe Person, Persönlichkeit und Charakter subsumiert werden.

3.1 Die Person des Kreditkunden

Im Mittelpunkt der persönlichen Kreditwürdigkeit steht die Beurteilung der Person eines (angehenden) Kreditkunden. Die Personenbeurteilung nimmt am Anfang den größten Raum ein. Im Gegensatz zur Persönlichkeit und zum Charakter läßt sich die Person am konkretesten und schnellsten umreißen. Der private und berufliche Weg ist leichter auszumachen als persönlichkeitsbezogene Merkmale, Charakterstrukturen und Führungseigenschaften. Wie kann die Person nun beurteilt werden?

Vordergründig geht es darum, die Fähigkeiten, Kenntnisse, sozialen Beziehungen und die besonderen Eigenschaften ausfindig zu machen. Die Meinungsbildung über einen Firmenvertreter verlangt differenziertes Urteilsvermögen. Ein technischer Geschäftsführer ist anders zu sehen als ein kaufmännischer Geschäftsführer. Die Person eines Kleingewerbetreibenden muß mit einem anderen Maßstab bewertet werden als die Person eines mittelständischen Firmeninhabers. Je nachdem, für welche Dimensionen und Bereiche jemand verantwortlich zeichnet, muß mit einer gesonderten Meßlatte beurteilt werden. Dies verlangt viel Fingerspitzengefühl und Erfahrung. Nachstehend werden einige allgemeingültige Beurteilungskriterien herausgegriffen, die zu den wesentlichen gehören. Hierzu zählen Selbstdarstellung und Umgangsart, praktische Qualitäten und die kaufmännische Kompetenz. Warum diese Kriterien als wesentlich angesehen werden, wird in den nachstehenden Abschnitten beschrieben.

3.1.1 Selbstdarstellung und Eigenwerbung

Wenn sich ein Verkäufer nicht selbst gut verkaufen bzw. darstellen kann, wie soll er dann die ihm anvertrauten Produkte bzw. Dienstleistungen vermarkten können? Diese alte Frage bei Personaleinstellungen kann auch auf sämtliche Verhandlungs- und Sachgebiete übertragen werden. Wie Studien bei amerikanischen Führungskräften gezeigt haben, zählen die Manager Selbstdarstellung und Eigenwerbung ebenfalls zu ihren Aufgaben. Über 52 % der befragten Unternehmensvertreter nannten die Eigenwerbung, d. h. die äußere Erscheinung, eigene Stärken in den Vordergrund rücken, Enthusiasmus verbreiten, Steuerung der Aufmerksamkeit auf Erfolge etc., als wesentliche Taktik der Einflußnahme im Unternehmen. Wenn jemand etwas erreichen will, so wird er versuchen, sich von seiner besten Seite zu zeigen bzw. darzustellen. Hierzu gehört eine gute Umgangsart, ein ansprechendes äußeres Erscheinungsbild, sicheres Auftreten und eine treffende Sprache.

Wenn ein potentieller Kreditkunde bereits bei dem ersten Gespräch mit einem Fürsprecher wie Steuerberater, Vermögensberater, Unternehmensberater als Sprachrohr auftritt, so wird er sehr wahrscheinlich mit besonders kritischem Auge betrachtet. Wer in einer kritischen Situation ehrlich, natürlich und aufrichtig sein Kreditanliegen vorträgt, wird die größten Erfolgsaussichten haben. Sollte im ersten Kreditgespräch ein übertriebenes Geltungsbedürfnis und/oder Überheblichkeit bemerkbar sein oder gar die Kreditvergabe als Forderung ausgedrückt werden, ist erfahrungsgemäß besondere Vorsicht geboten.

3.1.2 Kaufmännische Kompetenz

Da es die Banken in erster Linie mit den kaufmännischen bzw. finanzorientierten Unternehmensvertretern zu tun haben, ist in der Regel auch eine relativ hohe kaufmännische Versiertheit vorhanden. Je kleiner die Betriebseinheiten sind und je weniger Beschäftigte ein Unternehmen hat, desto mehr fallen kaufmännische und praktische Arbeiten in einer Hand zusammen. Es ist hier also streng zu differenzieren. Ein in kaufmännischer Hinsicht unerfahrener Kreditnehmer kann noch so gute praktische Qualitäten haben, wenn er weder die finanzielle Übersicht hat, noch die Liquiditätssteuerung beherrscht, so kann er seinen Betrieb schnell in Gefahr bringen. Gerade bei Kleingewerbetreibenden und bei Handwerkern ist oftmals eine verspätete Fakturierung festzustellen, was zu einem Liquiditätsengpaß führen kann oder zumindest höhere Finanzierungskosten verursacht. Um Personalkosten einzusparen, üben in vielen Fällen die Ehefrauen oder Angelernte diese Tätigkeiten aus. Hier mangelt es oft an der Übersicht und Versiertheit, eine Rechnung vollständig und korrekt aufstellen zu können.

Jeder Firmenkreditkunde sollte ein kaufmännisches Grundwissen aufweisen. Denn bei aller Würdigung fachlicher Kompetenz ist das aktuell zu haltende Rechnungswesen und die Aufrechterhaltung der Liquidität „der Herzschlag" eines jeden Unternehmens. Krankt es an dieser Stelle, so krankt es im gesamten „Kreislauf" bzw. gefährdet den gesamten Betrieb. Ein zeitnahes und übersichtliches Finanz- und Rechnungswesen garantiert einen „gesunden Pulsschlag" für das Unternehmen, weil bei Zielabweichungen frühzeitig gegengesteuert werden kann.

3.1.3 Praktische Qualitäten

Neben der Überprüfung, ob kaufmännisches Know-how beim Kreditnehmer bzw. in einem Betrieb vorhanden ist, sind auch die praktischen Qualitäten auszuloten. Hierunter sind nicht nur die Berufsausbildungen, Studien, Kurse und Weiterbildungsseminare zu verstehen, sondern auch die Besonderheiten von Produkten oder Dienstleistungen, durch die sich ein Betrieb von den Wettbewerbern besonders abhebt. Jahrelange praktische Erfahrungen in einer besonderen Sparte können ein spezielles Know-how begründen, das „Gold" wert sein kann. So ist zum Beispiel ein Kfz-Mechaniker, der sich 15 Jahre lang mit Spezial-Kranaufbauten auf Lkw praktisch auseinandergesetzt hat, in der Lage, ein einzigartiges Leistungsangebot zu offerieren, was aufgrund der Exklusivität entsprechend teuer ist. Ein weiteres Beispiel eines kaufmännischen Angestellten, der in seiner 20-jährigen Berufspraxis weltweit Vertriebswege etablierte und diese Absatzkanäle nun für sein neu gegründetes Unternehmen nutzt, kann hier angeführt werden. Die speziellen Stärken eines Betriebes bzw. einer Person müssen durch persönliche Gespräche, Auskünfte, die Lokalpresse und durch andere Geschäftspartner transparent gemacht werden. Nicht umsonst müssen die Unternehmensgründer bei der Beantragung öffentlicher Darlehen ein unternehmerisches Konzept, welches die Unternehmensidee und dessen praktische Umsetzung beinhaltet, aufstellen.

Ein weiteres Kriterium, das Kreditrisiko einzugrenzen, ist die Eruierung der Leistungsträger im Betrieb. Es ist nicht unwichtig zu wissen, wer die eigentlichen Pouvoir-Träger eines Unternehmens sind. Hierbei muß es sich nicht immer nur um die „Titelträger" handeln, sondern auch um „graue Eminenzen", die evtl. im Hintergrund die Fäden zusammenhalten und als indirekte Gruppen- und Meinungsführer agieren. Gerade im Dienstleistungssektor mit einer starken Personenabhängigkeit kann das unter bestimmten Umständen große Probleme zeigen. Das Herausfinden der Leistungsträger in einem Betrieb ist sicherlich keine leichte Aufgabe. Es wird sich eher im Zeitverlauf klären lassen und nur bei kleineren Unternehmensgrößen Sinn geben.

3.1.4 Auf welche Kriterien ist besonderes Augenmerk zu richten?

Ist der Kreditkunde geschäftstüchtig, initiativ und fleißig? In welchen Gremien, Ausschüssen, Interessenverbänden etc. ist er engagiert? Welchen Ruf genießt die Person? Ist der angehende Neukunde bei anderen Geschäftspartnern bekannt? Wurde er bereits in der Lokalpresse bei irgendeinem Anlaß erwähnt? Kann davon ausgegangen werden, daß der potentielle Kreditkunde umsichtig und weitsichtig ist? Wie steht es mit der Übersicht und den Visionen für das Unternehmen? Bei Betriebsinhabern, Geschäftsführern oder leitenden Angestellten ist auch Kreativität, Ideenreichtum und Innovationsfreude gefragt. Dies sind Kriterien, die zur Zukunftssicherung und Erhaltung des Betriebes unerläßlich sind. Ein Betrieb mit veralteten Organisationsstrukturen bzw. überholten Produkten wird auf Dauer am Markt nicht bestehen können. Ebenso wichtig sind Anpassungsfähigkeit und Umsetzungsfähigkeit bei einem Struktur- und Wertewandel. Hier ist zum Beispiel an umweltfreundliche Verpackungen oder Produkte mit recyclebaren Materialien (Autoindustrie) sowie an umweltfreundliche Erzeugnisse zu denken.

3.2 Die Persönlichkeit des Kreditkunden

Bei der Einschätzung der Persönlichkeit eines Menschen spielen Lebens- und Berufserfahrung sowie Einfühlungsvermögen eine große Rolle. In einem persönlichen Gespräch können bereits durch aktives Zuhören grundlegende Wesenszüge des Gesprächspartners herausgefunden werden. Persönlichkeit zeigt sich u. a. in der Fähigkeit, über sich selbst zu reflektieren, in der Bereitschaft sich selbstkontrollierend zu entwickeln, in der Fähigkeit sich selbst und anderen lohnenswerte, die Allgemeinheit fördernde Ziele vorzugeben sowie daran festzuhalten und zu arbeiten.

Folgende Fragestellungen sind hierbei von Interesse: Wie stark ist das Erkenntnisinteresse, die Lernfähigkeit und Lernwilligkeit ausgeprägt? Wie ist es um das Urteilsvermögen, die analytische Denkfähigkeit, den geistigen Horizont bestellt? Wie offen ist man gegenüber Neuem, Innovativem? Besteht Experimentierfreude? Sind aus den Ausführungen höhergestellte, geistige Ziele, ethische Grundfeste erkennbar? Inwieweit wird eine bewußte Ich-Tätigkeit durch Selbsterkenntnis, tiefgefestigtes Benehmen, konsequentes berechenbares Verhalten transparent? Können über die Gesprächsinhalte Erkenntnisse über Belastbarkeit, Frustrationstoleranz, Realitätssinn, Risikobereitschaft und Flexibilität gewonnen werden? Welche grundsätzliche Denkhaltung kommt zum Ausdruck? Überwiegen positive konstruktive, optimistische Aussagen oder mehr destruktive, negative, pessimistische? Welche grundsätzliche Lebenseinstellung manifestiert sich im Gesprächsverlauf? Welches Menschenbild kommt zum Vorschein? Wie ist die eigene Lebensführung und welche Voraussetzungen liegen daraus abgeleitet für eine Unternehmensführung vor? Durch die Antworten auf diese und ähnliche Fragen bekommt man Aufschluß über die persönlichkeitsbezogene Kompetenz. Sie tragen zur Meinungsverdichtung über einen Kreditkunden wesentlich bei. Nachstehend werden in drei abstrakten Untersuchungsfeldern die persönlichkeitsbezogenen Grundmerkmale konkretisiert und herausgearbeitet.

3.2.1 Die soziale Kompetenz

Im Mittelpunkt der sozialen Kompetenz steht der Umgang mit Menschen. Wie wir miteinander umgehen, wird heute zu einem wesentlichen Teil durch die Sprache bestimmt. Die Beziehungsqualitäten werden von der Kommunikationsfähigkeit wesentlich beeinflußt. Die Entfaltung sozialen Lebens im Umfeld des Kreditkunden gibt tiefen Aufschluß über seinen sozialen Reichtum. Sind auch andere Menschen mit ihm größer geworden? Wie waren die Entwicklungsmöglichkeiten der nahestehenden Personen des Kreditkunden? Wie ausgeprägt ist das Verantwortungsgefühl für die Entfaltungsmöglichkeiten der Menschen in seinem Umfeld? Sozial reich zu sein bedeutet u. a., dem anderen bei seiner Verwirklichung und Selbstentfaltung zu helfen. Sozial kompetent zu sein, verlangt auch verschiedene Kommunikationsweisen. Ein Geschäftsführer sollte mit einem Fließbandarbeiter aus der Produktion genauso fruchtbar kommunizieren können wie mit seinem Vorstandskollegen. Mit wie vielen Menschen ein Firmenvertreter konfliktbewältigend und konstruktiv umgehen kann, ohne sich selbst aufzugeben, zeigt sich in seinem sozialen Geschick. Die Fähigkeit, sich an unterschiedliche Sozialmuster anzupassen, kommt in der sozialen Intelligenz zum Ausdruck.

Um sich auch hier ein Bild machen zu können, ist es notwendig, den Kreditkunden in der Firma zu besuchen, um ihn in seiner gewohnten Umgebung zu erleben. Schon wie jemand ein Telefongespräch entgegennimmt oder mit einem Mitarbeiter spricht, kann zur Meinungsbildung über die Güte der sozialen Kompetenz beitragen. Sinnvermittlung, Motivationskunst, Team- und Coachingfähigkeit, Konsensfähigkeit und Integrationsfähigkeit sowie Wahrnehmungsvermögen, Einfühlungsvermögen und Identifikationskraft sind alles Wesensmerkmale, die mit der Kommunikationsfähigkeit direkt oder indirekt zusammenhängen. Aus diesen sind somit wichtige Aufschlüsse hinsichtlich der sozialen Kompetenz des Kreditkunden zu gewinnen.

3.2.2 Die strategische Kompetenz

Die strategische Kompetenz zielt auf die Qualität der Denk- und Zielsetzungsfähigkeit ab. Werden Zusammenhänge erkannt? Wurden bei einem Investitionsvorhaben zum Beispiel die Auswirkungen auf die Produktion, den Absatz, das Personal, die Gesamtkosten, die Vorlaufkosten, die Produktpalette bedacht? Macht eine Investition im Kontext Sinn? Sind Ansätze für das ganzheitliche und vernetzte Denken erkennbar? Kann eine Situation oder ein Problem auch aus der Vogelperspektive oder aus der Helikoptersicht erörtert werden? Inwieweit kann abstrahiert werden? Kann digital (in Worten, Zahlen, Regeln, Gesetzen, zeitmäßig) und analog (bildhaft, beispielhaft, im Überblick) gedacht werden? Wie stark ist das visionäre Denken, die Imagination, das Gefühl für zukünftige Entwicklungen ausgeprägt?

Die Beantwortung dieser und gleichartiger Fragen trägt zur Meinungsverdichtung über die strategische Kompetenz bei. Wer etwas über die strategische Kompetenz in Erfahrung bringen will, muß sich zwangsläufig mit der Denkweise, Denkhaltung und Denktiefe des Gesprächspartners auseinandersetzen. Wer strategisch denkt, stellt u. a. Warum-Fragen. Er wird die Sinnhaftigkeit und Güte von Absichten und Zielen hinterfragen. Die strategische Kompetenz ist wichtig, weil sie Leitlinien und Leitideen hervorbringt, die dann in Handlungsanweisungen formuliert werden und so im täglichen Arbeitsgeschehen Einfluß nehmen. Ferner ist die Art zu denken der Flaschenhals, durch den alles Schädliche auf Körper und Geist vordringt. Der Denkstil ist somit bereits der Grundstein für Erfolg oder Mißerfolg.

3.2.3 Die funktionale Kompetenz

Die funktionale Kompetenz manifestiert sich darin, wie etwas ausgeführt bzw. realisiert wird. Der Gütegrad der funktionalen Kompetenz hängt davon ab, wie erfolgreich jemand Fach- und Generalistenwissen, Sprach- und Kulturkenntnisse, Berufs- und Lebenserfahrung in der täglichen Praxis umsetzen kann. Erfolgreich soll hier weniger materiell, sondern eher fruchtbringend für alle an einer Interaktion Beteiligten verstanden werden. Zur funktionalen Kompetenz gehört das Zurechtfinden in einer Welt voller Widersprüche, Gegensätzlichkeiten und Überraschungen. Hier ist Standfestigkeit, Souveränität und hohes Konfliktbewältigungspotential gefragt.

Wer Spannungen als natürlich empfindet, nicht daran Schaden nimmt und trotzdem sensibel und einfühlsam bleibt, ohne den Blick für die Realität zu verlieren, verfügt über eine hohe funktionale Kompetenz. In ihr vereinigen sich Lebens- und Berufserfahrung mit Experten- und Generalistenwissen gleichzeitig. Ganzheitliche Problemlösefähigkeit und eine Frustrationstoleranz gehören ebenso zur funktionalen Kompetenz wie Planungs- und Organisationstalent sowie konzeptionelle Fähigkeiten. Wie jemand einzelne Aufgaben angeht und Prioritäten festlegt, wird durch seine funktionale Kompetenz bestimmt. Die funktionale Kompetenz ist als Ergänzung zur strategischen und sozialen Kompetenz äußerst wichtig, weil Denken, Sprechen und Handeln bei einer Persönlichkeit deckungsgleich sein sollten. Matthias Claudius mahnt deshalb in seinen Ausführungen zum Gewissen: „Beurteile einen Menschen lieber nach seinen Handlungen als nach seinen Worten; denn viele handeln schlecht und sprechen vortrefflich".

3.2.4 Die Persönlichkeitsstärke

Die Güte von sozialer, strategischer und funktionaler Kompetenz bestimmt die Persönlichkeitsstärke. Dabei dürften sich soziale, strategische und funktionale Kompetenz in den meisten Fällen gegenseitig bedingen. Werden die Kompetenzen größer, so wächst auch die Persönlichkeit. Wer sich Leitlinien vorgeben und Lebensprioritäten setzen kann, die im Einklang mit Umwelt und Mitmenschen stehen und die Freiheitsräume der Nächsten eher vergrößern als einengen, wird zwangsläufig zu einer stärkeren Persönlichkeit heranreifen. Je höher das Niveau von sozialer, strategischer und funktionaler Kompetenz, desto stärker ist die Persönlichkeit ausgeprägt. Eine starke Persönlichkeit zeichnet sich durch ein gesellschaftspolitisches Verantwortungsgefühl (Umweltbewußtsein, soziales Gerechtigkeitsstreben etc.), ein verläßliches gefestigtes Benehmen, eine humanitäre ethische Grundhaltung, ein konstruktives Verhalten und eine gewollte Geistherrschaft aus. Es gilt nun anhand vorgenannter Kriterien zu prüfen, inwieweit das Persönlichkeitsprofil ausgebildet ist, und welche Stärke der Persönlichkeit des Kunden beigemessen werden kann. Abbildung 4 soll nochmals die Stützen und Formung der Persönlichkeit bildhaft ausdrücken.

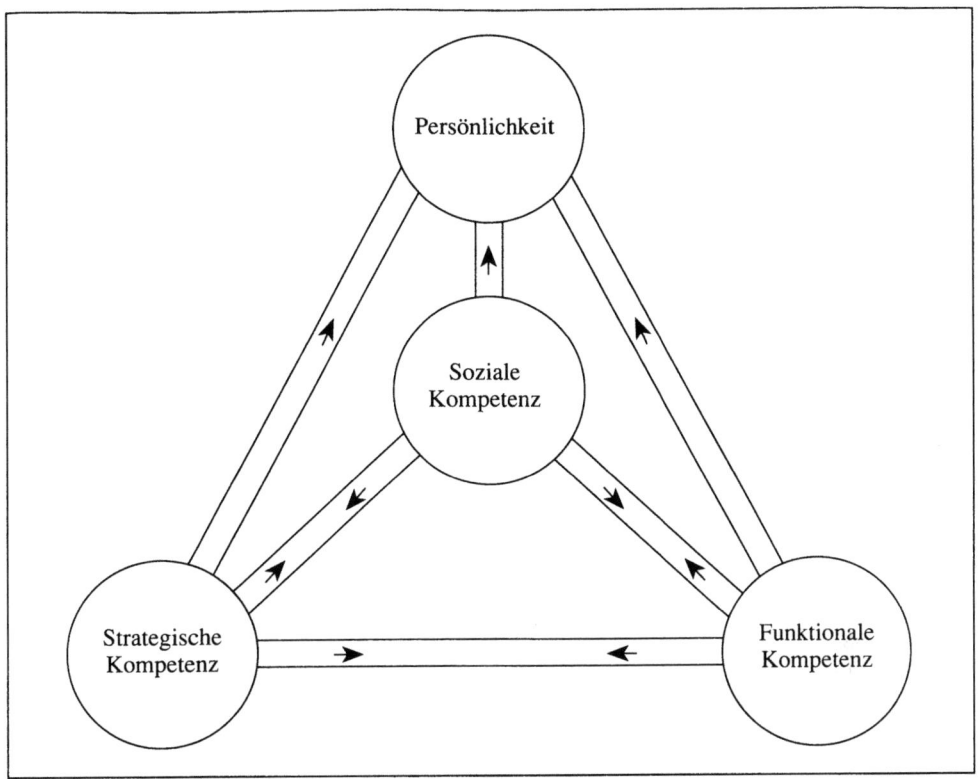

Abbildung 4: Persönlichkeitsfundamente

3.3 Der Charakter des Kreditkunden

„Charakter ist in der moralischen Welt, was in der physischen das Knochengebäude"

Karl Julius Weber, Demokritos III, S. 7

3.3.1 Das Wesen des Charakters

Wie eingangs erwähnt, steht Charakter für das seelisch-geistige Gefüge eines Menschen. Oder wie Alfred Adler es ausdrückt: „Charakter ist die seelische Stellungnahme, die Art und Weise, wie ein Mensch seiner Umwelt gegenübersteht, eine Leitlinie, auf der sich sein Geltungsdrang in Verbindung mit seinem Gemeinschaftsgefühl durchsetzt".[1] Charakter-

---

1 Vgl. hierzu Adler, Alfred, Menschenkenntnis, Frankfurt, 1966, S. 146 ff.

züge manifestieren sich immer dann, wenn ein Mensch mit einem anderen Menschen oder einer Vielzahl von Menschen zusammenkommt. Charakter ist demnach ein soziales, ein gesellschaftliches Phänomen. Ein Charakterzug kann sich also nur im Zusammenspiel eines Menschen mit seiner Umwelt zeigen und entfalten. Insofern vermitteln Charakterzüge Erkenntnisse eines Menschen über seine Haltung zur Umwelt bzw. seinen Mitmenschen, zur Gemeinschaft generell und zu seinen Lebens- und Sinnfragen. Die Charakterzüge, die den Gemeinschafts-, Mitmenschlichkeits- und Geborgenheitsbedürfnissen zugesprochen werden, stehen denen entgegen, die das Macht-, Geltungs- und Überlegenheitsstreben beinhalten. Das Kräftespiel zwischen diesen Polen stellt dar, was wir schlechthin als Charakter bezeichnen. Zu den Charakterzügen, die soziales Verhalten stärken und ausbauen, gehören Selbständigkeit, Selbstsicherheit, Frustrationstoleranz, Heiterkeit, Zufriedenheit, Willensstärke, Unbelastetheit, Ehrlichkeit, Zuverlässigkeit etc. Zu den Charakterzügen aggressiver Natur zählen u. a. Eitelkeit, Hochmut, Arroganz, Eifersucht, Neid, Geiz und Haß. Nachstehend werden einige Charaktermerkmale herausgegriffen und ihre besondere Bedeutung für die Kreditwirtschaft beschrieben. Hierfür soll die Grobgliederung in disziplinarischen und ethischen Charakter dienen.

3.3.2 Disziplinarischer Charakter

Die Prüfung der Charaktermerkmale *Willensstärke* und *Durchstehvermögen* ist für einen Kreditmanager wichtig, weil dadurch Erkenntnisse über das Festhaltenkönnen an einer Aufgabe und Verpflichtung gewonnen werden. Folgende Fragen können Aufschluß geben: Wie ist der berufliche und private Werdegang verlaufen? Sind Ausbildungen abgebrochen worden? Welche Ziele werden verfolgt und wie stark hält man daran fest? Wie beständig war der Kreditkunde in der Vergangenheit? Wie sieht es mit dem Ehrgeiz und der Durchsetzungsfähigkeit aus? Wie ist man mit Fehlern, Mißerfolgen, Rückschlägen und Niederlagen umgegangen bzw. fertiggeworden? Sieht man Fehler eher als Korrekturhilfe oder führen sie eher zur Niedergeschlagenheit? Diese und ergänzende Fragen sind weitgehend aus dem Lebenslauf des Kunden zu entnehmen. Persönliche Gespräche und Informationen von Dritten können hierüber weitere Erkenntnisse liefern. Mit labilen Menschen eine Kreditvereinbarung zu schließen, kann schon in die Kategorie „Fahrlässigkeit" eingeordnet werden. Willensstärke und Durchstehvermögen sollten bei einem Kreditkunden in „gesundem Maße" in der Charakterstruktur verankert sein.

3.3.3 Ethischer Charakter

- Die zwei charakterlichen Eigenschaften *Ehrlichkeit* und *Zuverlässigkeit* lassen sich gerade anfangs nur sehr schwer festmachen. Im Laufe einer Geschäftsbeziehung merkt man dann sehr schnell, wer nur Lippenbekenntnisse von sich gegeben hat und auf wen man sich wirklich verlassen kann. Ab und zu kommt es vor, daß ein Kreditnehmer wegen eines Sondergeschäftes oder saisonbedingt einen zusätzlichen Kreditspielraum für einen bestimmten Zeitraum benötigt. Solche Absprachen über die Kontoführung werden mit dem Bankgesprächspartner terminlich und volumenmäßig genau fixiert. Bei manchen Kunden ist es empfehlenswert, solche Übereinkünfte schriftlich festzuhalten und gegenbestätigen zu lassen. Werden diese Vereinbarungen eingehalten, so erfährt der Kreditkunde von seiner Kreditwürdigkeit her eine besondere Aufwertung.

Andere Kunden wiederum, die von den wirtschaftlichen Verhältnissen wesentlich besser gestellt sind als im vorgenannten Beispiel und sich nicht an die getroffenen Absprachen halten, verschlechtern sich in ihrer Kreditwürdigkeit beträchtlich. Selbst gleichartige Unternehmen mit nahezu identischer Vermögens- und Kapitalausstattung werden fast immer Unterschiede in den ihnen zugesagten Kreditlinien aufweisen. Zum einen wird der Grund darin liegen, daß die Management-Qualitäten unterschiedlich bewertet werden, zum anderen spielen die Selbstdarstellung, die Zuverlässigkeit und die Beziehungsqualitäten zwischen Kunde und Bankvertreter eine wesentliche Rolle.

Wer den Bankpartner über seine wirtschaftliche und finanzielle Lage sowie seine Zukunftsperspektiven aktuell, umfassend und vor allem ehrlich informiert, wird seine Kreditwürdigkeit damit selbst günstig beeinflussen. Jede Verschleierung oder Verzögerungstaktik von „ungünstigen Entwicklungen", die ja sowieso irgendwann transparent werden, führt unwillkürlich zu einer reservierten Haltung des Bankers. Zuverlässigkeit wird bei der Kreditwürdigkeit überaus positiv honoriert, d. h. im Idealfall für einen Kreditkunden

– die regelmäßige, unaufgeforderte und frühzeitige Einreichung seines Jahresabschlusses, Wirtschaftsprüfer-Berichtes bzw. Geschäftsberichtes oder gegebenenfalls seiner betriebswirtschaftlichen Auswertungen, Zwischenberichte, Auftragszahlen und Prognoseunterlagen,
– die zeitnahe Offenlegung des Bankenspiegels (sämtliche Kreditinstitute, die mit Kredit zur Verfügung stehen und deren Sicherheiten), der wichtigsten Geschäftspartner und des Zahlungsverhaltens,
– die vertragsgemäße und pünktliche Erfüllung der Zins- und Tilgungsleistungen und bei einem anstehenden Mehrbedarf die frühzeitige Ansprache des Bankers.

Der sensible Umgang mit dem Vertrauensverhältnis bzw. mit einem gegebenen Vertrauensvorschuß steigert die Kreditwürdigkeit erheblich, und die Bank ist bei einer langjährigen vertrauensvollen und positiven Geschäftsverbindung eher geneigt, auch mal ein größeres Risiko bei der Überwindung von „Durststrecken" einzugehen. Andererseits wirkt jede Säumigkeit bei der Hereingabe von Unterlagen oder bei der Kapitaldienstzahlung negativ auf die Kreditwürdigkeit. Die Selbstbedienungsmentalität mancher Kunden, die den Banker mit Scheck- und Lastschriftziehungen unabgesprochen vor vollendete Tatsachen stellen, ist so ziemlich das Schlimmste, was man hinsichtlich der Verschlechterung seiner Kreditwürdigkeit an den Tag legen kann. Hierzu zählt auch das Ausprobieren, wie weit man bei der Überziehung seines Kontos gehen kann.

● *Neid, Überheblichkeit* und *Geltungssucht* sind Charakterzüge, die insbesondere bei der Hinterfragung des Kreditmotivs von großer Bedeutung sind. Menschen, die eher nach dem „Haben" als nach dem „Sein" streben, sind von diesen aggressiven Charakterzügen stärker durchsetzt. Eine dauerhafte Unzufriedenheit mit sich selbst und resistente, meist auch latente Minderwertigkeitsgefühle gehen mit einem ständigen Vergleichen und

Messen mit anderen und dem, was andere haben, einher. Die Orientierung und Ausrichtung an Superlativen haftet diesen Menschen besonders an. Der Hang und Drang nach immer Mehr-Haben-Wollen, nach immer höheren Luxusdimensionen zur Befriedigung von übertriebener Eitelkeit und Geltungssucht sowie des Bedürfnisses nach „Mithalten-Können" und „Beeindrucken-Wollen" verblendet solche Menschen nicht selten. Einmal in den Bann dieses Kreislaufes gezogen, bleibt es bei den wenigsten aus, daß sie ab einem bestimmten Zeitpunkt anfangen, über ihre Verhältnisse zu leben bzw. zu investieren.

Und genau an diesem Punkt ist der Banker frühzeitig aufgerufen, seine Kreditbereitschaft zu überdenken und bevorzugt nach dem Motto zu handeln: „Ein Ende mit Schrecken ist besser als ein Schrecken ohne Ende" oder „Kündige einen Kredit, solange noch Aussicht auf Rückführung besteht".

Wohlgemerkt: diese Haltung soll Finanzierungen von Luxusgütern nicht in Abrede stellen. Wohl dem, der kann. Es geht hier um Finanzierungen, bei denen die Bank aus obengenannten Gründen in das unternehmerische Risiko gedrängt wird und der Kunde kaum mehr den Kapitaldienst erbringen kann. In solche Situationen kann ein Unternehmer aufgrund unsinniger oder übertriebener Investitionen, überzogener Privatentnahmen, jahrelanger Verlustwirtschaft, einer verfehlten, imagebedingten Beteiligungspolitik etc. kommen.

Erst wenn das Bewußtsein die Grenzen materieller Befriedigung überwunden hat und immaterielle Zufriedenheiten wie intakte Beziehung, tiefe Freundschaften, Gesundheit, seelisches Wohlergehen etc. wieder stärker im Vordergrund stehen, verlieren die aggressiven Charakterzüge an Bedeutung. Kreditentscheider sind gut beraten, wenn sie die beschriebenen menschlichen Schwächen immer im Auge behalten und einer entsprechenden Entwicklung frühzeitig entgegensteuern.

4. Führungs- und Managementqualifikation

4.1 Bedeutung und Tragweite

Die Qualität der Führungsmannschaft eines Unternehmens muß in der personellen Kreditwürdigkeitsprüfung deshalb eine gewichtige Rolle spielen, weil das Wohl eines Unternehmens in entscheidendem Maße von den Fähigkeiten und Möglichkeiten der Leitungsriege abhängt. Ihre Entscheidungen und ihre Geschäftspolitik geben das Leitbild und die Marschrichtung des Betriebes vor. Fehler bei der Entscheidungsfindung für das interne und externe Rahmenwerk eines Unternehmens kann verheerende Folgen zeitigen. Dies wird recht deutlich, wenn man sich die Ursachen der Insolvenzen näher betrachtet. Hier werden im wesentlichen Eigenkapitalmangel, Marktprobleme, Konjunktur- und Strukturprobleme sowie Managementfehler genannt. Letztendlich gründen die vielfältigen Ursachenfelder überwiegend in Managementfehlern. Wenn zum Beispiel ein Unternehmer mit geringem

Kapital in einer schwierigen Branche und dazu noch bei einem total übersättigten Markt einen Betrieb gründet, so ist dies eben auch ein grundlegender Managementfehler. Sicherlich ist dieses Beispiel extrem, aber es soll verdeutlichen, daß gerade in den Markt-, Struktur-, Branchen- und Konjunkturentschuldigungen oftmals eigene Unzulänglichkeiten verschleiert werden.

Schwächen der Firmenverantwortlichen werden von außen nur selten rechtzeitig erkannt, weil sich die Beteiligten selbst mit scheinbar plausiblen Ausreden zunächst über die Runden bringen. Vielfach werden Argumente ins Feld geführt wie schlechte Zeiten, Personalprobleme, Preisverfall, zu starker Mitwettbewerberdruck usw. Nicht alles kann man auf das Schicksal schieben und die Frage der Prioritätensetzung und des richtigen Zeitpunktes für grundlegende Änderungen sollte ein Manager eben auch beherrschen. Schlußendlich ist immer der Mensch und darin implizit das Zusammenspiel von Menschen für Erfolg und Mißerfolg eines Unternehmens verantwortlich. Eine Organisation kann nur so gut sein, wie ihre Mitarbeiter sind und wer Märkte erobern will, muß zuerst Menschen hierfür gewinnen. Das bekannte Beispiel von Antoine de Saint-Exupéry soll diese Grundaussage verdeutlichen: „Wenn Du ein Schiff bauen willst, dann trommle nicht Männer zusammen, um Holz zu beschaffen, Aufgaben zu vergeben und die Arbeit einzuteilen, sondern lehre die Männer die Sehnsucht nach dem weiten, endlosen Meer".

Der Erfolg der Mitarbeiter und damit der Unternehmenserfolg hängt entscheidend von der Führungsqualifikation der Unternehmensspitze ab. Deren Zielvorgaben, Prioritätensetzung und Sinnvermittlung bricht sich wieder im Verhalten und Handeln der Mitarbeiter. Die Beurteilung der Führungs- bzw. Managementqualifikation ist aus den obengenannten Gründen von zentraler Bedeutung. Dabei wird zukünftig in der Kreditpraxis bei zunehmender Veränderungsgeschwindigkeit von sozialen, technischen und marktpolitischen Gegebenheiten und damit sich ständig verändernden Erfolgsfaktoren immer mehr die aktive Führungsbewertung in den Vordergrund treten müssen. Allzulange haben wir uns mit passiven Beurteilungen über die Führungsmannschaft, mit Aussagen wie zum Beispiel „über Ansehen und Ruf ist uns nichts Nachteiliges bekannt" oder „von umsichtiger Geschäftsführung kann ausgegangen werden" abgefunden. Nur allzuoft und allzuschnell wird ohne tiefere Reflektion die Beurteilung der Führungsqualitäten mit oberflächlichen Redewendungen vollzogen. Nachstehend wird deshalb versucht, die zentralen Bedeutungsgehalte und Wesensmerkmale der Führungsqualifikation herauszuarbeiten, um sie greifbarer und damit bewertbarer zu machen.

4.2 Grundfunktionen der Führung: Kohäsion, Lokomotion und Partizipation

So wie in einem Verkaufsgespräch der Verkäufer auf den Klimamechanismus achten muß, um in der Sache weiterzukommen, so sollte auch der Führende die Geführten sowohl auf die Zielerreichung hin beeinflussen als auch für ein gutes Klima sorgen. Die zielorientierte Koordinierung der Mitarbeiter und die Schaffung eines positiven Klimas sind vereinfacht ausgedrückt zwei Funktionsbereiche, die mit *Lokomotion* und *Kohäsion* umschrieben werden können. Die *Kohäsionsfunktion* zielt auf den Zusammenhalt der Arbeitsgruppe, der Verbesserung der Beziehungsqualitäten innerhalb eines Teams oder Mitarbeiterkreises sowie der Förderung des Vertrauensverhältnisses zwischen Geführten und Führenden ab. Bei der Kohäsionsfunktion steht der menschliche, soziale und emotionale Aspekt im Mittelpunkt des Interesses. Die Führungskraft hat hier ihre Aufmerksamkeit auf den Gruppenerhalt und die -stärkung sowie den Erhalt der Aktionsfähigkeit und -erweiterung jedes einzelnen Gruppenmitglieds zu richten.

Die Kohäsionsfunktion verlangt von der Führungskraft, daß sie sowohl den einzelnen Mitarbeiter als auch die Beziehungsqualität zu ihm sowie das gesamte Beziehungsgeflecht innerhalb der Gruppe im Auge behält und alles positiv entwickelnd beeinflussen kann. Die Erfüllung der Kohäsionsfunktion gelingt einer Führungskraft um so besser, je charismatischer sie auf ihre Mitarbeiter wirkt. Manager, die mit der „göttlichen Gabe" des Charismas ausgestattet sind, haben allein durch ihre Außenwirkung (Mimik, Gestik, Blick, Habitus, Outfit, Haltung) schon im Vorfeld viele kommunikative Auseinandersetzungen für sich entschieden und damit implizit den Führungsanspruch innerhalb ihrer Arbeitsgruppe sicher zementiert.

Die *Lokomotionsfunktion* ist im Gegensatz zur Kohäsionsfunktion auf der Sachebene angesiedelt. Hier stehen rein sachliche Überlegungen wie die Ausrichtung und Motivation von Untergebenen zur Zielerreichung im Brennpunkt. Vorgesetzte, die die Lokomotionsfunktion wahrnehmen, organisieren, delegieren, initiieren, entscheiden und kontrollieren. Sie sind vordergründig mit der Unternehmensaufgabe beschäftigt. Hierfür müssen u. a. adäquate Mitarbeiter ausgewählt und entwickelt sowie Strategien und Umsetzungspläne entworfen werden. Die Lokomotionsfunktion ist aufgabenorientiert. Eine ideale Konstellation liegt dann vor, wenn Kohäsionsfunktion und Lokomotionsfunktion in einer Hand zusammenfallen.

Unter der *Partizipationsfunktion* ist ganz allgemein die Mitwirkung und Anteilnahme an Führungsaufgaben gemeint. Mitarbeiter werden in Entscheidungsprozesse eingebunden, die ihr Arbeits- und Aufgabenumfeld tangieren. Die Partizipationsdimension kann aber auch soweit gehen, daß Mitarbeiter bei der Bestimmung von unternehmerischen Zielen und Strategien mitwirken. Die Einbindung der einzelnen Mitarbeiter ist natürlich von ihren Qualifikationen abhängig. Durch das Mitmodulieren und Mitgestalten erhöht sich die Identifikation mit den unternehmerischen Zielvorgaben und dem Unternehmen selbst. Der Mitarbeiter ist bestrebt, seine Qualifikation und Persönlichkeit weiterzuentwickeln, um den selbst mitgestalteten Unternehmensvorgaben gerecht zu werden. Ein positiver Begleiteffekt stellt die größere Bereitschaft dar, Arbeitswiderstände zu überwinden. Arbeitsleistung, Arbeitszufriedenheit und Betriebsklima werden verbessert. Gerade in Arbeitsfeldern, wo der Mitarbeiter dem Vorgesetzten vom Fachwissen her überlegen ist, bietet sich die partizipative Führung an. Die Partizipationsfunktion ist mitwirkungsorientiert.

Egal auf welcher Sachebene eine Führungskraft gerade agiert, regelmäßig wird ein dynamischer Prozeß innerhalb des sozio-ökonomischen Systems ausgelöst. Das bedeutet, daß das bewußte Verändern auf einer Ebene die anderen Ebenen auch beeinflußt und verändert. Hier situationsgerecht die ideale Balance zu finden, d. h. richtig dimensioniert auf den verschiedenen Ebenen bewußt zu agieren, ist die eigentliche Führungskunst. Das Hallek-Institut in Wien zeigte für die Führungskraft eine Lösungsmöglichkeit auf, die mit Helikopter-Modell umschrieben wurde. Mit dem Helikopter-Modell wird eine ganzheitliche Führungsmethode vorgestellt, die auf der Vogelperspektive beruht. Die Führungskraft hat sich zunächst einmal einen Überblick zu verschaffen und über eine Situationsanalyse den Status quo zu bestimmen. Danach besteht die Aufgabe, die Balance zu prüfen, um im Anschluß daran passende Interventionen durchzuführen. Die gezielten Beeinflussungen sind zeitlich, örtlich und personell zur Sicherung der optimalen Balance bewußt und kontrollierend durchzuführen. Die Interventionen sind stets im Unternehmensinteresse zu vollziehen.

Abbildung 5 zeigt den Führungsprozeß als dynamischen Balanceakt in einem sozio-ökonomischen System, das selbst wiederum in übergeordnete Systeme (Umwelt) eingebettet ist. Führungskraft, Mitarbeiter, Beziehungen zwischen Mitarbeitern sowie zwischen Führungskraft und den einzelnen Mitarbeitern sowie die unternehmerischen Aufgaben sind keine statischen Größen, die unabhängig voneinander sind, sondern in einem ständigen gegenseitigen Wechselwirkungs- und Abhängigkeitsverhältnis stehen. Alle Führungsaktivitäten sind von der Unternehmensaufgabe durchdrungen. Sie steht im Mittelpunkt. Dem Geschick der Führungskraft obliegt es, die richtige Balance in diesem sozio-ökonomischen Spannungsfeld durch richtig dosierte Interventionen auf einer, mehreren oder allen Ebenen zu halten und zu sichern.

4.3 Beurteilungskriterien

Herrscht in der Direktionsetage – trotz natürlicher Spannungen und Gegensätzlichkeiten – eine optimistische, vorwärtsstrebende Grundstimmung oder ist ein offener „Schlagabtausch" an der Tagesordnung, über den sich bereits die Reinemachefrauen unterhalten? Gibt es bei Alleinleitung auf der zweiten Ebene Manager, die als „Regulativ" und „Kompensator" wirken können? Werden ihre visionären und innovativen Inputs ernstgenommen und analysiert? Was und wieviel unternehmen die Führenden für ihre Weiterbildung und Persönlichkeitsentwicklung? Werden interne und externe Seminare, Trainingscamps und Workshops besucht? Stellen sich die Manager den visionären und innovativen Herausforderungen? Ist die Innovationskraft und -freude sowie das Visionsvermögen im Unternehmen überhaupt ein Thema?

Die beste Leistung einer Führungskraft dürfte der Erfolg ihrer Mitarbeiter sein. Möchte man sich über die Führungsqualitäten eines Firmenverantwortlichen ein Urteil bilden, empfiehlt es sich u. a., die unterstellten Mitarbeiter über einen längeren Zeitraum zu beobachten. Haben sich die Mitarbeiter positiv entwickelt? Sind sie in ihrer Persönlichkeit gewachsen? Haben sie ihre mitgestalteten Vorgaben erreicht? Ist der Motivationsgeist, der Handlungsspielraum und das Entfaltungspotential des einzelnen Mitarbeiters größer geworden? Diese und ähnliche Fragen liefern Erkenntnisse über den Führungserfolg.

Die Ausleuchtung zum Beispiel der zweiten Ebene nach obengenanntem Muster verrät viel von der Leistungsfähigkeit der ersten Garde. Im Verhalten und Erfolg der Mitarbeiter

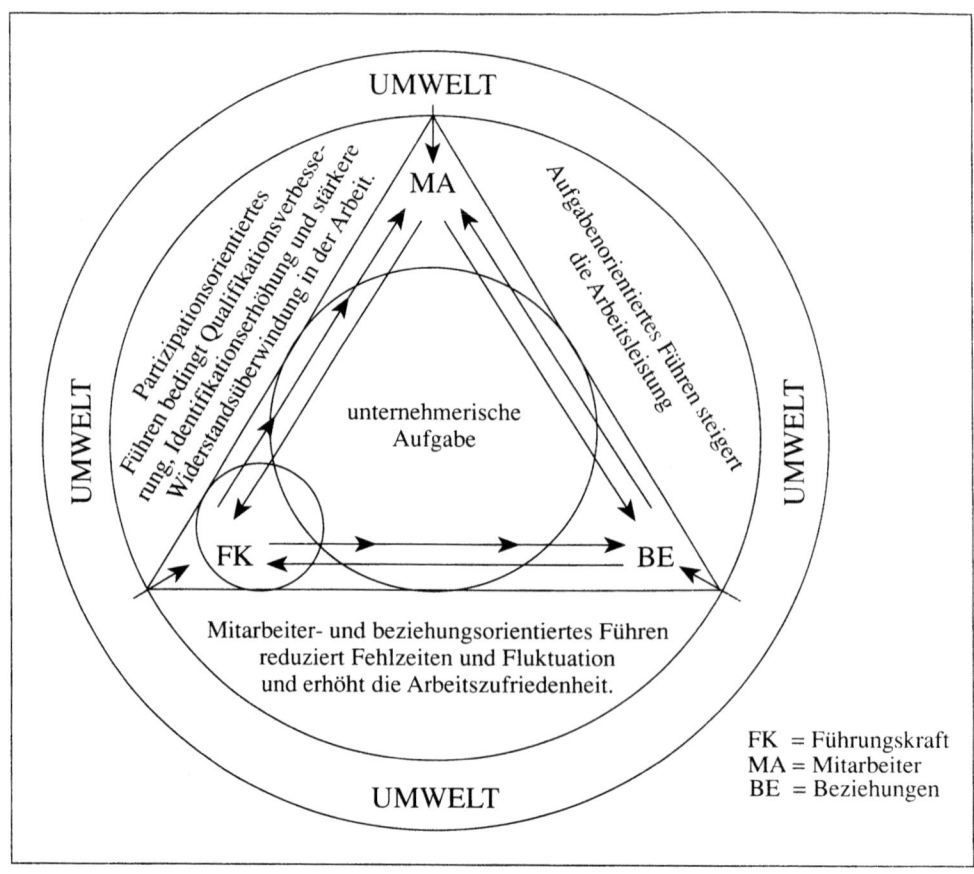

Abbildung 5: Das Führungsverhalten im Spannungsfeld zwischen mitarbeiter- und beziehungsorientiertem, aufgabenorientiertem und partizipationsorientiertem Agieren

manifestiert sich das Ergebnis von Mitarbeitergesprächen und -beurteilungen. Wer keine fruchtbringenden Gespräche führen und sich selbst nicht verpflichten kann, ist keine Führungskraft, kein Kommunikator, kein Moderator und schon gar kein Initiator. Die Qualifikationsentwicklung von Untergebenen, die Betriebsatmosphäre, die Arbeitszufriedenheit, die Fehlzeitenquoten, die Fluktuationsrate, die Abschlußergebnisse, ein höherer Produktionsausstoß, die Reklamationshäufigkeit, der Starrheitsgrad von Führungsverhalten, die Balancesteuerung, die Lösungsflexibilität bei Führungsproblemen, das Konfliktsteuerungspotential, die Qualität der Informationspolitik etc. sind ebenfalls Indikatoren, die Aufschluß über den Führungserfolg geben können.

Hervorzuheben ist auch die Betriebsatmosphäre. Das Betriebsklima verschiedener Unternehmen ist manchmal sogar an Stammtischen und in Sportvereinen einer breiten Masse bekannt. Eine aufmerksame Betriebsbesichtigung und die penibel zu formulierenden Fragen nach der durchschnittlichen Betriebszugehörigkeitsdauer der Beschäftigten, der Kurzfehlzeitenquote, der Kündigungsquote sowie der Anzahl von Arbeitsgerichtsprozessen können ebenfalls Aufschluß über das Betriebsklima geben. Die Betriebsatmosphäre ist ein wichtiger Indikator für die Personalfluktuation und somit mitentscheidend für die finanzielle sowie wirtschaftliche Unternehmensentwicklung. Führungsverhalten, das das Betriebsklima belastet bzw. stark verschlechtert, kann im Extremfall besonders bei kleineren Unternehmungen, ein großes Kreditrisiko bedeuten.

Es ist keine Seltenheit, daß gute Arbeitskräfte den Betrieb aufgrund mangelnder Führungsqualität des Managements wechseln. Hier sei besonders an patriarchalisch und ausschließlich autoritär geführte Betriebe erinnert. Die Beurteilung der Führungsqualifikation ist eines der schwierigsten Unterfangen bei der persönlichen Kreditwürdigkeitseinschätzung. Zum einen lassen sich die verschiedenen Kriterien des Führungserfolges nicht ad hoc erschließen, d. h. es bedarf viel Beobachtung, Zeit und Sekundärinformation, um zu einem annäherungsweisen objektiven Urteil zu gelangen. Zum anderen benötigt der Kreditentscheider selbst viel Erfahrung, Einfühlungsvermögen und unternehmerische Denkfähigkeit, um der Sache einigermaßen gerecht zu werden.

5. Einschätzungsbeispiele

Jeder Kredit ist letztendlich ein Personenkredit. Die Beurteilung hinsichtlich Person, Persönlichkeit, Charakter und Führungsqualifikation der Firmenvertreter ist deshalb unerläßlich. Bei der Personenbeurteilung nimmt die kaufmännische Kompetenz einen wichtigen Stellenwert ein. Bei kleinen bis mittelgroßen Firmenkunden hinkt die kaufmännische Versiertheit oftmals stark dem Fachkönnen und den praktischen Qualitäten hinterher. Da die Aufrechterhaltung der Liquidität eine der wichtigsten Unternehmensaufgaben ist, haben mangelnde kaufmännische Fähigkeiten eine schwerwiegende Tragweite. Oft genug muß dieses Versäumnis mit einem Firmenzusammenbruch bzw. Konkurs bezahlt werden.

Der Ruf, den ein Firmenkunde bei Geschäftsfreunden, Lieferanten, Behörden und anderen Banken genießt, kann wichtige Beiträge zur persönlichen Kreditwürdigkeitseinschätzung liefern. Die Güte von sozialer, strategischer und funktionaler Kompetenz eines Unternehmers bzw. Firmenvertreters bestimmt seine Persönlichkeitsstärke. Die Überprüfung von disziplinarischen Charaktermerkmalen liefert wichtige Erkenntnisse über die Selbstverpflichtung, einen Kredit vereinbarungsgemäß zurückzuzahlen. Die ethischen Charakterzüge Ehrlichkeit, Zuverlässigkeit, Neid, Überheblichkeit und Geltungssucht haben maßgeblich Einfluß auf das Vertrauensverhältnis zwischen Bankvertreter und Unternehmer.

Die Beurteilung der Führungs- und Managementqualifikation nimmt innerhalb der personellen Kreditwürdigkeitsprüfung eine sehr wichtige Stellung ein, weil damit bereits frühzeitig latente Kreditrisiken erkennbar werden. In Abbildung 6 und 7 werden zusammenfassend die zentralen Beurteilungskriterien graphisch dargestellt.

Abbildung 6 zeigt beispielhaft die Niveaueinschätzung eines Kleinunternehmers. Auf jedem Bewertungsstrahl wird von 0 bis 5 beurteilt. Werden die einzelnen Positionierungen miteinander verbunden, entsteht eine bestimmte Fläche. Je größer das Feld bzw. das Netz beschrieben werden kann, desto höher ist das Niveau der personellen Kreditwürdigkeit.

Abbildung 7 zeigt ein mögliches Schema für die personelle Kreditwürdigkeitseinschätzung. Werden die einzelnen Punktbeurteilungen miteinander verbunden, ergibt sich ein pauschales Bild. Liegt die Verbindungslinie stärker auf der linken Seite der gestrichelten Linie, ist von einer akzeptablen personellen Kreditwürdigkeit auszugehen.

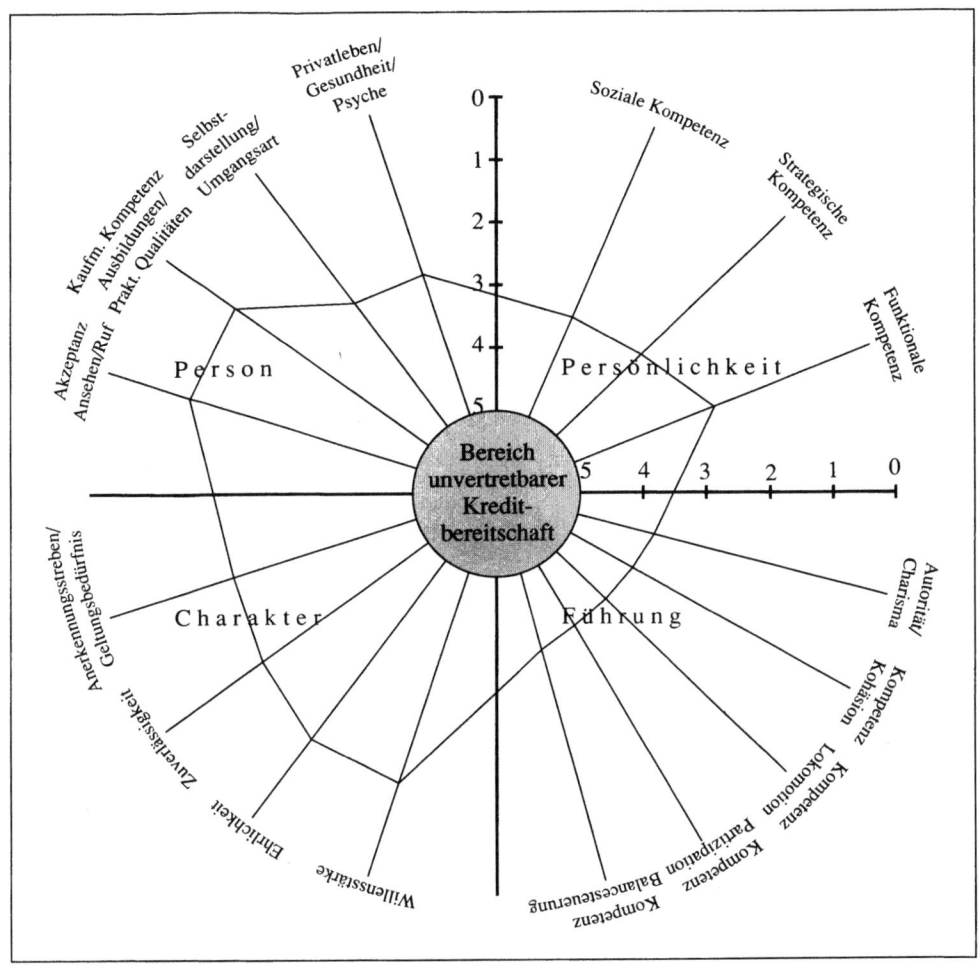

Abbildung 6: Personelle Kreditwürdigkeitseinschätzung

Kriterien	Bewertung	gut		mittel		schlecht	
		1	2	3	4	5	6
Person	Ausbildung/Prakt. Qualitäten Kaufmännische Fähigkeiten		●				
	Selbstdarstellung/Umgangsart			●			
	Ruf/Ansehen/Reputation/ Akzeptanz			●			
	Privatleben/Lebensweise/ Gesundheit/Psyche		●				
Persönlichkeit	Soziale Kompetenz			●			
	Strategische Kompetenz			●			
	Funktionale Kompetenz		●				
Charakter	Willensstärke/Durchstehvermögen/ Standfestigkeit		●				
	Strebsamkeit/Erkenntnis- interesse/Vorwärtsdrang			●			
	Ehrlichkeit/ Zuverlässigkeit		●				
	Geltungsbedürfnis Anerkenntnisstreben		●				
Führung	Kohäsionsvermögen			●			
	Lokomotionsvermögen		●				
	Partizipationsvermögen			●			
	Balancesteuerungsvermögen			●			
	Charisma/Natürliche Autorität		●				
	Visionskraft/Vernetztes Denken			●			
	Ökologiebewußtsein			●			

Abbildung 7: Personelles Kreditwürdigkeitsdiagramm

D. Materielle Kreditwürdigkeit

1. Inhalt und Bedeutung der materiellen Kreditwürdigkeitsprüfung

In der materiellen Kreditwürdigkeitsprüfung wird die technische, wirtschaftliche, finanzielle und ökologische Bonität bestimmt. Hierbei wird nicht nur auf vergangenheitsorientierte Untersuchungsfelder abgestellt, sondern vielmehr den Gewinnperspektiven durch eine tiefgehende Analyse der Ertragspotentiale einer Firma Augenmerk geschenkt. Immer stärker rücken hier die Innovationskraft, das Technologiepotential und die Umweltverträglichkeit von Produkten und Produktionsprozessen in den Vordergrund der Überlegungen. Eine Ifo-Studie von 1982 hat gezeigt, daß stark wachsende Firmen ca. 40 bis 60 % ihres Umsatzes mit Produkten erzielen, die etwa fünf Jahre auf dem Markt sind. Produktinnovation ist für ein Unternehmen, das langfristig im Markt erfolgreich bestehen will, unerläßlich. Technologische Entwicklungssprünge werden zukünftig immer schneller vonstatten gehen. Das größer werdende Umweltbewußtsein und positive Umweltverhalten in der Bevölkerung drängt das Management zur Produktion umweltfreundlicher Produkte und zu ökologisch verantworteten Produktionsverfahren.

2. Die technische Bonität

Die technische Bonität wird zukünftig für die Risikofrüherkennung immer wichtiger werden. Hierfür dürfte vor allem die rasante Entwicklung beim technischen Wandel verantwortlich sein. Nur dynamische, innovationsstarke und auf unerwartete Einflüsse flexibel reagierende Unternehmen werden sich im Markt durchsetzen können. Technologische Entwicklungssprünge dürfte es weiterhin in den Bio- und Genbereichen, in der Mikroelektronik und bei den Werkstoffen geben. Herkömmliche Produktionsverfahren werden zunehmend durch Computer- und Robotertechnologien ersetzt. Das Technologiepotential und die Fähigkeit, dieses auf einem relativ hohen Niveau zu halten, ist demnach ein entscheidender Faktor für die Wettbewerbsfähigkeit.

Hier setzt die Überlegung des Kreditentscheiders an. Die qualifizierte Beurteilung der technischen Bonität liefert für die Kreditrisikoeinschätzung wesentlich früher und bedeutendere Erkenntnisse als die Auswertung der vergangenheitsbezogenen Jahresabschlüsse und betriebswirtschaftlichen Auswertungen. Diesem Umstand wird durch die zunehmende Etablierung von sogenannten „Kreditingenieuren" in den Kreditinstituten Rechnung getragen. Diese haben die Aufgabe, nach Begutachtung der Investitionsunterlagen und Sichtung der Produktionskapazitäten bzw. der Produkte, einen Technologie-Bericht zu verfassen. Nur ein positives Votum über das Technologie-Potential wird bei Erfüllung aller anderen Kreditvergabe-Kriterien eine Kreditbefürwortung ermöglichen. Die technische Bonität kann aus Marktgesichtspunkten in *Produkttechnologie* und von der Wirtschaftlichkeitsseite her in *Prozeßtechnologie* untergliedert werden. In den nachstehenden Abschnitten werden diese beiden Bereiche näher erläutert.

2.1 Die Produkttechnologie

Einerseits werden die Forschungs-, Entwicklungs- und Konstruktionszeiten für ein neues Produkt immer länger und der damit zusammenhängende Kostenblock immer größer, andererseits verkürzt sich die Lebensdauer bei vielen Produkten. Nur wer schnell, innovativ, kostengünstig und marktgerecht produzieren kann, verfängt sich nicht in vorgenanntem Dilemma. Marktgerecht bedeutet, daß das Produkt technisch so ausgereift und innovativ sein sollte, daß es den Kundenbedürfnissen bzw. -lösungen weitgehend entspricht und daher guten Absatz findet. Aus der Computer-, Uhren-, Unterhaltungs-, Foto- und Kamerabranche ließen sich genügend Firmen anführen, die es versäumten, mit der technischen Weiterentwicklung Schritt zu halten sowie den Kundenbedürfnissen, den Marktgegebenheiten und der Produktinnovation ständig die nötige Aufmerksamkeit zu schenken. Diese Unternehmungen sind alle aus den entsprechenden Märkten ausgeschieden. Grundsätzlich können aus vier verschiedenen Sphären Veränderungsgefahren drohen:

– Überalterung von Produkten
– Nachahmung von Produkten
– Einsatz neuer Werkstoffe
– Wandel von Kundenbedürfnissen.

2.1.1 Der Produktlebenszyklus

Wie der Mensch, so unterliegt auch jedes Produkt einer Entwicklung, einem Lebenszyklus. Dieser Zyklus ist von der absoluten Lebensdauer eines Produktes unabhängig, d. h. unabhängig davon, ob diese zehn Jahre oder 12 Monate beträgt, sie unterliegt immer dem gleichen Phasenmuster (siehe Abbildung 8): Nach der Einführungsphase auf dem Markt folgt umsatzmäßig eine Wachstumsphase; in der Folge werden die Wachstumsraten kleiner und das Produkt tritt in eine Reifephase ein. Schlußendlich fügen sich die Sättigungsphase und die Verfallphase bzw. Rückbildung an. Bevor ein Produkt in Serie geht, sind dieser Aktion umfangreiche Überlegungen und Ausarbeitungen vorausgegangen.

In der Einführungsphase ist kein bzw. nur ein geringer Gewinn erzielbar. Die Etablierung eines neuen Produktes ist in der Regel mit hohen Kosten verbunden. Neben den allgemeinen Vorlaufkosten kommen oft noch Kosten dazu, die aus „Kinderkrankheiten" der Produkte sowie aus mangelnder Produktions- und Verkaufserfahrung herrühren. In der Einführungsphase sind die Marketingbemühungen bzw. Marktinvestitionen am größten. Wird die Gewinnschwelle erreicht oder werden gar kleine Gewinne erzielt, mündet das Produkt in die Wachstums- und Reifephase ein. In dieser Periode hat das neue Produkt

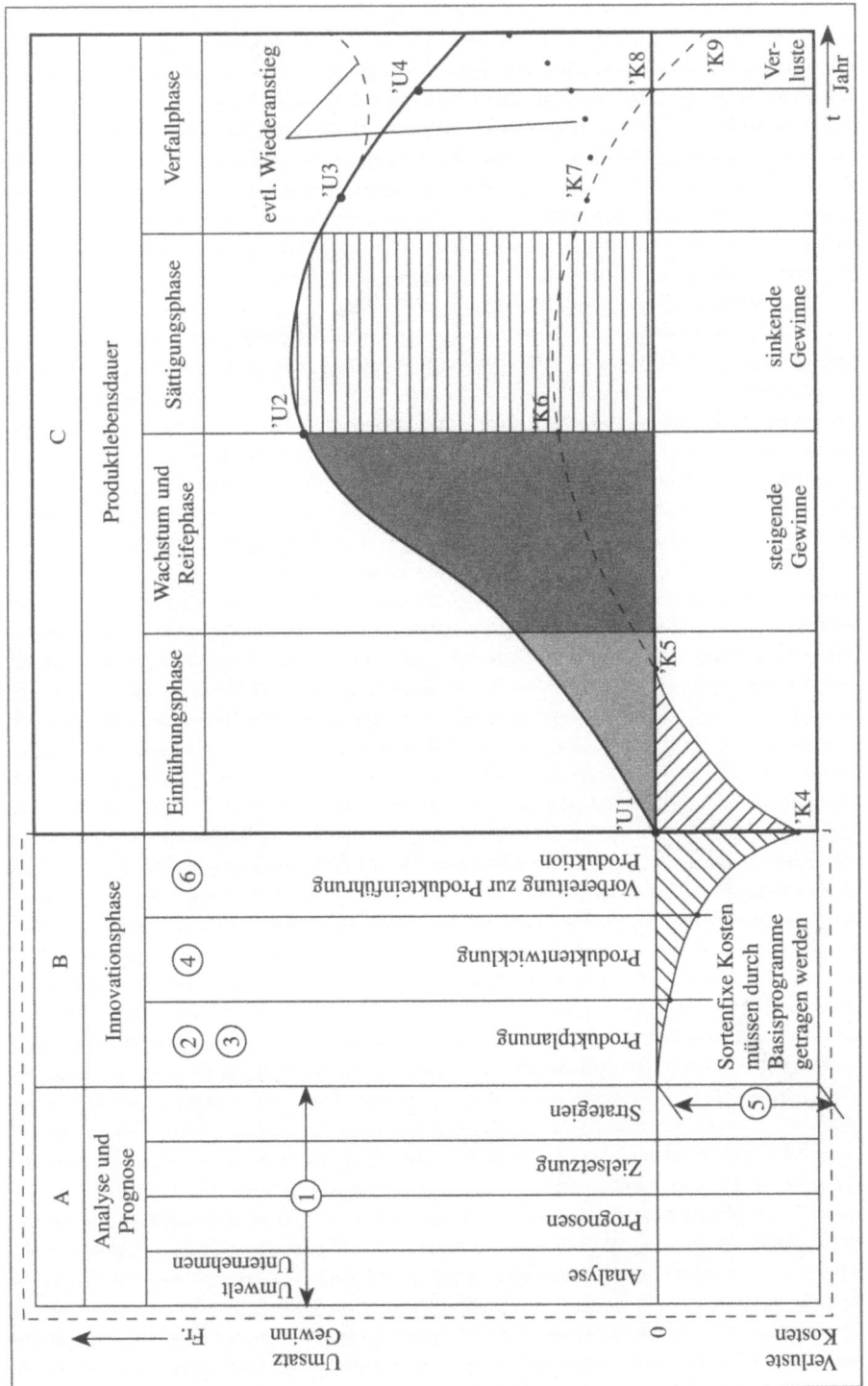

Abbildung 8: Produktlebenszyklus

Quelle: Kramer, Friedhelm, Produktinnovation, Die Orientierung Nr. 66, Bern 1977

① **Analyse- und Prognosephase,** hier besonders
  – Unternehmenspolitik; Leitbild
  – Unternehmensziele, Strategien
  – Unternehmenspotential
  – Lebenskurve des Produktes
  – Prognosen
  – Futurologie, wahrscheinliche Entwicklung

② **Produktplanung, besonders systematische Suche nach zukunftsträchtigen Produktideen**
  – Suchwege, Ideenquellen, Kundenprobleme
  – Bewerten und Auswählen
  – Bewertungssysteme
  – Ideenspeicher
  – Ausfallkurve
  – Bewertung der verschiedenen Alternativen
  – Versuche (Funktion, Prinzip)
  – Prototyp, Muster, Wertanalyse
  – Betriebsmittelkonstruktion
  – Nullserie

⑤ **Rentabilitätsberechnung**
  – Produktkalkulation
  – Grenzstückzahl bestimmen
  – Rentabilitätsberechnung (ROI)

⑥ **Vorbereitung zur Produkteinführung, Produktion**
  – Fertigungsplanung
  – Marketingplanung
  – Zeitplan
  – Organisatorische Probleme
  – Lagerbildung/Vorratsbildung
  – Kontrolle
  – Vorbeugende Maßnahmen
  – Eventualmaßnahmen

③ **Produktplanung, besonders Produktvorschläge erarbeiten**
  – Definition des Produktes
  – Entwicklungs- und Konstruktionsauftrag

④ **Produktentwicklung und Konstruktion**
  – Aufgabenstellung
  – Konzeption, Entwurf, Ausarbeitung

'U4: Umsatzpunkt, bei dem keine Gewinne mehr erzielt werden.

'K1: Beginn der Produktinnovation.
'K2: Abschluß der Produktplanung und Beginn der Produktentwicklung.
'K3: Abschluß der Produktentwicklung und Zeitpunkt des Beginns der Vorbereitungsarbeiten zur Produkteinführung.
'K4: Abschluß der Innovationsphase. Höhe der Kosten, die bis zu diesem Zeitpunkt angefallen sind.
'K5: Zeitpunkt, bei dem die mit der Neuaufnahme des Produktes verbundenen Kosten durch Umsätze gedeckt werden.
'K6: Zeitpunkt der maximalen Gewinne, die durch die bisher höchsten Umsätze entstanden sind. Wendepunkt der Gewinnkurve.
'K7: Gewinnanstieg durch erneut ansteigende Umsätze.
'K8: Zeitpunkt, zu dem das Produkt keine Gewinne mehr erbringt.
'K9: Verluste, die durch niedrigere Umsätze oder hohe Kosten entstehen.

Weiter bedeuten
'U1: Zeitpunkt der Produkteinführung.
'U2: Zeitpunkt der Sättigungsphase: Der Umsatz beginnt abzufallen.
'U3: Erneuter Wiederanstieg des Produktumsatzes, z.B. durch Mode oder neu aufkommende Bedürfnisse.

Abbildung 8: Produktlebenszyklus (Fortsetzung)

Quelle: Kramer, Friedhelm, Produktinnovation, Die Orientierung Nr. 66, Bern 1977

bereits einen gewissen Bekanntheitsgrad durch Messen, Werbe- und Verkaufskampagnen sowie Mundpropaganda erreicht. Es existieren jetzt gute Gewinnmöglichkeiten, da das Produkt auf dem Markt eingeführt ist und ein Wettbewerbsvorsprung besteht. Typisch für die Wachstumsphase ist ein Verkäufermarkt. Die Umsatzzuwächse sind hier am höchsten. Meist besteht sogar vorübergehend eine fast monopolartige Stellung.

Geht der Grenzumsatz zurück, spricht man von der Reifephase. Hier haben die Mitbewerber entweder imitiert oder durch irgendeine Form der Produktmodifikation aufgeholt. Die Tendenz zum Käufermarkt wird immer evidenter. Die weitere Marktausdehnung ist jetzt gekennzeichnet durch einen immer härter werdenden Preiskampf und damit implizit verringerten Gewinnen. Nun macht sich die Marktsättigungsphase bemerkbar. Das Produkt hat weiterhin einen festen Abnehmerkreis, der Marktanteil ist jedoch sukzessive rückläufig. Die Erfahrungskurve erreicht in der Sättigungsphase ihr Maximum. Die Grenzumsätze werden rückläufig. Schlußendlich kommt das Produkt in die Verfallphase. Die Lebenszeit des Erzeugnisses geht zu Ende. Die Bedürfnisse der Kunden bzw. Abnehmer werden von günstigeren und besseren Artikeln befriedigt. Das Produkt ist veraltet und nur noch unter großen Preiszugeständnissen zu vertreiben. Schließlich läßt sich das Produkt gar nicht mehr absetzen.

Welche Erkenntnisse können aus der Erfahrungskurve bzw. dem Lebenszykluskonzept allgemein und schlußendlich speziell für die materielle Kreditwürdigkeitsprüfung gewonnen werden? Aus der Erfahrungskurve kann hergeleitet werden, daß mit jeder Verdoppelung der kumulierten Menge eines Produktes die Kosten pro Stück, bezogen auf konstante Geldwerte, um rund 25 % reduziert werden können. Die potentiellen Stückkosten sind damit eine Funktion der kumulierten Mengen. Die Marktanteilsführer haben damit immer die niedrigsten potentiellen Stückkosten, weil sich mit zunehmendem Marktanteil das Kostensenkungspotential vergrößert. Daraus läßt sich pauschal das Postulat ableiten, daß Marktanteile Erfolgspotentiale repräsentieren. Die Erfahrungskurve zeigt weiter auf, daß jedes Produkt in der Regel zuerst steigende und anschließend fallende Grenzumsätze erzielt. Bei jedem Produkt folgt dem Marktaufstieg der Marktabstieg und schlußendlich der Marktaustritt. Durch besondere Marketinganstrengungen kann der Marktabstieg hinausgezögert werden. Dieses Phänomen wird durch die strategische Lücke beschrieben. Das ewige Gesetz vom Kommen und Gehen sowie von der zeitlichen Befristetheit gilt hier jedoch genauso absolut wie bei allem Lebendigen. Daraus läßt sich das Erfordernis ableiten, daß zur Zukunftssicherung und Stärkung der Lebenskraft einer Unternehmung dem Markt rechtzeitig adäquate Neuprodukte anzubieten sind, um Umsatzverluste bei älteren Produkten bzw. Produktgruppen zu kompensieren oder gar den Gewinn zu erhöhen.

Die Erfahrungskurve ist langfristiger Natur. Kurzfristige Verzerrungen des Kurvenverlaufs können zum Beispiel durch besondere Konjunktureinflüsse oder unerwartete Kostenveränderungen bei bestimmten Rohstoffen vorkommen. Das Lebenszyklusbild eines Produktes verändert sich entsprechend. Der idealtypische Produktlebensverlauf, wie ihn die Erfahrungskurve zeigt, ist in der Wirklichkeit also nicht allzuoft vorzufinden. Ferner sind die einzelnen Lebensphasen in der Realität nicht genau abgrenzbar, weil es hierfür keine eindeutigen Kriterien gibt. Hinzu kommt, daß die jeweilige Phasendauer vorab nicht genau kalkulierbar ist. Trotz dieser Imponderabilien und Unzulänglichkeiten liefert die Modellanalyse – vorausgesetzt die Führungsriege kann den Reifegrad jedes Produktes oder jeder Produktgruppe in etwa fixieren – hinsichtlich der strategischen Kostenbeurteilung, Marktpositionierung und Wettbewerbsstellung eine wichtige Arbeits- und Entscheidungsgrundlage.

Der reale Produktlebensverlauf dürfte durch schnelle Bedürfniswandlungen, neue Werkstoffe und Rohstoffe, die Globalisierung der Märkte und damit implizit vermehrten Wettbewerbsdruck, Technologiesprünge u. a. entscheidend beeinflußt werden. Für den Kreditentscheider kommt es darauf an, frühzeitig Trendbrüche und Stetigkeitsverluste durch eine bewußte Analyse der Produktinnovationskraft sowie der Produkt-Markt-Situation zu erkennen. Im Zentrum der Überlegungen steht hierbei immer die Bestimmung des Produkterneuerungspotentials und der Produkt-Reifegrade bzw. die Beantwortung der Fragen: Welche Technologieverbesserungen sowie neuen Lösungstechnologien wurden entwickelt? Welche Neuprodukte stehen kurz vor der Markteinführung? Mit welchen Produkten/Produktgruppen werden welche Umsatzanteile erzielt und welche Verschiebungen sind hierbei im Zeitverlauf zu beobachten sowie zukünftig zu erwarten?

Welches Handwerkszeug wird zur Ausleuchtung dieses Fragenkomplexes benötigt? Zur Beurteilung bieten sich zunächst Produktkataloge, Prospekte und Messeschriften an, die jeder Unternehmer gerne und vielfach mit Stolz an den Firmenkundenberater aushändigt. Schwieriger wird es mit der Einholung von detaillierten artikelbezogenen Umsatzstatistiken, Profit-Center-Kalkulationen und produktbezogenen Deckungsbeitragsrechnungen. Manchmal sind hierüber im Bericht des Wirtschaftsprüfers oder Jahresabschluß Angaben enthalten. Besonders wertvoll sind Informationen über Neuproduktplanungen, Erfolge bzw. Mißerfolge von Prototypkonstruktionen und Versuchen, neue Patentanmeldungen und Lizenzvergaben, Entwicklungs- und Forschungsergebnisse (neue potentielle Lösungstechnologien) sowie Angaben über die Höhe der Forschungs- und Entwicklungsaufwendungen. Es versteht sich von selbst, daß die Einschätzung der Innovationskraft und der Produkt-Markt-Situation nicht „en bloc" in einem Gespräch auszumachen ist, sondern daß hierzu vielerlei Unterlagen und Unterhaltungen notwendig sind.

2.1.2 Die Substitutionszeitkurve

Wie Produktsubstitution erfolgreich betrieben wurde, haben die Japaner in der Vergangenheit besonders in der Roboter- und Automobilbranche demonstriert. Nachahmungen verbunden mit kleinen Innovationssprüngen hieß die Devise nach der die Asiaten u. a. ihren Weltmarktanteil sukzessive ausbauten. Heute wird der Automobilmarkt in den USA und in Europa in vielen Bereichen von japanischen Produzenten dominiert. Wie krass der technologische Potentialunterschied zwischen den USA und Japan in den sechziger und siebziger Jahren war, zeigen die beiden Abbildungen 9 und 10. Die technologische Aufholjagd der Japaner war überwiegend durch eine gezielte Substitutionspolitik mit schneller Umsetzung möglich. Das Substitutionsphänomen bedeutet, daß neue Produkte alte verdrängen. Dies gelingt jedoch nur, wenn die neuen Erzeugnisse besser, d. h. zum Beispiel ökonomischer, preisgünstiger, ausgereifter, langlebiger, pflegeleichter, kundenspezifischer, innovativer sind als die bisherigen.

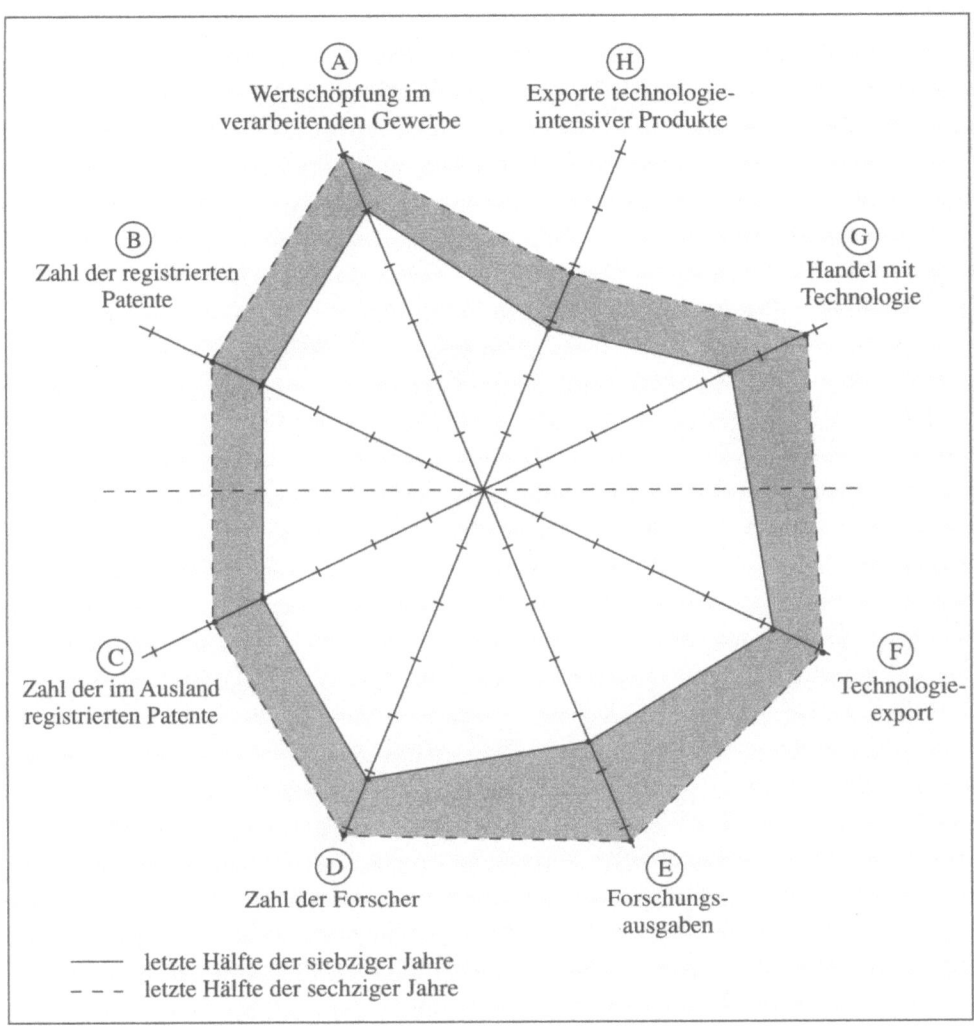

Abbildung 9: Technologische Fähigkeiten und technologisches Potential in den sechziger und siebziger Jahren: USA

Quelle: Kramer, Friedhelm, a.a.O., S. 16

Die Substitutionszeitkurve beruht auf vielen empirischen Untersuchungen und läßt allgemeingültige strategische Aussagen bezüglich Verlaufsmuster und Zeitraum von Produktsubstitutionen zu. Eine wichtige Erkenntnis, die bei den Analysen gewonnen wurde, stellt das fast identische Verlaufsmuster bei verschiedensten Produktsubstitutionen und Substitutionszeiten dar. Abbildung 11 zeigt das gleichförmige Verlaufsmuster in linearer und logarithmischer Form auf. „Die empirisch festgestellte Gleichförmigkeit besteht darin, daß eine einmal begonnene Substitution, sobald sie nur wenige Prozent erreicht und damit ihre Einsatzfähigkeit bewiesen hat, dann mit dieser anfänglichen Substitutionsgeschwindigkeit

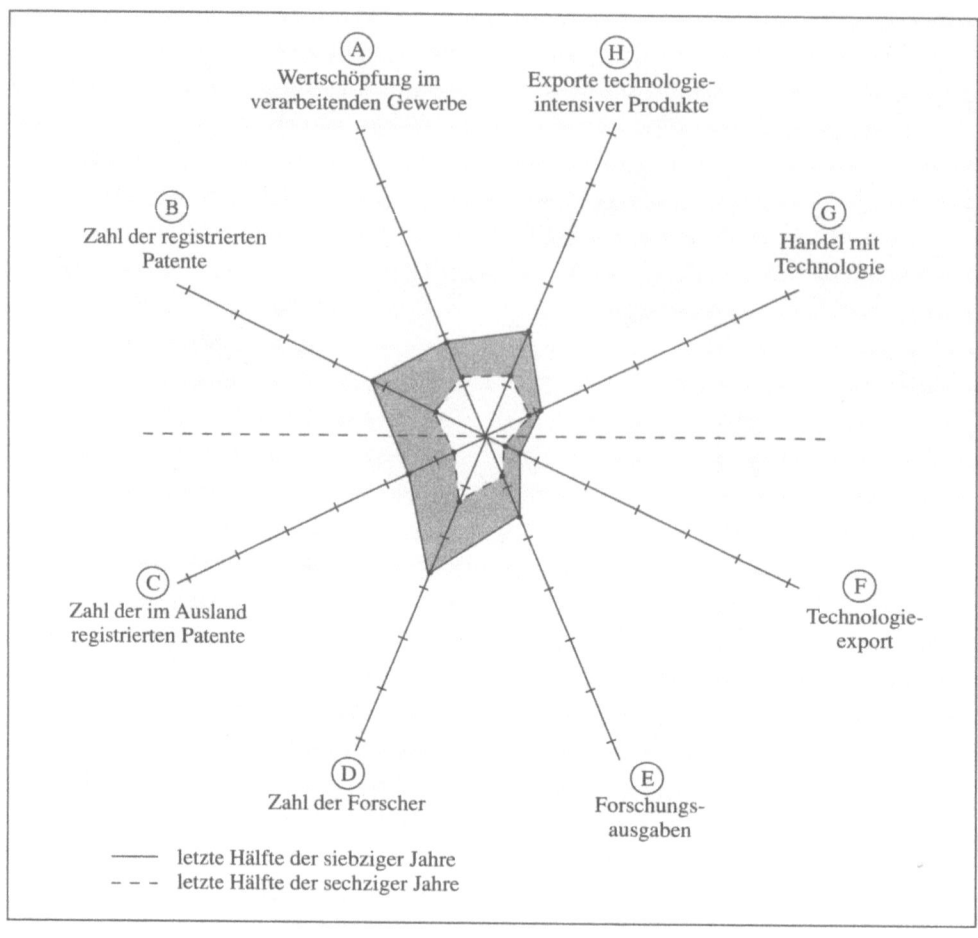

Abbildung 10: Technologische Fähigkeiten und technologisches Potential in den sechziger und siebziger Jahren: Japan

Quelle: Kramer, Friedhelm, a.a.O., S. 16

weiterläuft, bis sie den gesamten Markt erreicht hat, es sei denn, daß sie zwischenzeitlich durch eine neue Substitution abgelöst wird. Praktisch ist der ‚gesamte Markt' durch diejenigen Anwenderprobleme definiert, für die aufgrund ihrer spezifischen Ausprägung (Problemprofil) das neue Produkt eine bessere Lösung bringt als das alte."[1]

Welche praktischen Erkenntniswerte können aus der Substitutionszeitkurve gewonnen werden? Produktsubstitution kann grundsätzlich gegen sich selbst oder gegen einen oder mehrere Wettbewerber gerichtet sein. Je nach Geschäftskonzeption der Leitungsriege läßt

---

1 Vgl. Gälweiler, Alois, Die strategische Führung der Unternehmung, in: Der kaufmännische Geschäftsführer, 3. Nachlieferung 1979, S. 25

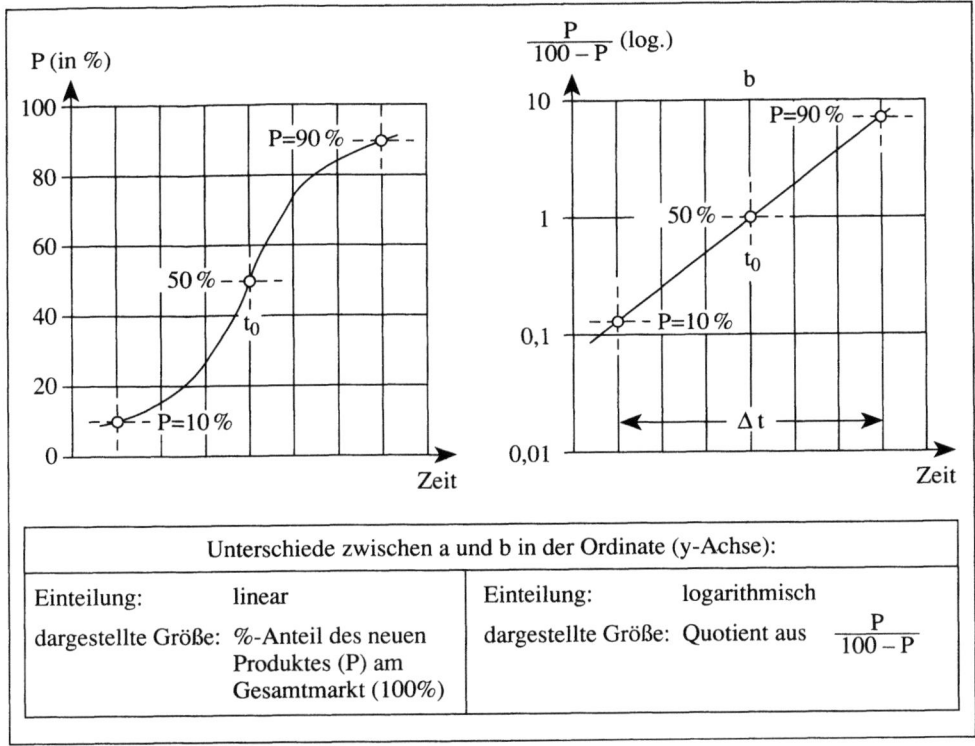

Unterschiede zwischen a und b in der Ordinate (y-Achse):	
Einteilung: linear	Einteilung: logarithmisch
dargestellte Größe: %-Anteil des neuen Produktes (P) am Gesamtmarkt (100%)	dargestellte Größe: Quotient aus $\frac{P}{100-P}$

Abbildung 11: Die Substitutionszeitkurve

Quelle: Gälweiler, Alois, a.a.O., S. 26

sich mit Kenntnis der Substitutionszeit die Produkt-Markt-Politik erfolgreicher, d. h. zielgerichteter und besser „getimed", steuern.

Sicherlich kann die Substitutionszeitkurve als alleinige Entscheidungsgrundlage für die Produkt-Markt-Politik nicht auskömmlich sein. Ihre Schwäche liegt in der nur langfristigen Anlage und in der unvollkommenen Spezifizierung der Marktmengen. Sie stellt jedoch einen wichtigen Baustein dar, wenn es darum geht, adäquate strategische Marktverhaltensrezepte bei selbst initiierten oder auf sich selbst gerichteten Substitutionsprozessen zu finden und das langfristige Marktwachstum einzuschätzen.

Eine schleichende Gefahr stellen latente, gegen den Kreditkunden gerichtete Produktsubstitutionen dar, die sowohl vom Unternehmer als auch von den Firmenkundenberatern nicht wahrgenommen werden. Die Kenntnis von Substitutionsprozessen, -zeiten und -fortschritten stellen Frühwarnindikatoren dar, denen besondere Aufmerksamkeit geschenkt werden sollte. Dies gilt um so mehr für solche Kreditkunden, die in stark umkämpften Märkten agieren. Aus Sicht des Bankvertreters stellen sich u. a. folgende Fragen: Kann das Management seine Wettbewerbs- und Marktstellung beschreiben? Wie steht es um das Problembewußtsein von Substitutionsprozessen? Werden Produkte/

Produktgruppen bereits substituiert? Wie lange laufen die Substitutionsprozesse bereits? Welcher Marktanteil ging bis dato an die Mitwettbewerber verloren? Welche strategischen Maßnahmen sind eingeleitet worden? Welche Tragweite haben die Produktsubstitutionen im Verhältnis zur gesamten Produktpalette?

2.1.3 Steuerungsgrößen für eine erfolgreiche strategische Produktpolitik

- *Forschung und Entwicklung*

Nur wer in Forschung und Entwicklung investiert, wird einen technischen Fortschritt erzielen. Wird dieser schnell in verbesserten Produkten umgesetzt, können neue Erfolgspotentiale begründet werden. Entscheidend hierbei ist, daß die Forscher und Konstrukteure diese nicht am Markt vorbei entwickeln, sondern anwenderorientiert denken und planen. Eine allein auf die Wettbewerbsprodukte ausgerichtete Entwicklungsarbeit bedeutet stetiges Nachhinken am Markt und kann zur „besseren Mausefalle" führen. Wer Pioniergewinne abschöpfen will, muß also nutzenbringendere Produkte als die Mitwettbewerber entwickeln und schneller als sie vermarktet haben. Für die Entwicklung neuer Produkte steht im Durchschnitt nur noch ein Zeitraum von zwei Jahren zur Verfügung. Die Vermarktung muß ebenfalls innerhalb von zwei Jahren die F+E-Kosten amortisiert haben. Am Anfang einer lukrativen Wertschöpfungskette müssen kundenorientierte und schnelle Forschungs- und Entwicklungsaktivitäten stehen. Fehler in diesem Stadium wirken sich fatal auf alle nachfolgenden Wertschöpfungsphasen aus.

Vielfach werden die Forschungs- und Entwicklungsarbeiten aber in ihrer durchschlagenden Erfolgsbedeutung unterschätzt. Zu geringe oder nicht marktbezogene Forschungs- und Entwicklungsaktivitäten induzieren ein technologisch überaltertes und/oder zu wenig kundenorientiertes Produktprogramm. Dies hat Umsatz- und Gewinnrückgänge bzw. im schlimmsten Fall Insolvenz zur Folge. Werden notwendige Technologie-Aktivitäten erst einmal versäumt, ist in aller Regel eine Korrektur kaum mehr möglich. Übereilte Neuprodukteinführungen führen oft zu hohen Beschwerdequoten mit viel Kulanzarbeiten. Auch in diesem Fall muß mit Umsatz- und Ergebniseinbußen gerechnet werden. Entwicklungsaufwand, Entwicklungszeit und Entwicklungsqualität sind entscheidende Kriterien einer erfolgreichen Produktstrategie.

Jürgen Kluge von McKinsey zieht den Schluß: „Mit ca. 4,5 % vom Umsatz geben erfolgreiche Unternehmen für die Entwicklung prozentual weniger aus als schwächere (6–7 %). Trotzdem investieren sie, da sie sich auf weniger Produktgruppen konzentrieren, im Durchschnitt mehr in die Entwicklung jeder Produktgruppe. Erfolgreiche Maschinenbauer entwickeln ihre Produkte im Durchschnitt mehr als doppelt so schnell wie die schlechteren. Den Zeitvorsprung gewinnen sie im gesamten Entwicklungsablauf von der Projektstudie bzw. der Produktkonzeption über die Produktentwicklung bis zur Produktionsvorbereitung.

Erfolgreiche Unternehmen messen damit einer ausgereiften Konstruktion großen Wert bei; sie „konstruieren Qualität". Dagegen muß der Kundendienst der weniger erfolgreichen Unternehmen Qualität oftmals nachträglich in die Produkte ,hineinreparieren'."[1]

---

1 Kluge, Jürgen, Produkt- und Produktionsstrategie (V), Kleine Innovationsschritte für effiziente Entwicklung, in: Handelsblatt Nr. 173 vom 9. 9. 1991.

Mit welchen Fragen sollte sich der Kreditentscheider nun auseinandersetzen? Ein Blick in die letzten Jahresabschlüsse gibt Aufschluß über die Entwicklungs- und Forschungsaufwendungen. Wie hoch waren diese im Vergleich zu den Vorjahren und wie hoch waren die Quoten vom Umsatz? Sind hierbei gravierende Veränderungen festzustellen? Wenn ja, welche besonderen Gründe oder Umstände waren hierfür verantwortlich? Ferner ist die Entwicklungsdauer von neuen Produkten sowie der Einbindungsgrad von Kundenbedürfnissen und Anwenderproblematiken in die Entwicklungskonzeptionen interessant.

● *Produktrisikominimierung durch stetige kundenorientierte Innovationsschritte*

Wurde ein Produkt im Markt eingeführt, liegen bei Firmen mit einer ausgefeilten Produktstrategie bereits Pläne über zukünftige Verbesserungsmöglichkeiten des Produktes „in der Schublade". In sogenannten Innovationsheften werden während der Entwicklungs- und Vermarktungszeit denkbare anwenderorientierte Produktmodifikationen bzw. potentielle Ausstattungs- und Leistungsmerkmale gesammelt, die bereits im Vorfeld das Innovationsprofil umreißen. Dieses gibt einen ‚Vorgeschmack' für die möglichen Entwicklungsstufen des Neuproduktes. Was tatsächlich davon umgesetzt wird, hängt vor allem von den veränderten Kundenbedürfnissen ab. Die Neuprodukt-Entwicklung wird durch die Berücksichtigung zu vieler Produkt-Details, die eventuell im Ursprungstyp noch gar nicht reif bzw. nachgefragt sind, überproportional hinausgezögert und verteuert. Das Erfolgsprinzip lautet also: *von der Einfachheit zur Komplexität* oder *zunächst grobe Technologie und in der Folge sukzessive Technologieverbesserung.*

„Häufige kleinere Verbesserungen des Produktnutzens in variierenden Zeitabständen bringen einen fast kontinuierlichen Strom von Neuheiten und Verbesserungen hervor, die für den Kunden wahrnehmbar sind. Mit dieser Taktik überschauen die Erfolgreichen besser, ob ein Produkt noch auf Basis der bisherigen Technologie mit vertretbarem F+E-Aufwand weiterentwickelt werden kann oder ob ein Wechsel zu einer neuen Technologie – etwa von Elektromechanik zu Elektronik – notwendig ist. Wer dagegen große Verbesserungen der Produkteigenschaften in relativ langen Zeitabständen anstrebt, erkennt meist zu spät, wann eine Technologie am Ende ihrer Möglichkeiten angelangt ist, so daß der erhoffte Quantensprung dann ausbleibt".[1] Abbildung 12 verdeutlicht die vorgenannte Kernaussage.

Häufige, kleinere Innovationssprünge geben mehr Sicherheit in der Technologieausschöpfung. Damit wird der Ablösungszeitpunkt genauer, wann die bisherige Technologie durch eine neue Technologie ersetzt werden muß. Die alte Technologie läuft somit nicht ins „Leere", wo keine weiteren Nutzensteigerungen mehr „durchholbar" sind und die entsprechenden Forschungs- und Entwicklungskosten nicht mehr „hereingewirtschaftet" werden können. Als Banker interessiert vor allem, was für eine Innovationsstrategie gefahren wird, d. h. insbesondere wie sie zeitlich und technisch dimensioniert ist. Werden in kurzen Zeitabständen kleinere Produktverbesserungen vorgenommen, kann der Firmenkundenbetreuer sicher sein, daß sich die Forschungs- und Entwicklungsaufwendungen auch tatsächlich amortisieren. Bonitätsrisiken aus diesem Blickwinkel können somit weitgehend ausgeschlossen werden.

---

1 Kluge, Jürgen, a.a.O.

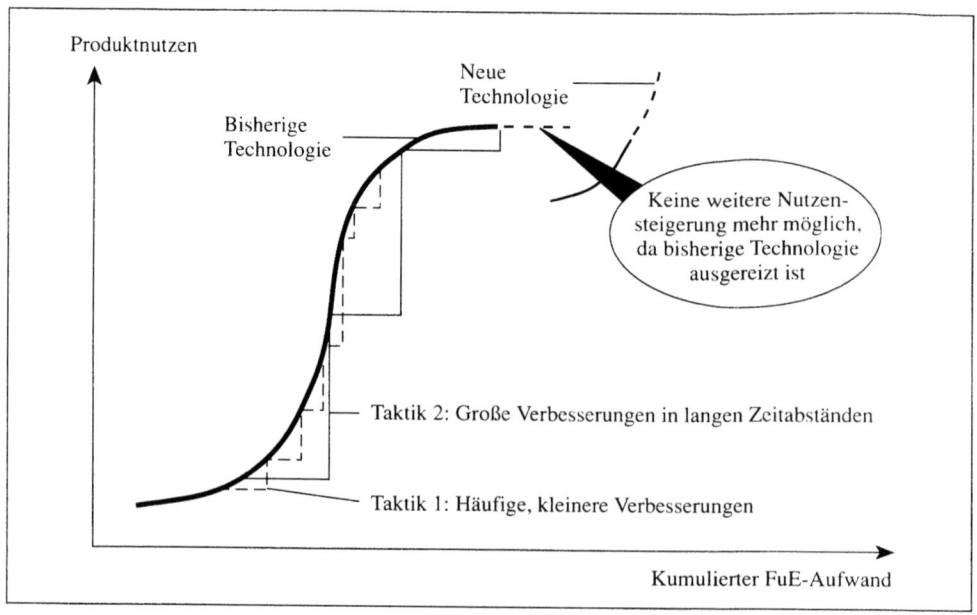

Abbildung 12: Kleine, schnelle Innovationssprünge sichern Überblick über Ausschöpfungsgrad einer Technologie

Quelle: Kluge, Jürgen, a.a.O.

2.2 Die Produktionstechnologie

Wie in der Produkttechnologie, so ist auch im Fertigungsbereich ein unaufhörlicher technischer Fortschritt zu verzeichnen. Kein erfolgreiches Unternehmen kann es sich leisten, seine Produktionskapazitäten dauerhaft auf dem gleichen Technologieniveau zu belassen. Die Wettbewerbsfähigkeit eines Produktionsunternehmens wird entscheidend von seinem Technologiepotential und der Fähigkeit, dieses ständig zu erneuern, abhängen. Die Auseinandersetzung mit der Produktionstechnologie kann wichtige Erkenntnisse über die Zukunftssicherungspolitik eines Kreditkunden liefern und Fehlentwicklungen wesentlich früher aufzeigen als die Bilanzanalyse. Die Prüfung und Beurteilung der Produktionstechnologie stellt somit einen Risikofrühindikator im Kreditgeschäft dar, dem gebührende Aufmerksamkeit geschenkt werden sollte.

Selbstverständlich wären die meisten Kreditverantwortlichen überfordert, für alle Kreditkunden eine detaillierte fachmännische Technologiebewertung vorzunehmen. Dennoch sollte jeder Firmenkundenberater aufgrund der vielfältigen Betriebsbesichtigungen und Unternehmensgespräche, seines betriebswirtschaftlichen und technischen Grundwissens und der Beratererfahrung in der Lage sein, Aussagen zum Technologiemanagement zu machen. Auf welche Faktoren dabei besonders zu achten ist, wird nachstehend beschrieben.

2.2.1 Die Technologie der Produktionsanlagen

Maschinen, Produktionsstraßen, Fertigungsautomaten etc., aber auch jede mobile Ausrüstung unterliegt einem Alterungs-, Verschleiß- und/oder Überholungsprozeß. Der technische Fortschritt ist für letzteres Kriterium verantwortlich. Gegenüber den anderen zwei Wertminderungsfaktoren gewinnt die Entwertung des Fertigungsapparates durch laufende technische Verbesserungen zunehmend an Dominanz. Deshalb wird es zukünftig immer wichtiger werden, investierte Güter beschleunigt über den Absatzmarkt wieder freizusetzen, um das Investivkapital rentabel, d. h. gut verzinslich zu halten. Je länger die Lebensdauer eines Anlagegutes ist, desto stärker unterliegt es i. d. R. der Gefahr, daß es wirtschaftlich unrentabel wird und technisch veraltet. Bestimmte Druckmaschinen gehören hier zu den Ausnahmen.

In den Jahresabschlüssen findet man im Anlagespiegel oft Angaben über das Herstellungs- bzw. Anschaffungsjahr, den Preis, die Jahresabschreibung, die akkumulierten AfA-Beträge, die Zugänge, die Abgänge, die Umbuchungen und manchmal auch über die Nutzungsdauer, die überwiegend mit der AfA-Zeit korrespondiert. § 268 Abs. 2 HGB schreibt für Kapitalgesellschaften die Darstellung der Entwicklung der einzelnen Posten des Anlagevermögens vor. Über den technischen Standard und den Modernitätsgrad der Produktionsanlagen können durch die Prüfung des Anlagegitters bereits erste Erkenntnisse gewonnen werden. Eine Betriebsbesichtigung sollte auf alle Fälle ergänzend hinzukommen. Je mehr Betriebsbegehungen und Gespräche über Produktionsprozesse ein Firmenkundenberater in seinen Erfahrungsschatz aufgenommen hat, desto versierter und urteilsfester dürfte sein Technologiereport über den Fertigungsapparat ausfallen. Weiteres Hilfsinstrument bei der Urteilsfindung stellt die Investitionstätigkeit dar.

Ein Zeitvergleich der Investitionsausgaben über mehrere Jahre und die Analyse, in welchen Unternehmensbereichen schwerpunktmäßig investiert wurde, sowie welcher Art die Investitionen (Rationalisierungsinvestition, Ersatzinvestition, Änderungsinvestition, Erweite-rungsinvestition) waren, gibt schnell Aufschluß über die verfolgte Technologiepolitik. Ergänzende Hinweise über die zukünftigen Aktivitäten liefern die kurzfristigen und mittelfristigen Investitionsbudgets. In den Lageberichten von Kapitalgesellschaften werden hierüber manchmal Angaben vermerkt. Über die vollzogenen Investitionen findet man in den meisten Wirtschaftsprüfer-Berichten und Jahresabschlüssen Ausführungen. Als Banker ist die Reflexion der Investitionstätigkeit wichtig, weil die Ertragserwartungen weitgehend von den Investitionsvorhaben abgeleitet werden. Die Investitionstätigkeit ist mit der Ertragskraft insofern eng verknüpft und läßt Rückschlüsse auf die Fertigungstiefe sowie den damit einhergehenden Wertschöpfungsgrad zu. Ein Unternehmer, der über Jahre hinweg aus Gründen der Kosteneinsparung nicht investiert und zu lange mit veralteten, nicht mehr dem heutigen technischen Stand entsprechenden Maschinen arbeitet, produziert im Vergleich zur innovativen Konkurrenz auf lange Sicht zu teuer und verliert über den Preis und die Qualität seine Konkurrenzfähigkeit. Nur eigenkapitalstarke Unternehmen schaffen es dann noch, durch „innovative Kraftakte" die Produktionsvoraussetzungen umzustellen. Die in Tabelle 3 aufgeführten Kennzahlen können bei der Investitionsanalyse behilflich sein.

Tabelle 3:   Investitionskennzahlen

Bezeichnung	Formelaufbau
Investitionsstruktur	$\dfrac{\text{Art der Investition (u. a. Immaterielle, Sach-, Finanzanlagen) x 100}}{\text{Eigen- u. langfristiges Fremdkapital}}$ %
Investitionsquote	$\dfrac{\text{Investitionen x 100}}{\text{Buchwert des Anlagevermögens}}$ %
Anlagenabnutzungsgrad	$\dfrac{\text{Kumulierte Abschreibung x 100}}{\text{Anschaffungs- bzw. Herstellungskosten}}$ %
Brutto-Investitionen	Zugänge im Anlagevermögen
Netto-Investition	Zugänge im Anlagevermögen ./. Abschreibungen auf Anlagevermögen

Quelle: Meyer, Claus, Kunden-Bilanz-Analyse der Kreditinstitute, 1989, S. 70

2.2.2 Die Technologie des Produktionsprozesses

Eine erstklassige Technologie bei den einzelnen Fertigungsapparaten garantiert noch lange keine ökonomische Produktion. Erst ein gut aufeinander abgestimmter Fertigungsfluß, der die Qualität der Erzeugnisse anhaltend sicherstellen kann, trägt zu einem rationellen und kostengünstigen Fertigungsprozeß bei. Ein gut organisierter Produktionsablauf muß sicherstellen, daß die passenden Rohlinge und Teile in der richtigen Menge schnellstmöglich zum adäquaten Verarbeitungsort auf die rentabelste Weise transportiert werden oder anders ausgedrückt, daß die zur Be- und Weiterverarbeitung notwendigen Güter nach Art, Menge, Raum und Zeit bedarfsgerecht bereitgestellt werden. Dies wiederum unterstellt, daß die einzelnen Fertigungsstufen bzw. Produktionsanlagen so miteinander verbunden sein müssen, daß der Materialzufluß, der Materialdurchfluß und der Produktabfluß auf dem effizientesten, meist kürzesten Wege läuft. Diese Aufgabe obliegt der Unternehmenslogistik.

Die Produktionsplanung mit ihren interdependenten Teilfunktionen Vorschau, Vorbereitung, Steuerung und Kontrolle hat die Zielsetzung, einen Ordnungsrahmen für die Produktion zu schaffen. Imponderabilien wie Leerlaufzeiten, Termindruck, falsche Lagerhaltung, unsystematische Auftragsdisposition etc. sollen durch ihn erst gar nicht aufkommen. In der Produktionsplanung wird also unter Berücksichtigung des Marketingplans vorausbestimmt, was, wieviel, wie und wann produziert wird. Ferner hat sie die Steuer- und Kontrollfunktion inne, und sie muß das ökonomische Prinzip beachten. Die Wechselbeziehungen der Produktionsplanung vor allem mit der Lagerhaltung bzw. Lagerplanung (Puffer für Absatzschwankungen) und der Produktionsprogrammplanung (Verbindung zwischen Absatz und Fertigung) stellen weitere Anforderungskriterien an eine optimale Produktionsplanung dar. Seit Anfang der Achtziger Jahre wird unter Zuhilfenahme von Computern versucht, diese Optimierungsprobleme zu lösen sowie den gesamten Betriebsprozeß technisch zu erfassen, um ihn transparenter und damit steuerbarer zu machen.

2.2.2.1 Computer-Technologien

Den ständig wachsenden Herausforderungen des Marktes kann ein Produktionsunternehmen nur begegnen, wenn sich die Firmenverantwortlichen mit den neuesten technischen Errungenschaften auseinandersetzen und sie nutzbringend in den Unternehmensprozeß einbinden. Eine dieser technischen Innovationen stellt die elektronische Datenverarbeitung in der Produktion und der Verwaltung dar. Fachleute sprechen von CIM (Computer Integrated Manufacturing) und CAO (Computer Aided Office). Dem zunehmenden Informations- und Steuerungsbedürfnis in allen Unternehmensbereichen soll anhand dieser beiden Computer-Technologien Rechnung getragen werden. Als Endziel wird die Vernetzung von CIM und CAO bzw. das vollständig rechnergesteuerte Unternehmen angestrebt. Doch bis dahin werden bei den Firmen noch viele Hürden überwunden werden müssen. Denn ein Unternehmen vollständig zu computerisieren ist ein hochkompliziertes Unterfangen, bei dem nur die Grundidee leicht erscheint: Jede Order soll vom Bestellungseingang bis zur Auslieferung – das heißt in allen Bearbeitungsstufen – unter einer einheitlichen Auftragsnummer EDV-technisch begleit- und steuerbar sein. Veranschaulicht wird dies in Abbildung 13.

Das fertige CIM- oder CAO-Konzept gibt es allerdings nicht zu kaufen, es muß betriebsspezifisch entwickelt werden. Hierzu sind oft umwälzende organisatorische Veränderungen notwendig, die eine hohe Flexibilität und Lernbereitschaft der Mitarbeiter sowie des Managements erfordern. Gewachsene, verkrustete Strukturen müssen größtenteils ersetzt und tradierte Denkweisen überwunden werden. Die globalen Computer-Technologien zielen darauf ab, den gesamten Betriebsprozeß auf einem höheren Niveau ganzheitlich zu vereinigen und zu vereinheitlichen. Dementsprechend durchzieht CIM sämtliche Funktionsbereiche des Unternehmens als Querschnittsfunktion. CIM beinhaltet die Bausteine CAD (Computer Aided Design), CAM (Computer Aided Manufacturing), CAP (Computer Aided Planning), CAQ (Computer Aided Quality) und PPS (EDV-unterstütztes Produktions-, Planungs- und Steuerungssystem). Zum PPS gehören die Produktions-Programmplanung, die Mengenplanung, die Termin- und Kapazitätsplanung, die Auftragsdisposition und die Auftragsvollzugsüberwachung.

2.2.2.2 Die Beurteilung der Prozeßtechnologie

Aus Bankensicht gilt es, die Prozeßtechnologie einzustufen, um der technischen Bonität als Risikofrühindikator auskömmlich Rechnung zu tragen. Zunächst ist es wichtig zu wissen, daß für die Einführung von Computer-Technologien einfache Organisationsstrukturen und Betriebsabläufe die besten Voraussetzungen bieten. In eine komplexe, undurchsichtige Betriebsstruktur globale Computer-Technologien zu implantieren, wäre vom Strategieansatz bereits verfehlt. Erfolgreiche Unternehmen schaffen zunächst einfache Strukturen und Abläufe, bevor sie C-Technologien einsetzen. Die „Systemarchitektur" bezüglich dem Einsatz neuer Technologien ist demnach zu hinterfragen.

Ein weiterer Beurteilungsfaktor für die Prozeßtechnologie ist der CAD-Durchdringungsgrad. Hierunter ist die Quote der Mitarbeiter zu verstehen, die bereits mit CAD-Systemen arbeiten. Felix Brück hält in seinem Aufsatz „Produkte- und Produktionsstrategie" fest:

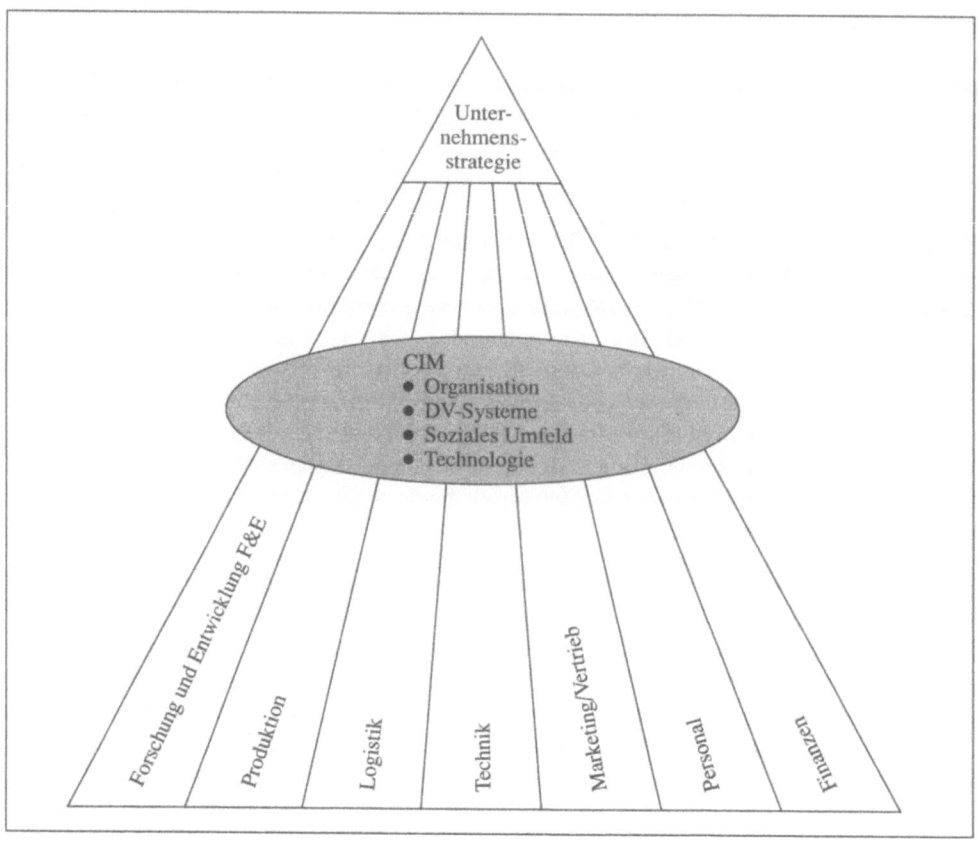

Abbildung 13: CIM-Konzept

Quelle: Rössler, Günter und Adams, Heinz W., CIM/Schlag- oder Zauberwort? Wenn die Organisation nicht stimmt, bringt die EDV-Integration nichts, Handelsblatt Nr. 70, 11. 4. 1989, S. 21

„Sechs von zehn Spitzenunternehmen lassen mittlerweile über 60 % ihrer Mitarbeiter in Entwicklung/Konstruktion mit CAD-Systemen arbeiten, ein Durchdringungsgrad, den nur jeder vierte schwächere Konkurrent aufweisen kann ... Drei Viertel der erfolgreichen Unternehmen beabsichtigen beispielsweise, innerhalb der nächsten fünf Jahre die CAD-Durchdringung auf über 80 % zu erhöhen; dagegen traut sich nur jedes vierte weniger erfolgreiche Unternehmen einen solchen Schritt zu."[1]

Folgender Fragenkomplex kann weiterhelfen, die Prozeßtechnologie einzuschätzen: Gibt es ein zentrales Materialversorgungssystem? Wie sind die Fertigungsstufen miteinander verbunden? Wie ist der Produktabfluß in das Lager geregelt? Müssen manuelle Transporte von einem Fertigungsort zu einem anderen durchgeführt werden? Wie ist die Logistik aufgebaut? Existiert eine geschlossene Logistikkette, die den Beschaffungsmarkt über den

---

1 Vgl. Brück, Felix, Produkte- und Produktionsstrategie, Erfolgsfaktoren im Maschinenbau, Handelsblatt vom 16. 09. 1991, S. 16.

Fertigungsprozeß mit dem Absatzmarkt verbindet? Wie gut sind die einzelnen Subsysteme des Unternehmens u. a. Transport, Lager, Kommissionierung, Produktion miteinander verknüpft? Welche Güte besitzt die Produktionsplanung? Gibt es viele Retouren, Lieferengpässe, Reklamationen? Wie aufwendig ist die Betriebsdatenerfassung? Welches Technologiestanding hat das Informationssystem? Ist der Material- und Datenfluß synchron geschaltet und jederzeit transparent? Inwieweit wurden Grundvoraussetzungen für die Implementierung von CIM-Bausteinen geschaffen? In welchem Stadium steht die Fabrik-Computerisierung? Fragen obengenannter Art können bei einer Betriebsbesichtigung gestellt werden.

3. Die wirtschaftliche Bonität

Die wirtschaftliche Bonität wird im wesentlichen durch die Marktpositionen, die Stellung innerhalb der Mitwettbewerber, die Chancen und Risiken der Branche, die Auftragslage sowie den Grad der Konjunkturanfälligkeit bestimmt. Bei den einzelnen Analysen stehen dabei die Zukunftsperspektiven im Vordergrund. Sie werden anhand der Etrags- bzw. Nutzenpotentiale bewertet.

3.1 Der Beschaffungsmarkt

Unter Beschaffung soll hier nicht nur der Einkauf von Roh-, Hilfs- und Betriebsstoffen sowie Fertigwaren verstanden werden, sondern auch die Einstellung von neuen Arbeitskräften. Die Risiken auf der Beschaffungsseite können unter Umständen gravierend sein. So kann ein Unternehmen von Großlieferanten abhängig sein oder von Rohstoffpreis- und Währungsschwankungen stark in Mitleidenschaft gezogen werden. Firmen, die Öl, Fasern, Kautschuk, Genußmittel, Getreide, Nicht-Edelmetalle und Edelmetalle als Rohstoffe benötigen, können hier beispielhaft angeführt werden. Zum einen sind belastende Momente aus schwankenden Rohstoffpreisen, zum anderen aus Wechselkursänderungen, zum Beispiel des US-Dollars, vorstellbar. Risiken sind auch im Hinblick auf eingeschränkte Verfügbarkeiten von Rohmaterialien, Vorprodukten oder Handelswaren denkbar, durch die die Produktion oder der Handel ins Stocken geraten kann. Die Lieferzuverlässigkeit, die Bonität und die Marktmacht der Lieferanten ist deshalb bei jedem Kreditkunden abzuchecken, um das Risikopotential umreißen zu können.

Da jedes Unternehmen in seiner Wertschöpfungskette nur so gut ist wie sein schwächstes Glied, kommt es darauf an, qualifizierte Mitarbeiter einzustellen und zu halten. Je nach Region, Suchzeitpunkt und dem jeweiligen Lohnzahlungsniveau kann der Arbeitsmarkt mehr oder weniger ergiebig sein. Aufgrund der im internationalen Vergleich relativ hohen Lohnstückkosten und des zum Teil vorliegenden Facharbeitermangels betreiben viele Unternehmen das „going international". Hierunter sind Produktionsauslagerungen in Billiglohnländer oder Lohnfertigungen im Ausland zu verstehen. Wird aus irgendwelchen Gründen hierauf nicht zurückgegriffen, kann der heimische Arbeitsmarkt restriktiv auf die Produktion wirken. Eine gute Personalpolitik ist dann mehr denn je gefragt.

Der Firmenkundenberater hat den Beschaffungsmarkt hinsichtlich Abhängigkeiten und Restriktionen auszuleuchten. Nachstehende Fragen können hierzu ergänzend Aufschluß geben: Können durch Substitutionsprodukte Preissteigerungen, Lieferausfälle und Lieferengpässe bei Zulieferern schnell umgangen bzw. kompensiert werden? Wie preiselastisch sind die Endabnehmer bei Preisüberwälzungen, die aus dem Zulieferbereich herrühren? Wie hoch ist das Importvolumen und aus welchen Ländern wird das Gros importiert? Sind hierunter auch Länder vertreten, in denen mit politisch instabilen Verhältnissen gerechnet werden muß? In welchen Währungen wird fakturiert und auf welche Zahlungsweise wird überwiegend zurückgegriffen? Wie steht es um die Lieferzuverlässigkeit, die Machtstellung und die Bonität der Lieferanten? Können aus dem Personalreservoir genügend gute Nachwuchskräfte rekrutiert werden? Wie ergiebig ist der regionale Arbeitsmarkt und wie stark werden Fachkräfte durch andere ansässige Unternehmen umworben? Wie steht es um die betriebsinternen Weiterbildungsmöglichkeiten und welche Attraktivität besitzt die Personalpolitik (Fluktuationsrate, Fehlzeiten, Krankheitstagequote, Anzahl der Arbeitsgerichtsprozesse)?

3.2 Der Absatzmarkt

Der Absatzmarkt ist hinsichtlich des nationalen und internationalen Marktanteils, der Produktionschancen und -risiken (Produktreifegrad, Produktvielfalt, Produktqualität, Produktinnovationspotential, Substitutionspotential), der Absatzkanäle bzw. Vertriebswege (Groß-, Einzel-, Zwischenhändler, Direktversand, Handelsvertreter, Reisende, eigene Vertriebsleute), der Abnehmerstruktur und -bonität sowie des Vertriebs- und Marketingkonzepts zu hinterfragen. Je transparenter die einzelnen Elemente des Absatzmarktes sind, desto besser können die zukünftigen Erfolgspotentiale des einzuschätzenden Unternehmens bestimmt werden.

Nachstehende Fragen können u. a. hierzu beitragen: Bewegt sich das Unternehmen in einem wachsenden, gleichbleibenden oder rückläufigen Markt? Wie flexibel ist das Produktionspotential für die Erzeugung andersartiger Produkte? Ist der Absatzmarkt monopolistisch, oligopolistisch oder polypolistisch strukturiert? Welche Bonität und Beständigkeit haben die Großabnehmer? Wie intensiv und stetig wird der Markt analysiert und perspektivisch ausgewertet? Wie hoch ist der Marktanteil regional, national und weltweit? Wieviel Prozent des Umsatzes wird im Ausland erzielt und in welchen Währungen wird überwiegend fakturiert? Welche Absatzkanäle wurden erschlossen und wie gut funktioniert das Vertriebssystem? Überwiegen die Produktchancen oder -risiken?

3.3 Die Wettbewerbsfähigkeit

Ein wichtiger Baustein innerhalb der Bonitätsprüfung ist die Urteilsfindung über die Konkurrenzsituation und die zukünftige Wettbewerbsstellung. Die Hauptkonkurrenten und deren Unternehmensphilosophien sollten sowohl dem Firmenkunden als auch dem Firmenkundenberater bekannt sein. Die vergangene und gegenwärtige Konkurrenzfähigkeit läßt sich unter anderem anhand der Umsatz- und Ertragsentwicklung der letzten drei bis fünf Jahre ablesen. Im Vergleich zum Wachstum des Branchendurchschnitts und soweit bekannt zu den wichtigsten Mitwettbewerbern kann zumindest ein positiver oder negativer Geschäftstrend erkannt werden. Entsprechende Vergleiche der Rohergebnisquoten und Umsatzrenditen (siehe umseitiges Beispiel für den Maschinenbau) lassen Rückschlüsse auf die Margengestaltung bzw. die Marktmacht zu. Hierbei spielt nicht nur allein die Produktqualität, sondern vermehrt auch die Service- und Kundenbetreuungsqualität eine wesentliche Rolle.

Viel wichtiger und wesentlich schwieriger als die Status-quo-Analyse ist die Beurteilung der zukünftigen Wettbewerbschancen. Hierzu sind Erkenntnisse über interne und externe Nutzenpotentiale des Kunden notwendig. Das alleinige Abstellen auf die Marktanteile könnte schnell zu einem Fehlurteil führen. Die zukünftige Überlebensfähigkeit eines Unternehmens hängt nicht nur von ihren besetzten Marktanteilen ab. Immer wieder ist feststellbar, daß Unternehmen, die sich in ihren Produkten besonders spezialisiert haben, die in Nischen arbeiten, in denen sie nicht mit den „Multis" direkt konkurrieren, die einen besonderen Service bieten können, durchaus auch in schwierigen Zeiten überlebensfähig sind und eine höhere Umsatzrentabilität als Großunternehmen der gleichen Branche erzielen. Die Konkurrenzperspektiven hängen also lediglich bedingt von der Marktpositionierung ab.

Ein ergiebigerer Beurteilungsansatz liegt in der Analyse der verschiedenen Wertschöpfungsmöglichkeiten bzw. Nutzenpotentiale. Der St. Gallener Professor Cuno Pümpin zählt zu den internen Nutzenpotentialen

„ – Synergiepotentiale (Möglichkeiten aus der geschäftsfeldübergreifenden gemeinsamen Nutzung von spezifischen Erfolgspositionen des Unternehmens),
– interne Humanpotentiale (Nutzung bisher nur unzureichend aktivierter Leistungsressourcen bei den vorhandenen Mitarbeitern, etwa über neue Leistungsanreize oder ein flexibles Personalmanagement),
– Immobilienpotentiale (Wertsteigerung aus Grundstücken und Gebäuden, die im Eigentum des Unternehmens liegen),
– Know-how-Potentiale (Möglichkeiten zur internen und – beispielsweise über Lizenzvergabe – externen Verwertung von gegenüber der Konkurrenz überlegenem Wissen und Können),
– Kostensenkungspotentiale (Möglichkeiten für Kosteneinsparungen beispielsweise durch technische Rationalisierung, Ertragsverbesserungsprogramme, Abbau administrativer Wasserköpfe),
– organisatorische Potentiale (gesteigerte Wertschöpfung durch Neugestaltung innerbetrieblicher Abläufe und Strukturen, etwa mit dem Ziel der Reduktion von Durchlaufzeiten oder der Sicherstellung größerer Basisnähe bei den Entscheidungsträgern und vermehrter Eigeninitiative auf allen Unternehmensebenen)."[1]

---

1 Vgl. Pümpin, Cuno, Abschied vom Wettbewerb in: Zeitschrift Management Wissen 1/92, S. 5

Zu den externen Potentialen zählt Pümpin: „Beschaffungspotentiale (Wertschöpfung durch Nutzung von Veränderungen auf den Beschaffungsmärkten und/oder durch innovative Beschaffungskonzepte und -systeme), externe Humanpotentiale (Möglichkeiten zur Rekrutierung bislang nicht erwerbstätiger oder für andere Unternehmen tätiger Arbeitskräfte mittels besonderer Anreize), Informatikpotentiale (Modifikation oder gänzliche Neugestaltung der Marktleistungen oder auch zur Revolutionierung betrieblicher Wertschöpfungsaktivitäten durch den Einsatz moderner Informations- und Kommunikationstechnologien), Imagepotentiale (Vorteile aus einem hohen Bekanntheits- und Prestigegrad der Produkte und Marken bei Kunden), Kooperationspotentiale (Zusammenarbeit mit anderen Unternehmen in einzelnen Geschäftsfeldern oder Funktionsbereichen), Finanzpotentiale (Möglichkeiten zur günstigen Finanzierung, die sich aus den Veränderungen auf den internationalen Geld-, Kapital- und Devisenmärkten ergeben), Übernahme- und Restrukturierungspotentiale (Wertschöpfungsmöglichkeiten aus der Akquisition dritter Unternehmen und ihrer anschließenden Restrukturierung (Zusammenlegung von Produktionsstätten, Bereinigung der Produktpalette, Abnehmersegmente oder Vertriebskanäle) oder einem Asset-Redeployment (Neuverwendung der Unternehmensaktiva).“

Die Wertsteigerungsmöglichkeiten sind im einzelnen und erst recht im Zusammenspiel für einen Banker äußerst schwierig zu bewerten. Nur über einen ständigen Dialog mit verschiedenen Firmenverantwortlichen und durch ein dauerhaftes Bemühtbleiben um interne und externe Firmeninformationen kann ein qualifizierter Erkenntnisfortschritt über die Wettbewerbschancen erzielt werden. Manche Unternehmen erstellen sogenannte Marktportfolios, in denen Markt- und Wettbewerbsperspektiven visualisiert aufgezeigt werden. Solche Unterlagen können wertvolle Hilfsmittel bei der Wettbewerbsanalyse darstellen.

Weitere Aufschlüsse zur Beurteilung der zukünftigen Wettbewerbsentwicklung können u. a. folgende Fragen liefern: Wie stellen sich die Produkte hinsichtlich mittelfristiger Marktgängigkeit, der Reifegrade und der technischen Innovationsmöglichkeiten im Vergleich zu den Produkten der Mitwettbewerber dar? Wie hoch sind die Markteintrittsbarrieren für neue Produzenten? Wird in einer Marktnische gearbeitet, die für Großunternehmen aufgrund speziellen Know-hows wenig attraktiv ist? Inwiefern müssen neben den regionalen und nationalen Mitstreitern zukünftig auch die internationalen Anbieter (zum Beispiel aus Billiglohnländern) beachtet werden?

3.4 Die Branchenanalyse

In der Praxis ist eine eindeutige Branchenzuordnung nicht immer einfach. Innerhalb der verschiedenen Branchen kann in Geschäftsfelder, Gruppen und Schwerpunktaktivitäten untergliedert werden. Zu komplex sind vielfach die Produktpaletten, Arbeitsgebiete, Größenordnungen und Rechtsformen der Betriebe. Auch der Vergleich von Unternehmenskennziffern mit Branchendurchschnittskennzahlen ist in der Praxis problematisch. Zu unterschiedlich sind die individuellen Unternehmensvoraussetzungen und diese in bezug zur Branche. Ein Bauunternehmen wie Züblin beispielsweise, das weltweit Hoch- und Tiefbauarbeiten ausführt und Großprojekte wie Staudämme baut, kann mit einem Zehn-Mann-Baugeschäft, das sich auf Betonsanierungsarbeiten spezialisiert hat, nur schwerlich verglichen werden. Beide Unternehmen sind jedoch der Baubranche zuzurechnen. Sinnhaft erscheinen Branchenauswertungen für eine Bank, wenn sie zur Globalsteuerung für die Kreditpolitik herangezogen werden.

So ist es für ein Bankinstitut wichtig zu wissen, wieviel Kreditvolumen aus dem gesamten Kreditportefeuille auf die einzelnen Branchen entfallen. Ist an eine Branche zum Beispiel relativ viel ausgereicht worden, kann dies bei entsprechend schwierigen Branchenperspektiven zu einem überproportionalen Kreditrisiko führen. Um solchen Fehlentwicklungen entgegenzuwirken bzw. zur prophylaktischen Risikosteuerung werden branchenspezifisch erhöhte Bonitätskriterien vorgegeben. Die Gewinn- und Produktionserwartungen pro Branche – siehe hierzu Tabelle 4 und Abbildung 14 – liefern frühzeitig Erkenntnisse, bei welchen Branchen kreditpolitisch Vorsicht geboten ist bzw. gute Ertragschancen bestehen. Solche Prognosen können allerdings nur grobe, temporäre Anhaltspunkte liefern. Sicherlich gibt es auch „Perlen" in problematischen Branchen. Nicht immer schlagen die Branchenprobleme auf alle Unternehmen durch.

Als Fazit kann festgehalten werden, daß zur Arrondierung der Bonitätsprüfung immer eine Branchenanalyse vorgenommen werden sollte. Die zukünftigen Gewinn- und Umsatzerwartungen der entsprechenden Branchen sollten dabei mit den Unternehmensdaten abgeglichen werden. Hierdurch kann festgestellt werden, ob ein Firmenkunde im Branchendurchschnitt unter- oder überdurchschnittlich liegt. Tiefergehende Branchenabgleiche erscheinen aus vorgenannten Gründen wenig sinnvoll.

3.5 Die marktwirtschaftliche Krisenresistenz

Ein weiterer Baustein innerhalb der Bonitätsprüfung ist die Untersuchung der Standfestigkeit des Firmenkunden in schwierigen wirtschaftlichen Phasen wie Rezessionen, Konjunktureinbrüche, Produktniedergänge, Bedürfniswandel, technischer Wandel, zunehmende Konkurrenzproduktangebote aus Billiglohnländern, starke Wechselkursschwankungen etc. Je höher der Fixkostenblock bzw. die Anlagenintensität, je geringer die Eigenkapitaldecke, je schwächer die Innovationskraft und je unflexibler der Fertigungsapparat eines Produktionsunternehmens ist, desto schwieriger wird in der Regel ein plötzlicher Umsatzrückschlag zu verkraften sein. Der Firmenkundenbetreuer hat diesbezüglich zu prüfen, inwieweit die Produktionskapazitäten Umstellungen auf andere Fertigungsalternativen zulassen. Oft sind die Fertigungslinien so rigide, daß eine notwendig gewordene Produktionsumstellung gar nicht oder nur mit großer Verzögerung möglich ist.

Eine große Produktions- und Kostenelastizität kann die Resistenzkraft eines Betriebes in schwierigen Zeiten stark verbessern. Betriebe, die Rasenmähermotoren herstellen, sind sicherlich auch in relativ kurzer Umrüstzeit in der Lage, Waschmaschinenmotoren, Motoren für Gartenhackmaschinen oder für Kleinkrafträder zu produzieren. Bei Produktionsunternehmen, die im Großanlagenbau tätig sind, wird die Produktionsflexibilität dagegen relativ gering sein. Der Firmenkundenbetreuer sollte sich überlegen, inwieweit und wie schnell Reaktionsmöglichkeiten bezüglich Kosten und Produkten bestehen, wenn das Unternehmen unverhofft Umsatzrückschläge hinnehmen muß. Ferner sind im Vorfeld der Kreditprüfung Überlegungen hinsichtlich der Konjunkturanfälligkeit des Betriebes sinnvoll.

Tabelle 4: Gewinnschätzungen nach Branchen*)

Veränderungen gegenüber Vorjahr in %	1990	1991	1992
Großchemie	−27,3	− 7,2	+14,0
Sonstige Chemie	+ 2,2	+ 5,3	+13,4
Elektro/Technologie	− 1,3	+ 4,9	+10,0
Energie	+ 6,7	+ 4,3	+ 2,7
Stahl	− 9,9	−28,3	− 0,2
Maschinenbau	+ 9,0	−10,4	+ 4,4
Automobil	−14,7	− 4,2	+ 4,5
Bau	+ 0,4	+41,2	+17,5
Handel	+57,6	+19,7	+ 7,2
Banken	+ 4,6	+10,3	+ 5,0
Konsum	+23,5	+ 9,9	+10,4
Brauereien	+52,3	+28,5	+10,3
NE-Metalle	+43,9	− 5,9	+ 9,3
Papier	− 1,8	+ 4,7	+ 7,9
Autozulieferer	−37,5	−26,9	+10,5
Bauzulieferer	+ 6,0	+ 6,3	+10,9
Sonstige	+ 0,4	+ 9,0	+ 8,8
Insgesamt	**− 5,0**	**+ 0,1**	**+ 7,4**

Quelle: Commerzbank

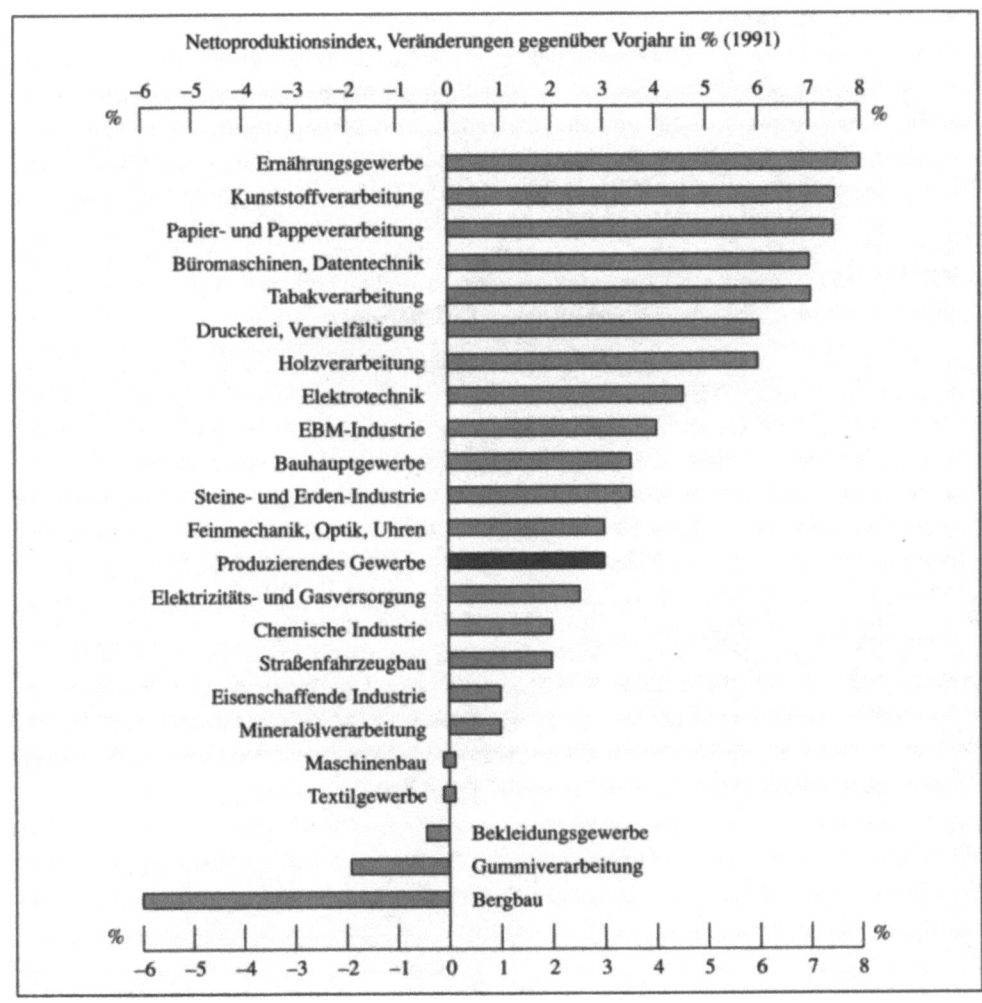

Abbildung 14: Produktionserwartungen des Produzierenden Gewerbes für 1991

Quelle: Commerzbank

3.6 Die Auftragslage

Das Abchecken der Auftragslage ist ein unbedingtes Muß bei der Bonitätsprüfung. Der akkumulierte Auftragsbestand und die laufenden Auftragsneueingänge sind u. a. Ausgangswerte für die Aufstellung und Aktualisierung der Finanz- und Liquiditätspläne sowie für die Hochrechnung der zukünftigen Umsatz- und Ertragszahlen. Wer sich als Banker aktuell über die Auftragszahlen und die Auftragsstruktur unterrichtet hält, antizipiert zu einem großen Teil das, was später im Jahresabschluß präsentiert wird. Die Auswertung der Auftragsdaten ist somit eine zukunftsorientierte Tätigkeit, die weit vor dem Jahresabschluß Erkenntnisse über den wirtschaftlichen Geschäftsgang liefert.

Angaben über die Auftragsreichweite geben Auskunft über die zukünftige Beschäftigungslage (Kurzarbeit, Mitarbeiterreduzierung, Personalaufstockung). Von Interesse ist der momentane Auftragsbestand, der mit den entsprechenden Vorjahreswerten verglichen werden sollte. Neben der Feststellung, ob eine steigende, gleichbleibende oder fallende Tendenz vorherrscht, ist die Qualität der Aufträge zu hinterfragen. Wie ist die Margenentwicklung (gedrückt, gleichbleibend, ausgeweitet), wie gut sind die Auftraggeber (überwiegend neue Order, Dauerkunden, Bestellungen vermehrt aus dem Ausland – Problemländer? –, Bonität der Länder und der ausländischen Auftraggeber) und welche Streuung und Größenordnungen haben die Aufträge? Manchmal ist es ratsam, die Auftragsbestände und aktuellen Auftragseingänge mit den allgemeinen Nachfragetendenzen abzugleichen, um sich ein besseres Bild über die Konkurrenzfähigkeit machen zu können. In den Monatsberichten der Deutschen Bundesbank sind Zahlen und Graphiken (siehe die folgende Abbildung 15) über den Auftragseingang im Verarbeitenden Gewerbe vermerkt, die als Orientierungsgrößen herangezogen werden können.

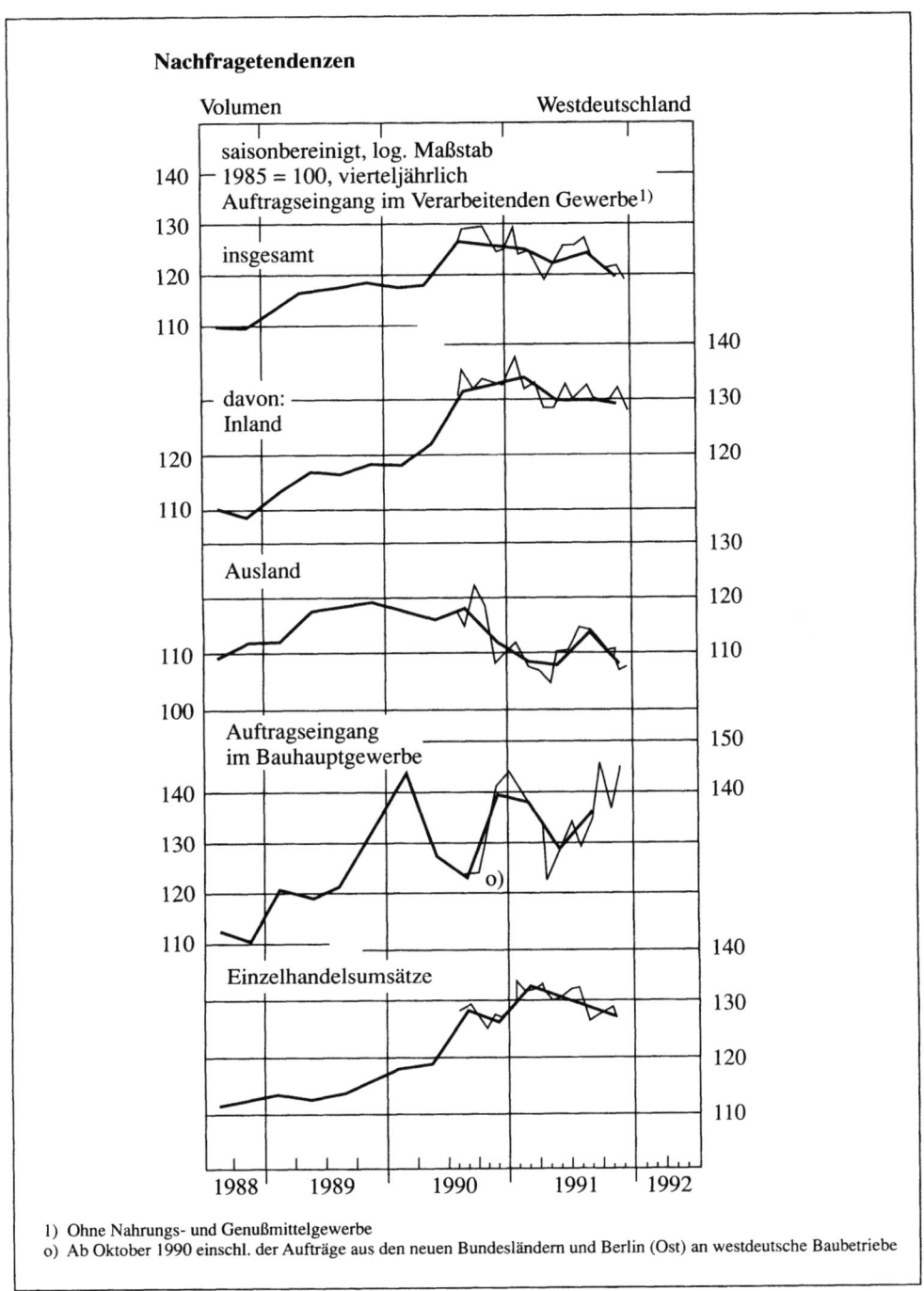

Nachfragetendenzen

Volumen — Westdeutschland

saisonbereinigt, log. Maßstab
1985 = 100, vierteljährlich
Auftragseingang im Verarbeitenden Gewerbe[1]

insgesamt

davon: Inland

Ausland

Auftragseingang im Bauhauptgewerbe

o)

Einzelhandelsumsätze

1988 1989 1990 1991 1992

1) Ohne Nahrungs- und Genußmittelgewerbe
o) Ab Oktober 1990 einschl. der Aufträge aus den neuen Bundesländern und Berlin (Ost) an westdeutsche Baubetriebe

Abbildung 15: Nachfragetendenzen

Quelle: Monatsbericht der Deutschen Bundesbank, 44. Jahrgang Nr. 1, Januar 1992

85

4. Die finanzielle Bonität

In diesem Abschnitt wird die Jahresabschlußanalyse nur gestreift. Hierüber gibt es eine Fülle von Fachliteratur. Empfehlenswert sind die Ausarbeitungen von Wolfgang Nahlik „Praxis der Jahresabschlußanalyse" und von Claus Meyer „Kunden-Bilanz-Analyse der Kreditinstitute". Da sich ein Bankmitarbeiter bei der Bonitätsprüfung neben der Beurteilung der gegenwärtigen und zukünftigen Unternehmensumwelt auch auf den finanzwirtschaftlichen Datenkranz stützen muß, ist die Auseinandersetzung mit den verschiedenen Zahlenmaterialien ein wichtiger und notwendiger Prüfungsbaustein. Hierbei wird das Hauptaugenmerk auf die Kapital- und Finanzierungsstruktur, die Haftbasis, die Liquiditätssituation und die zukünftige Ertragslage gerichtet.

4.1 Die Zahlenwerke

Zu den wichtigsten Zahlenwerken zählen der Jahresabschluß, die DATEV-betriebswirtschaftliche Auswertung, der Vermögensstatus, der Finanz-, Liquiditäts- und Investitionsplan sowie die Rentabilitätsvorausschau. Entsprechend dieser Reihenfolge wird zwischen vergangenheitsorientierten, gegenwartsbezogenen und zukunftsgerichteten Zahlenwerken unterschieden.

4.1.1 Der Jahresabschluß

Der Jahresabschluß beinhaltet die Bilanz, die Gewinn- und Verlustrechnung sowie bei Kapitalgesellschaften zusätzlich den Anhang und den Lagebericht. Der Jahresabschluß soll ein den tatsächlichen Verhältnissen entsprechendes Bild der Vermögens-, Finanz- und Ertragslage vermitteln (§ 264 Abs. 2 HGB). In der Praxis werden die Zahlen aus den Jahresabschlüssen mindestens der letzten drei Jahre gegenübergestellt und trendmäßig analysiert.

4.1.1.1 Die Ertragsqualität

Bei der Zeitvergleichsanalyse wird die Ertragsqualität besonders unter die Lupe genommen. Es ist ein großer Unterschied, ob der wesentliche Ergebnisbeitrag aus dem operativen Bereich, dem außerordentlichen Bereich (evtl. durch Verkäufe aus dem Anlagevermögen) oder dem Beteiligungsbereich herrühren. Professor Günter Wöhe schreibt in seinem Standardwerk „Einführung in die Allgemeine BWL" auf S. 1010: „Weder der Jahresüberschuß noch der Bilanzgewinn (Pos. 32) lassen einen Einblick in die Ertragslage der Unternehmung zu, der vom betriebswirtschaftlichen Standpunkt aus befriedigen kann. Keine der beiden Größen ist identisch mit dem Gewinn, den die Gesellschaft in einer Periode erzielt hat. Vielmehr kann der Jahresüberschuß einerseits bereits um Gewinnteile gekürzt worden sein, die zur Zahlung von Steuern und zur Abführung an andere Unternehmungen verwendet worden sind, andererseits kann er Gewinnteile früherer Perioden (Steuererstattungen) oder anderer Unternehmungen (Erträge aus Gewinnabführung und

Gewinngemeinschaften) enthalten. Es kommt hinzu, daß im Rahmen der gesetzlichen Bewertungsvorschriften noch immer stille Rücklagen gebildet werden können, die den ausgewiesenen Periodengewinn reduzieren und in den Jahren ihrer Auflösung erhöhen."

Einen periodengerechten Gewinn festzustellen, ist für den externen Banker also ein schwieriges Unterfangen. Eine vollständige Entzerrung der verschiedenen Aufwands- und Ertragsposten wird für den Kreditentscheider kaum möglich sein. Gewichtige Positionen wie zum Beispiel Sonderabschreibungen, die Auflösung stiller Reserven, einmalige Nebengeschäfte, die das Periodenergebnis betragsmäßig wesentlich beeinflussen, sollten auf alle Fälle durch Schätzungen und Nebenrechnungen bei der Beurteilung der Ergebnisqualität berücksichtigt werden.

4.1.1.2 Die Ertragskraft

Soweit der Periodengewinn um außerordentliche und korrigierte Aufwendungen und Erträge überarbeitet worden ist, kann die tatsächlich aus dem operativen Bereich erzielte Ertragskraft umrissen werden. Die Umsatzrentabilität und der Brutto-Cash-flow sind unter anderem ebenfalls Indikatoren zur Beurteilung der Ertragslage. Die Berücksichtigung des Brutto-Cash-flow ist im Gegensatz zum Netto-Cash-flow sinnvoller, weil durch unterschiedliche Steuererhebungen (zum Beispiel Thesaurierung oder Ausschüttung) und Rechtsformen (zum Beispiel Personengesellschaften oder Kapitalgesellschaften) das Ertragsbild total verzerrt werden würde. Zu beachten ist hierbei auch, daß bei Personengesellschaften und nicht eingetragenen Gewerbebetrieben der kalkulatorische Unternehmerlohn Gewinnbestandteil ist.

Bei den Kapitalgesellschaften fließen die Geschäftsführer- und Vorstandsgehälter in die Personalaufwendungen ein. Oft wird die tatsächliche Ertragskraft bei GmbHs dadurch verschleiert, daß die geschäftsführenden Gesellschafter sich selbst relativ hohe Gehälter zahlen, um damit eine Art verdeckte Gewinnausschüttung zu erreichen. Allgemein sind bei Kapitalgesellschaften im Gegensatz zu Personengesellschaften die „Absteuerungsgrößen" Miet-, Pacht-, Darlehenszins-, Lizenz- und Konzessionszahlungen (steuerlich abzugsfähige Betriebsausgaben) an Gesellschafter, Mutter- oder Schwestergesellschaften näher zu untersuchen, da es sich hierbei ebenfalls um verdeckte Gewinnausschüttungen bzw. Gewinnverlagerungen handeln kann, die die Ertragskraft entsprechend schwächer erscheinen läßt.

4.1.1.3 Die Haftbasis

Die Haftbasis eines Unternehmens dokumentiert den Gläubigern gegenüber unternehmerische Risikobereitschaft bzw. eigenes Einstehen in wirtschaftlich schwierigen Zeiten. Das unternehmerische Risiko darf und soll nicht von den Banken getragen werden. Um nicht Gefahr zu laufen, hier doch hineingedrängt zu werden, ist es wichtig, die Entwicklung der Haftbasis zeitnah zu beobachten und auf ein angemessenes Verhältnis zum Gesamtvermögen und Fremdkapital zu achten. Nun wird von der Unternehmerseite oft der Leverage-Effekt als Rechtfertigung für ein niedriges Eigenkapital angeführt, der je nach Zinskonstellation jedoch nicht nur positiv, sondern auch negativ wirken und bei Verlusten das Haftkapital schnell aufzehren kann. Wenn Unternehmen mit hoher Eigenkapital-Quote den Leverage-Effekt nicht voll nutzen und somit auf Gewinnchancen verzichten, ist dieses Verhalten mit Blick auf die Zukunftssicherung des Unternehmens in jeder Hinsicht vernünftig. Ferner gilt, daß Unternehmen mit einem vergleichsweise hohen Eigenkapital-Anteil zinsunempfindlicher sind als solche mit einer hohen Verschuldung, da die auf langfristige Kredite zu erbringenden Fremdkapitalzinsen einen beschäftigungsunabhängigen Kostenfaktor darstellen.

Bei der Bestimmung des Haftkapitals sind die stillen Reserven im Anlagevermögen, die Bewertung der halbfertigen Arbeiten und des Warenbestandes, die Rückstellungen, Wertberichtigungen und Abschreibungen besonders unter die Lupe zu nehmen. Das Eigenkapital kann aus verschiedenen Blickwinkeln gesehen werden. Ganz allgemein wird unterschieden zwischen:

„– haftendem Eigenkapital in der Unternehmung,
 – haftendem Vermögen außerhalb der Unternehmung,
 – wirtschaftlichem Eigenkapital in der Unternehmung,
 – eigenkapitalähnlicher Positionen in der Unternehmung,
 – Sicherstellung Dritter für das Unternehmen.“[1]

Zum haftenden Eigenkapital wird im wesentlichen das Grund-, Stamm- oder Gesellschaftskapital zuzüglich der gesetzlichen und freien Rücklagen gezählt. Unter Haftvermögen außerhalb der Unternehmung sind Vermögenswerte von Komplementären und Mitverpflichteten, die sich in deren Privatbesitz befinden, zu verstehen. Zum wirtschaftlichen Eigenkapital gehören im wesentlichen das haftende Eigenkapital, kurzfristige, mittelfristige und langfristige Gelder (Darlehens- und Verrechnungskonten) der nicht voll haftenden Gesellschafter. Zu den eigenkapitalähnlichen Mitteln zählt man insbesondere die Sonderposten mit Rücklageanteil und die Rücklagen für Preissteigerung. Erfahrungsgemäß werden die eigenkapitalähnlichen Positionen mit 50 % den wirtschaftlichen Eigenmitteln zugerechnet.

Unter Sicherstellung Dritter für das Unternehmen versteht man u. a. Grundschulden, Bürgschaften, Patronatserklärungen, Kreditsicherungsgarantien etc. „von Dritter Seite“, Gesellschaftern oder Geschäftsführern. Bei der Haftkapitalauswertung sollte den Ansatz- und Bewertungsmaßnahmen der einzelnen Bilanzpositionen auskömmlich Aufmerksamkeit geschenkt werden. Hier kann man böse Überraschungen erleben, weil der Gesetzgeber bei manchen Aktiv- und Passivposten enorme Ermessensspielräume zuläßt. In der Praxis besteht die Übereinkunft, daß ertragsstarke Unternehmen den Gewinn durch die Ausnutzung aller legitimen Möglichkeiten zu drücken versuchen. Die Steuerlast soll hierdurch minimiert werden. Bei ertragsschwachen Unternehmen wird jede Möglichkeit ausgeschöpft, den Jahresabschluß positiv darzustellen. Zur Aufrechterhaltung der bestehenden Kreditfazilitäten wird sogar eine höhere Besteuerung in Kauf genommen.

---

1 Vgl. Kredite an Unternehmen, Sparkassenheft 81, Herausgeber: Deutscher Sparkassen- und Giroverband e. V., Stuttgart, 5/85, S. 67

Gute Jahresabschlüsse sind deshalb oft besser als sich dies auf den ersten Blick darstellt. Ein schlechter Jahresabschluß ist häufig schlechter, als auf den ersten Blick erkennbar, wenn man die Anhanginformationen zu den Bewertungsmaßnahmen genauer studiert.

4.1.1.4 Der Anhang

Der Anhang liefert bei Kapitalgesellschaften – Personengesellschaften und Einzelkaufleute sind von der Aufstellung eines Anhanges befreit – wichtige Zusatzinformationen zu Bilanz und G+V. Die Angaben im Anhang sind etwa mit den Erläuterungen in den bisherigen Geschäftsberichten der Aktiengesellschaften gleichzusetzen. Wie der Anhang gegliedert ist, zeigt die Abbildung 15a unten. Den Anhang durchzuarbeiten, bevor der Jahresabschluß gegliedert und analysiert wird, hat sich in der Praxis gut bewährt. Je grober die Bilanzpositionen zusammengefaßt sind, desto stärker muß man auf die Angaben im Anhang zurückgreifen.

Bei Großunternehmen findet man manchmal nur noch reine „Bilanz-Skelette" vor, die ohne den Anhang gar nicht mehr auswertbar wären. Leider ist der Anhang bei mittelgroßen und kleineren Kapitalgesellschaften relativ kurz gefaßt (allgemein gehaltene Aussagen zu den Bewertungsmaßnahmen, geringe Informationen über manche grob gegliederte Bilanzpositionen) und streng an den gesetzlichen Vorgaben ausgerichtet. Der Erkenntnisgewinn für die Bonitätsprüfung ist dementsprechend geringer. Umfang und Aufgliederungsgrad der Anhangsangaben richten sich nach der Größe der Kapitalgesellschaften. Hier wird zwischen kleinen, mittelgroßen und großen Kapitalgesellschaften unterschieden. Wird beispielsweise auf das Umsatzkostenverfahren zurückgegriffen, sind mittel-

---

Allgemeine Angaben und Erläuterungen
Angaben und Erläuterungen zu einzelnen Positionen der Bilanz und Gewinn- und Verlustrechnung

– Bilanzierungs- und Bewertungsmethoden
– Angaben zu Positionen der Bilanz
– Angaben zu Positionen der Gewinn- und Verlustrechnung
– Abschlußvermerke

Angaben zum Jahresergebnis
Angaben zur Vermittlung eines den tatsächlichen Verhältnissen entsprechenden Bildes der Vermögens-, Finanz- und Ertragslage.
Ergänzende Angaben (z. B. sonstige finanzielle Verpflichtungen, Beteiligungs- und Unternehmesverbindungen, Arbeitnehmerschaft, Zusammensetzung von Organen etc.)

Zusätzlich Angaben für GmbH, AG

Abbildung 15a: Gliederung des Anhangs
Quelle: Nahlik, Wolfgang, Praxis der Jahresabschlußanalyse, Wiesbaden, 1989.

große und große Kapitalgesellschaften gehalten, den Personalaufwand anzugeben. Große Kapitalgesellschaften sind darüber hinaus verpflichtet, den Materialaufwand zu dokumentieren. Hierbei ist jedoch zu berücksichtigen, daß sich diese Angaben am Gesamtkostenverfahren orientieren.

Nicht selten werden die Informationen im Anhang derart ausgeweitet und dadurch die Aufmerksamkeit auf „Nebenschauplätze" gelenkt, daß man sich dem Eindruck einer gewissen Vernebelungstaktik der Negativfaktoren kaum verwehren kann. So vermerkt Wolfgang Nahlik in seinem Buch „Praxis der Jahresabschlußanalyse" auf Seite 224 „Da es für den Anhang keine räumliche Limitierung gibt, wird häufig mehr als das substanziell Bedeutsame mitgeteilt. Dies gilt insbesondere für Unternehmen, die etwas zu verschleiern haben und ihre Formulierungskünste dazu verwenden, um Negativaussagen zu verniedlichen und in einer Informationsfülle untergehen zu lassen nach dem Motto: Nur das zeigen, was unbedingt nötig ist, aber wenn schon, dann auch ausgerichtet an einen heterogenen Adressatenkreis und reich bebildert". Eine wichtige zukunftsorientierte Selbsteinschätzung des Unternehmens kann u. a. durch eine Änderung der Bewertungsmethoden abgeleitet werden. Bei näherer Untersuchung der bilanzpolitischen Maßnahmen kann der erste Eindruck über die Entwicklungsperspektiven faktisch meist gut untermauert werden. Die Anhanginformationen sind somit ein wichtiges „Überprüfungsinstrument" für die mündlich gemachten Aussagen zu den Unternehmensaussichten.

4.1.1.5 Der Lagebericht

Der Lagebericht ist keine neue Erfindung, die erst mit Inkrafttreten des neuen Bilanzrichtliniengesetzes vom 1. 1. 1986 Bedeutung gefunden hat, sondern er galt schon früher als Bestandteil des Geschäftsberichtes der Aktiengesellschaft und Kommanditgesellschaft auf Aktien. Die Aufstellung eines Lageberichtes gilt nunmehr für eine Vielzahl von Unternehmensformen und hat ausschließlich Informationsfunktion. Insbesondere soll der

---

Geschäftsverlauf und Lage der Gesellschaft (Wirtschaftsbericht)

- Allgemeiner Überblick über die wirtschaftliche Entwicklung im Berichtsjahr
- Beschaffung und Produktion
- Finanzen und Investitionen
- Umsatz, Absatz, Auftragslage
- Ertragslage
- Unternehmensbeziehungen

Sozialbericht (Verhältnisse und Leistungen)
Nachtragsbericht (Bedeutsame Vorgänge nach Schluß des Berichtsjahres)
Voraussichtliche Entwicklung der Gesellschaft
Forschung und Entwicklung (Verbesserung vorhandener Produkte, Entwicklung neuer Erzeugnisse, Erarbeitung von Fertigungstechniken).

Abbildung 15b: Gestaltung des Lageberichts in der Praxis

Quelle: Nahlik, Wolfgang, a. a. O.

Lagebericht Angaben über die gegenwärtigen und zukünftigen wirtschaftlichen Verhältnisse der Kapitalgesellschaften enthalten. Kleine Kapitalgesellschaften müssen ebenfalls einen Lagebericht erstellen, brauchen ihn jedoch nicht zu veröffentlichen.

In den Lagebericht sind schwerpunktmäßig solche Informationen aufzunehmen, die nicht bereits in der Bilanz und der G+V vermerkt sind. Für die Gläubiger wird der Lagebericht dadurch besonders interessant. Auch weil über die voraussichtliche zukünftige Geschäftsentwicklung des Unternehmens ein „Statement" abgegeben werden muß. Einerseits darf der Geschäftsleitung das Festhalten an einer optimistischen Zukunftsicht des Geschäftsverlaufs – auch in schwierigen wirtschaftlichen Zeiten – nicht abgesprochen werden, andererseits müssen sich die Prognostiker später an den tatsächlich erreichten Zahlen messen lassen. Insofern ist die Informationszusammenstellung über die Zukunftsperspektiven für die Geschäftsführer eine unbequeme Tätigkeit. Auch für den Abschlußprüfer stellen die Angaben im Lagebericht eine gewisse Herausforderung dar. „Unter Gläubigerschutzaspekten dürfen die Angaben im Lagebericht nicht unterschätzt werden, da die zutreffende Darstellung der Gesellschaft im Bestätigungsvermerk dokumentiert wird; im Konkursfall können die Angaben auf ihre Richtigkeit überprüft werden".[1] In der Praxis liefern die Lageberichte nur selten wichtige Erkenntnisse für die Bonitätsprüfung. Gerade für die Überprüfung der zukünftigen Kapitaldienstfähigkeit wären betragsmäßige Angaben über die voraussichtliche Ertragsentwicklung ein guter Erkenntnisgewinn. Bisher sind die Informationen über die zukünftige Geschäftsentwicklung jedoch sehr pauschal sowie dürftig gehalten und beziehen sich lediglich auf das nächste Geschäftsjahr. Dezidiertere und einen längeren Zeitraum umfassende Angaben, wie sie in der Regel in der Rentabilitätsvorausschau enthalten sind, wären wünschenswert.

4.1.1.6 Die Grenzen des Jahresabschlusses

Die Informationen aus dem Jahresabschluß unterliegen gewissen Einschränkungen. Sie können nur einen Teilausschnitt aus dem gesamten Informationsbedarf liefern (Zweckeignungsproblem) und unter Zuhilfenahme der bilanzpolitischen Auswahlmethoden über die tatsächlichen Verhältnisse hinwegtäuschen (Genauigkeitsproblem). Ferner ist der Jahresabschluß vergangenheitsorientiert und leidet damit unter dem Problem der mangelnden Aktualität (Aktualitätsproblem).

Für die Bonitätsprüfung ist und bleibt die sorgfältige Jahresabschlußanalyse und -kritik eine unbedingte Verpflichtung. Gleichwohl müssen die Erkenntnisgrenzen aus dem Jahresabschluß, insbesondere hinsichtlich der fehlenden Gegenwarts- und Zukunftsbezogenheit und der eingeschränkten Aussagekraft über die wirtschaftlichen Verhältnisse (u. a. fehlende Umweltanalyse) erkannt werden. Damit geht gleichzeitig einher, daß die Jahresabschlußanalyse und -kritik als Stückwerk bzw. Ausgangspunkt für die Bonitätsprüfung zu verstehen ist. Darauf aufbauend muß eine Gegenwarts- und Zukunftsanalyse stattfinden, die die Ertragssituation und die Ertragsperspektiven zur Überprüfung der zukünftigen Kapitaldienstfähigkeit zum Kerninhalt haben sollte.

---

1 Vgl. Nahlik, Wolfgang, a.a.O., S. 22

4.1.2 Die DATEV-Betriebswirtschaftliche Auswertung (BWA)

Fast alle Unternehmen verfügen über betriebswirtschaftliche Auswertungen, die monatlich erstellt werden und für die Gegenwartsanalyse, neben den Auftragszahlen, die aktuellsten Daten liefern. Die normale DATEV-BWA umfaßt die Kostenstatistik I, die Kapitalverwendungsrechnung, die statische Liquidität und die Kostenstatistik II.

In der Kostenstatistik I wird der vorläufige Gewinn ermittelt. Für den Bankanalyst steht die kurzfristige Erfolgsrechnung im Zentrum des Interesses. Sie darf jedoch auf gar keinen Fall mit der Gewinn- und Verlustrechnung im Jahresabschluß gleichgesetzt werden. Da unterjährig keine Inventur gemacht wird, der Wareneinsatz in der Regel nicht richtig fixiert ist, die Abschreibungen, Personalaufwendungen, Steuern, Rückstellungen und Wertberichtigungen meistens unvollständig sind, ist das vorläufige Ergebnis so gut wie immer mit großen Vorbehalten zu sehen. Das DATEV-Programm sieht bei der Ermittlung des Wareneinsatzes drei Alternativen vor:

1. Der Wareneinkauf wird mit dem Wareneinsatz gleichgesetzt (die gebuchten Beträge auf den Konten 3000 bis 3969 ergeben den Wareneinsatz).
2. Über aktuelle Umbuchungen wird der Wareneinsatz genau ermittelt (die Beträge auf den Konten 4000 bis 4099 ergeben den Wareneinsatz).
3. Der Wareneinsatz wird anhand der durchschnittlichen Handelsspanne ermittelt (bei jeder BWA-Erstellung wird diese Spanne überprüft und ggfs. in den Stammdaten manuell abgeändert).

In der Kostenstatistik I sind die Umsätze des vergangenen Monats linksbündig, die aufgelaufenen Jahresverkehrszahlen rechtsbündig vermerkt. Der Zwischensaldo I entspricht unter den obigen Einschränkungen dem Rohgewinn in der G+V. Der Zwischensaldo II stellt das vorläufige Betriebsergebnis dar. Unter Berücksichtigung der außerordentlichen Aufwendungen und Erträge errechnet sich der Zwischensaldo 3 bzw. das vorläufige Ergebnis. Da oft die Buchhaltungsunterlagen unvollständig und/oder nicht aktuell den Steuerberatern übergeben werden, muß auch der Gegenwartsbezug der BWA mit einem Fragezeichen versehen werden.

Ein weiteres Problem bei den Kosten stellen die vielfach ungenauen Umlegungen der Abschreibungen, Gehaltssonderzahlungen (Tantieme, Weihnachtsgeld, Urlaubsgeld), Zinsaufwendungen, Steuern etc. anteilig auf die Monate dar. Der Aussagewert einer BWA hängt also entscheidend davon ab, welche Güte dem Rechnungswesen zugesprochen werden kann. Insbesondere sollte darauf geachtet werden, daß die Daten in der BWA einmal vom Unternehmer selbst und zum anderen vom zuständigen Steuerberater des Kreditnehmers ergänzend kommentiert werden bzw. die Richtigkeit des Zahlenwerks bestätigt wird.

Die Kapitalverwendungsrechnung bzw. Bewegungsbilanz gibt Aufschluß über die Verwendung des vorläufigen Gewinns. Aus ihr ist ersichtlich, ob der Gewinn schwerpunktmäßig entnommen, zum Abbau von Verbindlichkeiten oder für Investitionen verwendet wurde. In der Kapitalverwendungsrechnung finden nur die Jahresverkehrszahlen Berücksichtigung; die Eröffnungsbilanzwerte spielen hier keine Rolle.

Im dritten Teil der BWA oder unter Punkt C steht die statische Liquidität. Sie läßt Rückschlüsse auf die Zahlungsfähigkeit bzw. Liquiditätssituation zu. Linksbündig steht die gegenwärtige Liquidität, rechtsbündig die des Vormonats. Da das Programm von DATEV keine Fälligkeiten kennt, beschränkt sich die Aussagekraft lediglich auf die statische Liquidität. Insofern muß die Informationsqualität relativiert werden. Eine zukunftsorientierte Liquiditätsaussage benötigt immer die entsprechenden Fristigkeiten von den kurzfristigen Verbindlichkeiten und den im Umlaufvermögen stehenden Positionen. Die „Liquidität ersten Grades" greift nur auf die liquiditätsnahen Posten „Kasse", „Bank", „Postscheck" und „Besitzwechsel" (Konten 1000 bis 1359) zurück. Für die „Liquidität ersten Grades" wird auch der Begriff „Barliquidität" verwendet. Bei der „Liquidität zweiten Grades" werden sämtliche kurzfristige Verbindlichkeiten mit den Barmitteln zzgl. den gesamten kurzfristigen Forderungen in das Verhältnis gesetzt. Bei der „Liquidität dritten Grades" werden bei den Mitteln noch zusätzlich die Vorräte herangezogen. Die Kostenstatistik II ist der vierte Teil bzw. steht unter der Rubrik D. Hier können gewünschte Vorgabedaten (Vorjahresvergleichszahlen, Planzahlen) zum Vergleich mit den tatsächlichen Zahlen des laufenden Geschäftsjahres (Monatswerte, kumulierte Monatswerte) eingespielt werden.

Die Kostenstatistik II entspricht im Aufbau der Kostenstatistik I. In ihr werden die Veränderungen in DM und Prozent gegenüber den Vergleichszahlen ausgedruckt. Entsprechende Entwicklungen sind hieraus ablesbar. Als Fazit bleibt festzuhalten, daß die BWA nur dann eine zeitnahe Beurteilung der finanziellen Verhältnisse zuläßt, wenn geprüft wurde, unter welchen Voraussetzungen und Kriterien die BWA erstellt wurde. Fahrlässig wäre es, sich ohne Rückversicherung bei der Unternehmung und des zuständigen Steuerberaters auf die BWA-Zahlen bei einer Kreditentscheidung zu stützen.

4.1.3 Der Kredit- oder Vermögensstatus

Der Kreditstatus oder auch Vermögensstatus ist eine stichtagsbezogene Aufstellung von Vermögenswerten zu Tageswerten und Finanzierungspositionen. Der Kreditstatus wird zur Beurteilung der gegenwärtigen Vermögenssituation herangezogen. Keinesfalls dürfen jedoch die Zahlen mit der Bilanz gleichgesetzt werden. Das Immobilienvermögen wird beispielsweise im Status zu den aktuellen Verkehrswerten angesetzt. Maschinen und ähnliche Anlagen werden zu Bruttowerten, welche die Abschreibungen unberücksichtigt lassen, in den Status aufgenommen. Die Vorräte werden unabhängig von handels- und steuerrechtlichen Bewertungsregeln und in der Regel maximal veranschlagt. Selbstverständlich wird durch die legitime Aufwertung der Vermögenspositionen im Status das Kapital entsprechend erhöht.

Das Eigenkapital ergibt sich als Residualgröße zwischen den Aktivposten und den Passivwerten. Der Vermögensstatus wird ohne Bezug zu dem Rechnungswesen bzw. der Buchhaltung erstellt. Bestimmte Positionen der Passivseite, wie die Rückstellungen und Wertberichtigungen sind somit immer kritische Werte mit einem großen Veranschlagungs-Spielraum. Der Status unterliegt keinen gesetzlichen Vorschriften. Er kann deshalb nur zur groben Orientierung und als Vergleichsdokument bei der Bonitätsprüfung dienen.

Keinesfalls kann er Grundlage einer Kreditvergabe sein. Eine Erfolgsrechnung gibt es bei dem Kreditstatus nicht. Die Vermögensaufstellung von Privatpersonen hat einen ähnlichen Charakter wie der Kreditstatus. Hier werden den Vermögenswerten, zumeist Immobilien, die Belastungen gegenübergestellt und die freien Vermögenswerte ermittelt.

4.1.4 Der Finanzplan

Der Finanzplan erlaubt eine Vorausschau über die voraussichtlichen Einnahmen und Ausgaben. Bei Gegenüberstellung dieser beiden Größen ergeben sich Über- oder Unterdeckungen. Hiermit lassen sich stichtagsmäßig die Liquiditätssituationen in der Zukunft ermitteln. In der Praxis werden die kurzfristigen Finanzpläne auf Monats- oder Jahresbasis erstellt. Im Liquiditätsplan werden die Zahlungseingänge und Zahlungsausgänge täglich festgehalten, und in ihm zeigt sich die Liquiditätsentwicklung über einen Monat hinweg. Er dient der Liquiditätssteuerung sowie -kontrolle und ist gleichzeitig Grundlage des Finanzplans.

Die langfristigen Finanzpläne werden auf zwei- oder vierjähriger Basis erstellt. Je länger der Planungszeitraum ist, desto unsicherer werden die darin veranschlagten Angaben. Die langfristigen Finanzpläne sind bei größeren baulichen Investitionen bzw. Kapazitätserweiterungen und Strukturprojekten von Bedeutung. In Abbildung 16 ist die Finanzplanung nach der Planungsstruktur und dem Planungsablauf aufgegliedert. Die nachstehenden Angaben beziehen sich auf die kurzfristige Finanzplanung. Die Daten für den Finanzplan werden aus den betrieblichen Teilplänen (Umsatzplan, Materialplan, Personalkostenplan, Investitionsplan, Kapitalbeschaffungsplan) abgeleitet. Bei der Ermittlung des Kapitalbedarfs ist die Einnahmenseite von wesentlich größerer Unsicherheit geprägt als die Ausgabenseite.

Finanzplanung		Kurzfristige Finanzplanung			Langfristige Finanzplanung	
Planungsstruktur	Planungs-stufen	Monats-steuerung	Quartals-steuerung	Jahres-planung	2-Jahres-Planung	4-Jahres-Planung
	Planungs-zeitabschnitt	1 Monat	1 Quartal	1 Jahr	2 Jahre	1 Jahr
	Perioden	30 x Tage	9 x Dekaden	12 x Monate	8 x Quartale	8 x Halbjahre
Planungsablauf	Fortschreibung	täglich	dekadenweise	monatlich	quartalsweise	halbjährlich
	Konkretisierung	–	täglich	dekadenweise	monatlich	quartalsweise
	Überprüfung	–	täglich	dekadenweise	monatlich	quartalsweise
	Änderung	täglich	dekadenweise	monatlich	quartalsweise	halbjährlich

Abbildung 16: Finanzplanung

Quelle: Nahlik, Wolfgang, Commerzbank-Broschüre Mittelstandsreihe Nr. 4, Finanzierungspraxis, Frankfurt, 1990.

Über Zeitpunkt und Höhe der Auszahlungen bestehen in der Regel genaue Kalkulationen (variable Kosten) und hinsichtlich der Fixkosten genaue Zahlungsvorgaben. Da die Einzahlungen außerhalb der Betriebssphäre stehen, unterliegen sie dem bekannten Delcredere-Risiko. Hier werden Erfahrungswerte zur Ermittlung der Einzahlungen herangezogen. Für einen Banker ist es kaum möglich, sämtliche Einnahmen und Ausgaben zu überprüfen, die im Finanzplan angegeben wurden. An dieser Stelle muß man sich auf die bisherige Vertrauenswürdigkeit und Zuverlässigkeit des Prognostikers, in der Regel wird dies der Leiter des Finanz- und Rechnungswesens sein, stützen. Der Überschuß oder der Fehlbetrag an Deckungsmitteln pro Monat zeigt auf, wie sich die Liquiditätssituation darstellt. Bei einer Unterdeckung wären entsprechende Eigen- oder Fremdmittel zu erschließen. Bei einer Überdeckung müßte überlegt werden, wie das Geld am sinnvollsten verwendet wird.

Am ergiebigsten sind Finanzpläne, die nach Abschluß des jeweiligen Monats neben den Planwerten die Istwerte aufnehmen. Eine Anpassungsplanung bzw. Korrekturplanung für die noch ausstehenden Monate verbessert die Planungsgenauigkeit und trägt zu einer verbesserten Informationsqualität bei. Wie ein Finanzplan aussehen könnte, zeigt das Beispiel in der Abbildung 17. Bei Kreditengagements, die „eng begleitet" werden müssen, gehen die Bankvertreter sogar soweit, daß monatlich die aktualisierten Finanzpläne angefordert werden.

Die Aufrechterhaltung der Zahlungsfähigkeit ist eine der wichtigsten Unternehmensaufgaben. Wenn ein Unternehmen in Liquiditätsschwierigkeiten gerät, wird anhand der laufend einzureichenden Finanzpläne geprüft, ob die wichtigsten Ausgaben wie Personalaufwendungen und Lieferantenrechnungen etc. reguliert werden können. Der Finanzplan ist nicht nur für die Gläubiger, sondern auch für das Management eine wichtige Planungs- und Entscheidungsgrundlage. Aufgrund der Über- oder Unterdeckungen lassen sich frühzeitig Maßnahmen zur Kostenreduzierung (zum Beispiel Lagerabbau, verstärkte Debitorenkontrolle, Verzögerung von Einkäufen und kleineren Investitionen, Aushandeln von verlängerten Zahlungszielen etc.) einleiten.

Die Plan- und auch die Istwerte sollten nicht nur auf monatlicher Basis bewertet werden, sondern vierteljährlich, halbjährlich und jährlich aggregiert betrachtet werden. Hierdurch können „Überreaktionen" vermieden werden, wenn zum Beispiel in einem Monat eine besondere Deckungslücke besteht, die in den darauffolgenden Monaten wieder überkompensiert wird. Insbesondere durch die Steuerzahltermine, die aperiodisch zu zahlenden Personalaufwendungen (Urlaubs-, Weihnachts-, Überstunden- und Feiertagszahlungen) und die Versicherungsprämien kann das Zahlungsaufkommen in einem Monat erheblich belastet werden, ohne daß hier die „rote Warnlampe" anzugehen braucht.

Aus Bankersicht stellt der Finanzplan ein wichtiges Prüfungsinstrument hinsichtlich des fristengerechten Finanzierungspotentials, der zukünftigen Kapitaldienstfähigkeit bei neu aufgenommenen Investitionsdarlehen und Krediten sowie der zukünftigen Einnahmenstruktur (kurzfristig auslaufende Pacht-, Lizenz- und Patentverträge oder sonstige Einnahmen) dar. Bevor man sich jedoch auf den Finanzplan bei einer Kreditentscheidung stützt, sollte man sich Gedanken über die Prognoseverläßlichkeit der Aussagen von Unternehmensvertretern machen. Sollten hierüber noch keine Erfahrungen vorliegen, ist

Der Finanzplan: Alle Einnahmen und Ausgaben auf einen Blick							
	Monat JAN	Monat FEB	Monat MÄRZ	Monat APRIL	Monat MAI	Monat JUNI	Gesamt 1.–6.1990
Einnahmen aus Umsatztätigkeit	557,5	577,3	726,1	876,4	811,5	811,5	4.360,3
sonstige Einnahmen	12,7	12,7	16,4	19,8	18,4	18,4	98,4
I. Gesamteinnahmen = Zugang liquide Mittel	**570,2**	**590,0**	**742,5**	**896,5**	**829,9**	**829,9**	**4.459,0**
1. Ausgaben (variable)	*422,4*	*424,2*	*547,2*	*660,7*	*612,3*	*612,3*	*3.279,1*
– Material/Wareneinkauf inkl. Fracht							
– Personal (z. B. Subunternehmer)							
2. Ausgaben (fixe)	*131,0*	*126,0*	*126,0*	*169,0*	*159,0*	*204,9*	*915,9*
– Personal	76,5	76,5	76,5	76,5	76,5	122,4	504,9
– Mieten/Pacht (Raum)	14,0	14,0	14,0	22,0	22,0	22,0	108,0
– Fuhrpark	7,0	7,0	7,0	7,0	7,0	7,0	42,0
– Werbung	10,0	5,0	5,0	40,0	30,0	30,0	120,0
– Versicherungen	3,0	3,0	3,0	3,0	3,0	3,0	18,0
– Rechts- und Steuerberatung	2,0	2,0	2,0	2,0	2,0	2,0	12,0
– Zinsen und Provisionen	8,5	8,5	8,5	8,5	8,5	8,5	51,0
– Brennstoffe	4,0	4,0	4,0	4,0	4,0	4,0	24,0
– Strom	3,0	3,0	3,0	3,0	3,0	3,0	18,0
– Bürokosten	3,0	3,0	3,0	3,0	3,0	3,0	18,0
3. Sonstige Ausgaben	*46,0*	*24,0*	*36,0*	*36,0*	*36,0*	*31,0*	*209,0*
– Privatentnahmen	7,0	7,0	7,0	7,0	7,0	7,0	42,0
– Investitionen	3,0	3,0	15,0	15,0	15,0	10,0	61,0
– fällige Wechsel	22,0	–	–	–	–	–	22,0
– fällige Tilgungen	10,0	10,0	10,0	10,0	10,0	10,0	60,0
– Sonstige	4,0	4,0	4,0	4,0	4,0	4,0	24,0
II. Gesamte Ausgaben = Abgabe liquide Mittel	**599,4**	**574,2**	**709,2**	**865,7**	**807,3**	**848,2**	**4.404,0**
III. Über-/Unterdeckung II ./. I	**−29,2**	**+15,8**	**+33,3**	**+30,8**	**+22,6**	**−18,3**	**+55,0**
+ liquide Mittel (Kasse, Bank/Postscheckguthaben) + nicht beanspruchter Kontokorrent-Rahmen							
= Liquidität	−29,2	+15,8	+33,3	+30,8	+22,6	−18,3	+55,0
	Monat JULI	Monat AUG	Monat SEPT	Monat OKT	Monat NOV	Monat DEZ	Gesamt 1.–12.1990
Einnahmen aus Umsatztätigkeit	941,0	946,8	845,3	829,2	791,9	974,7	9.689,2
sonstige Einnahmen	31,3	21,4	19,3	18,6	17,3	22,1	218,4
I. Gesamteinnahmen = Zugang liquide Mittel	**962,3**	**969,2**	**864,6**	**847,8**	**809,2**	**996,8**	**9.907,9**
1. Ausgaben (variable)	*707,5*	*712,6*	*643,2*	*619,2*	*576,3*	*735,8*	*7.274,2*
– Material/Wareneinkauf inkl. Fracht							
– Personal (z. B. Subunternehmer)							
2. Ausgaben (fixe)	*149,0*	*149,0*	*139,0*	*139,0*	*215,5*	*149,0*	*1.814,4*
– Personal	76,5	76,5	76,5	76,5	123,0	76,5	1.010,0
– Mieten/Pacht (Raum)	22,0	22,0	22,0	22,0	22,0	22,0	240,0
– Fuhrpark	7,0	7,0	7,0	7,0	7,0	7,0	42,0
– Werbung	20,0	20,0	10,0	10,0	40,0	20,0	240,0
– Versicherungen	3,0	3,0	3,0	3,0	3,0	3,0	36,0
– Rechts- und Steuerberatung	2,0	2,0	2,0	2,0	2,0	2,0	24,0
– Zinsen und Provisionen	8,5	8,5	8,5	8,5	8,5	8,5	108,0
– Brennstoffe	4,0	4,0	4,0	4,0	4,0	4,0	48,0
– Strom	3,0	3,0	3,0	3,0	3,0	3,0	36,0
– Bürokosten	3,0	3,0	3,0	3,0	3,0	3,0	36,0
3. Sonstige Ausgaben	*26,0*	*26,0*	*26,0*	*26,0*	*26,0*	*26,0*	*365,0*
– Privatentnahmen	7,0	7,0	7,0	7,0	7,0	7,0	84,0
– Investitionen	5,0	5,0	5,0	5,0	5,0	5,0	91,0
– fällige Wechsel	–	–	–	–	–	–	–
– fällige Tilgungen	10,0	10,0	10,0	10,0	10,0	10,0	120,0
– Sonstige	4,0	4,0	4,0	4,0	4,0	4,0	48,0
II. Gesamte Ausgaben = Abgabe liquide Mittel	**882,5**	**887,6**	**808,2**	**784,2**	**817,8**	**910,8**	**9.495,1**
III. Über-/Unterdeckung II ./. I	**+79,8**	**+80,6**	**+56,4**	**+63,6**	**−8,6**	**+86,0**	**+412,8**
+ liquide Mittel (Kasse, Bank/Postscheckguthaben) + nicht beanspruchter Kontokorrent-Rahmen							
= Liquidität	+79,8	+80,6	+56,4	+63,6	−8,6	+86,0	+412,8

Abbildung 17: Der Finanzplan

Quelle: Buchmann, Peter, Bonitätsbeurteilung (2), Aktuelle Daten ergänzen die „klassische" Bonitätsprüfung, in: Kreditpraxis, Mai 1991, S. 22.

eine geringere Gewichtung des Finanzplans bei der Bonitätsbeurteilung ratsam und eine mindestens vierteljährliche Überprüfung anhand der Istwerte empfehlenswert.

4.1.5 Die Rentabilitätsvorausschau und die Kapitaldienstgrenzberechnung

Die Rentabilitätsvorausschau bietet wie der Finanzplan einen Blick in die Zukunft. Die Rentabilitätsvorausschau ist jedoch im Gegensatz zum Finanzplan eine Grobplanung. Sie umfaßt in der Regel einen Zeitraum von ein bis drei Jahren. Ihr Aufbau orientiert sich an der Gliederung der Gewinn- und Verlustrechnung. Anhand des Auftragsbestandes und der Auftragseingänge sowie der Erfahrungswerte der Unternehmer wird die Einnahmenseite über die nächsten drei Jahre hochgerechnet. Hierbei kann dem ersten Jahr noch die beste Prognosegenauigkeit zugesprochen werden, weil anhand der Auftragsreichweite ein relativ genaues Umsatzergebnis veranschlagt werden kann. Bei der Rentabilitätsvorausschau werden jedoch nur die jeweiligen Jahreswerte aufgeführt. Sie kann nur eine grobe Marschrichtung vorgeben, die aus den bestehenden Nutzenpotentialen ableitbar sein müssen.

Daß über einen Zeitraum von drei Jahren hinweg mit vielen Unwägbarkeiten (Konjunkturbewegungen, verändertes Konsumentenverhalten, Umweltauflagen, veränderte Auslandsnachfrage aufgrund von Devisenkursschwankungen etc.) zu rechnen ist, versteht sich von selbst. Wichtig für die Bonitätsbeurteilung ist das Hinterfragen optimistischer Darstellungen. Hier sind die Umsatz- und Ertragssteigerungen mit den Ertragspotentialen zu vergleichen. Die Rentabilitätsvorausschau ist bei Existenzgründern auf alle Fälle aufzustellen und bei der Kreditentscheidung entsprechend zu berücksichtigen. Aber auch bei bestehenden Engagements kann die Rentabilitätsvorausschau wichtige Aufschlüsse geben, nämlich wie die Unternehmensleitung die wirtschaftliche und finanzielle Entwicklung der Firma einschätzt. Die Zukunftsdaten zeigen, wie der Prognostiker eingestellt ist und welchen Zukunftstrend er gerne hätte. Oft sind die geplanten Erlösrechnungen mit großen Steigerungsraten angesetzt. Diese sollten vom Unternehmer anhand von dokumentierbaren Nutzenpotentialen erklärbar und für den Bankvertreter plausibel nachvollziehbar sein. Wer ein Unternehmen führt und sich über die nächsten zwei bis drei Jahre keine Gedanken und Vorstellungen über den Fortgang des Betriebes macht, kann von einem Banker auch keine große Kreditbereitschaft erwarten.

Anhand der analysierten Rentabilitätsvorausschau kann die zukünftige Kapitaldienstgrenze errechnet werden. Ausgehend von den Daten des letzten vorläufigen Jahresabschlusses und den Daten des darauffolgenden Geschäftsjahres (Planungszeitraum) werden die jeweiligen Jahresergebnisse festgestellt. Unter Berücksichtigung verschiedener Positionen – vgl. Abbildung 18 – wird anschließend der Netto-Cash-flow vor Zinsen fixiert. Nach Abzug der Ersatzinvestitionen im Planungszeitraum, den Entnahmen und Ausschüttungen für private Steuerzahlungen sowie diversen Entnahmen und Ausschüttungen wird die Kapitaldienstgrenze ermittelt. Zieht man jetzt den hochgerechneten Kapitaldienst für die Planungsperiode ab, stellt sich ein Überschuß oder eine Unterdeckung ein. Sind noch Tilgungsfreijahre in die Finanzierung einbezogen, ist der Kapitaldienst nach Ablauf der Tilgungsfreijahre zu ermitteln und von der Kapitaldienstgrenze abzuziehen. Mit dieser sowohl statischen als auch dynamischen Rechnungsmethode wird die Kapitaldienstgrenze vergangenheits-, gegenwarts- und zukunftsorientiert fixiert. Die Zahlen in der Plan-Gewinn- und Verlustrechnung sollten anhand der überprüften betriebswirtschaftlichen Auswertung per Jahresultimo, das laufende Geschäftsjahr anhand der aktuellen betriebs-

M Plan – G + V / Ermittlung der Kapitaldienstgrenze	EDV-Schlüssel Bilanz-analyse	G + V gem. letztem vorl. Jahresabschluß per		G + V für das lfd. Geschäftsjahr per		G + V im Planungszeitraum per		Berechnung des Netto Cash Flow vor Zinsen (Zeile M 22)
		TDM	Anteil in %	TDM	Anteil in %	TDM	Anteil in %	TDM
M 1 Umsatz	(300)							–
M 2 Bestandsveränderungen/akt. EL	(301 – 303)							–
M 3 Gesamtleistung	GL		100		100		100	–
M 4 Material- und Wareneinsatz	(305 – 306)							–
M 5 Rohertrag	–							–
M 6 sonst. lfd. Erträge (sofern bekannt)	(304)							
M 7 Erträge insgesamt (= M 5 + M 6)	–							–
M 8 Personalaufwand	(311 + 312)							
M 9 (Zuf. Pensionsrückstellungen)	(412)							
M 10 Zinsaufwand	(335)							
M 11 Betriebssteuern	(362)							
M 12 Abschr. auf vorh. Sach-AV	(313)							
M 13 Abschr. auf neues Sach-AV (gem. H 6)	–							
M 14 Zuf. Wertb./Rückstellungen	–							
M 15 sonst. betriebliche Aufwendungen	(317)							
M 16 Betriebsergebnis	(310)							
M 17 Finanzergebnis	(330)							
M 18 a. o. Ergebnis (inkl. M 6 wenn n. b.)	(350)							
M 19 Jahresüberschuß vor Steuern	–							–
M 20 EE-Steuern	(361)							
M 21 Jahresüberschuß/-Fehlbetrag (= M 19 ./. M20)	(370)							
M 22 Netto Cash Flow vor Zinsen (= M 9 + M 10 + M 12 + M 13 + M 14 + / ./. M 18 + M 21)								=
M 23 Ersatzinvestitionen im Planungs-zeitraum								./.
M 24 Entn./Aussch. für priv. EEV-Steuerzahlungen								./.
M 25 Entn./Aussch. diverse								./.
M 26 Kapitaldienstgrenze (= M 22 ./. M 23 ./. M 24 ./. M 25)								= = 100 %
M 27 Kapitaldienst gem. Pos. L 25								./. = %
M 28 Überschuß/Unterdeckung I (= M 26 ./. M 27)								./. = %
M 29 Kapitaldienst nach Ablauf von Tilgungsfreijahren								./. = %
M 30 Überschuß/Unterdeckung II (= M 28 ./. M 29)								

Abbildung 18: Plan-Gewinn- und Verlustrechnung/Kapitaldienstgrenzberechnung

Quelle: Commerzbank, Leitfaden „Aspekte der Kreditwürdigkeitsprüfung unter besonderer Berücksichtigung der Finanzierung von Investitionen", Frankfurt, Juli, 1987.

wirtschaftlichen Auswertung und die Planungsperiode anhand der Auftragszahlen belegbar sein. Vorgenannte Kapitaldienstgrenzberechnung unterstellt folgende Grundannahmen, nämlich daß der Gewinn im Unternehmen verbleibt, die Kapazitäten nicht vergrößert werden und die Bilanzsumme nicht zunimmt.

Trotz dieser in der Praxis kaum eingehaltenen Prämissen ist diese Art der Auseinandersetzung mit der Kapitaldienstgrenze ein elementarer Prüfungsbaustein innerhalb der Bonitätsuntersuchung. Die Berechnung der Kapitaldienstgrenze sollte bereits bei der Grundsatzprüfung berücksichtigt werden, um sich unnötige Mehrarbeit bei einem entsprechenden Mißverhältnis zu ersparen; der zu erbringende Kapitaldienst sprengt bei weitem die zukünftigen Ertragsmöglichkeiten bzw. den zu erwartenden Netto-Cash-flow. Der Netto-Cash-flow muß nach Berücksichtigung des Kapitaldienstes für bestimmte Eventualitäten (Zinserhöhungen, notwendig gewordene Zusatzinvestitionen, Steuernachzahlungen nach Betriebsprüfungen und sonstige unvorhersehbare Zahlungen) genügend Spielraum übrig lassen. Mit der Auswertung der Rentabilitätsvorausschau sollte gleichzeitig die Kapitaldienstgrenzberechnung vorgenommen werden.

Vor einer unkritischen Übernahme der Planzahlen aus der Rentabilitätsvorausschau muß jedoch stark gewarnt werden. Leider allzu oft müssen die zu optimistisch vorgegebenen Prognosedaten später nach unten revidiert werden. Besondere Vorsicht ist geboten, wenn Unternehmen auf Basis schwacher Jahresabschlußzahlen für die Zukunft immer besser werdende Planzahlen vorgeben. So schreibt auch Erwin Kreim[1] „Besondere Skepsis herrscht, wenn bei nicht sehr erfolgreichen Istzahlen Pläne vorgelegt werden, die, je länger der Planungszeitraum ist, das Unternehmen in immer strahlenderem Licht erscheinen lassen. Dabei wird bewußt oder unbewußt von folgenden Manipulationsmöglichkeiten Gebrauch gemacht:

– Selektion von Informationen,
– einseitige Bildung von Wahrscheinlichkeiten,
– einseitige Auswahl von Vergleichsmaßstäben,
– bewußte Falschinformation über mögliche Realisierung,
– negieren von Alternativen.

Zu optimistische Überschuß-Erwartungen können vor allem geplant werden durch:
– zu hohe Mengenansätze beim Absatz
– zu niedrige Kostenschätzung,
– zu niedrige Ansätze für außerordentliche Aufwendungen, insbesondere bei neuen Produkten und neuen Technologien,
– zu kurze Durchlauf- und Absatzzeiten“.

Sämtliche Zukunftsdaten sind auf Plausibilität und Realitätsnähe zu überprüfen. Hierbei sollte insbesondere die Einnahmenseite und die Rohertragsentwicklung eine kritische Würdigung erfahren. Die Festsetzung des Rohertrages in den Planunterlagen zeigt, welche Preisveränderungen auf dem Beschaffungsmarkt erwartet werden und wie diese im Falle einer Preiserhöhung an die Endverbraucher weitergegeben werden können.

---

1 Kreim, Erwin, Zukunftsorientierte Kreditentscheidung, Wiesbaden 1989, Seite 117

4.2 Die Finanzierungsreserven

Das Festlegen der Finanzierungsreserven zielt darauf ab, die Krisenanfälligkeit bzw. den noch vorhandenen Liquiditätsspielraum eines Unternehmens bewerten zu können. Eine Firma, die ihr Liquiditätsschöpfungspotential voll ausgenutzt hat und einen marginalen Verschuldungsgrad aufweist, ist krisenanfälliger als ein vergleichbares Unternehmen mit erheblichen Liquiditäts- und Beleihungsreserven. Ein Liquiditätsengpaß ist umso unwahrscheinlicher, je mehr Dispositionsreserven bei den Banken und Lieferanten vorhanden sind bzw. Möglichkeiten zu ihrer Etablierung bestehen. Es geht dabei um die Feststellung, wie stark die Firma von allen Gläubigern bereits kreditiert wurde, welche Belastungs- und Freisetzungsmöglichkeiten vorhanden sind und in welchem Umfang stille Reserven bestehen. Zu untersuchen sind das Verpfändungs-, Belastungs-, Verkaufs- und Zahlungszielpotential.

Das Verpfändungs- und Abtretungspotential beinhaltet beispielsweise die Verpfändung von Wertpapieren oder die Forfaitierung von Forderungen an Banken und Factoring-Gesellschaften. Unter dem Belastungspotential versteht man die mögliche Beleihung von freiem Grundvermögen. Das Verkaufspotential steht für die Möglichkeit, bestimmte Vermögenswerte, zum Beispiel Beteiligungen oder Maschinen, zu veräußern. Das Zahlungszielpotential schließt zum einen den Ausdehnungsspielraum bei der Lieferantenzielgewährung als auch die Verkürzung der Zielgewährung bei den Debitoren ein. Bei dem Verkauf von Vermögenswerten können in der Vergangenheit gebildete stille Reserven freigesetzt werden. Die Frage, ob das Anlage- und Umlaufvermögen frei von Rechten Dritter ist, sollte in jedem Kreditvorgespräch an passender Stelle vom Bankvertreter gestellt werden.

Um die Liquiditätsreserven abschätzen zu können, sollte ein Bankenspiegel abgefragt werden, der mindestens jährlich zu aktualisieren ist. In der Praxis ist es gar nicht so einfach, hier volle Transparenz zu erhalten. Um die gesamten Fazilitäten nebst Sicherheiten auszuloten, sind oft mehrere Gespräche und vielerlei Überprüfungsunterlagen (Jahresabschlüsse, Grundbuchauszüge, Bankenauskünfte, Auskünfte von Auskunfteien, Evidenzmeldung) notwendig. Ein wichtiges Überprüfungsinstrument bei der Feststellung, wie sich die Finanzierungsreserven entwickelt haben, stellt der Verschuldungsgrad in Jahren dar. Dieser zeigt auf, wieviel Jahre es fiktiv dauern würde, die Nettoverbindlichkeiten aus dem Netto-Cash-flow zu tilgen. Dabei wird unterstellt, daß der Netto-Cash-flow unverändert bleibt und er voll dem Unternehmen zugeführt wird. Verfolgt man den Verschuldungsgrad über Jahre hinweg (bei den meisten deutschen Banken wird der Verschuldungsgrad im Rahmen der Bilanzanalyse ermittelt und unter den Bilanzkennzahlen im Dreijahresvergleich aufgeführt), lassen sich eindeutige Verschuldungstendenzen erkennen, die wiederum grobe Rückschlüsse auf die Dispositionsreserven zulassen.

Fast jedes Unternehmen bildet im Laufe der Zeit aus steuerlichen Gründen stille Reserven. Hier ist zwischen Liquiditätsreserven und anderen stillen Reserven, die sich nur rechnerisch bei der Bilanzanalyse niederschlagen, zu unterscheiden.

5. Die ökologische Bonität

„Es ist nicht genug, daß man verstehe, der Natur Daumenschrauben anzulegen: Man muß sie auch verstehen können, wenn sie aussagt."

Schopenhauer, Parerga und Paralipomena II, 6

Die Auseinandersetzung mit dem Umweltschutz wird bei einer vermehrten Umweltbelastung und einem stetig zunehmenden Umweltbewußtsein der Konsumenten zu einer immer wichtiger werdenden Aufgabe für die Unternehmensverantwortlichen. Hinzu kommt, daß durch die Einführung des Umwelthaftungsgesetzes ab 1. Januar 1991 und die Verschärfung des Umweltstrafrechts ab 1. April 1991 die Leitungsriege eines Unternehmens stärker in die Pflicht genommen wird. Der Umweltschutzgedanke ist somit auf der Makro- und Mikroebene von nicht zu unterschätzender Bedeutung.

Und was auf der Unternehmensseite risikorelevant ist, muß für die Gläubiger ebenfalls von Belang sein. Das unternehmerische Risiko aus dem Umweltbereich kann schnell zu einem Risiko der Kreditgeber werden. In der Art und Weise, wie die Führungsmannschaft eines Unternehmens ihr Umwelt-Management betreibt, wird auch entsprechend das Kreditrisiko tangiert. Immer wieder kommen Firmen durch umweltschädigende Unglücksfälle in die Schlagzeilen der Presse und werden damit selbst zum Negativ-Werbeträger.

Als Beispiel kann hier der Lagerbrand der Sandoz AG in Schweizerhalle am 1. 11. 1986 angeführt werden. Oft haben derartige Unglücksfälle fatale wirtschaftliche und finanzielle Folgen für die betroffenen Unternehmen. Die Kosten für die Schadensregulierung können bei einer hohen Fremdverschuldung die Kapitaldienstfähigkeit beträchtlich, wenn nicht sogar total einschränken. Insofern muß das Ökologiebewußtsein und das Ökologieverantwortungsgefühl auch den Bankmanager berühren. Die Etablierung des Prüffeldes „ökologische Bonität" hat somit ihre Existenzberechtigung.

Klaus Juncker führte bei der Veranstaltung „Banken und Umwelt" des Umweltforums Frankfurt dazu folgendes aus: „Der Erfolg der Banken wird indirekt davon bestimmt, wie ihre Kunden die Herausforderung Umwelt ergreifen und bewältigen. Firmen, die durch präventive Maßnahmen Umweltrisiken reduzieren, sind bessere Schuldner, weil auch ein eventuelles Kreditrisiko der Bank damit gemindert wird."

Das betriebliche Umweltschutzmanagement kann sich in verschiedener Weise manifestieren: Bei der Produktentwicklung durch entsorgungsarme und weitgehend recyclebare Werkstoffe, auf der Beschaffungsseite beim umweltfreundlichen Materialeinkauf, im Fertigungsbereich durch eine umweltverträgliche Produktion, auf dem Absatzsektor durch umweltverträgliche Transport- und Verpackungsmittel, bei der Entsorgung durch eine maximale Rückgewinnung von Rohstoffen.

Nach einer kürzlich durchgeführten Untersuchung des Münsteraner Instituts für Marketing verfolgen 23 Prozent von 200 befragten Betrieben sowohl eine innen- als auch eine außengerichtete Umweltschutzstrategie. Es wird also nicht nur die betriebliche Wertschöpfungskette umweltschutzrelevant berücksichtigt, sondern auch die außerhalb der Betriebssphäre liegenden externen Effekte. Dieses ganzheitliche Umweltschutzdenken wird zunehmend zu einem entscheidenden Wettbewerbsvorteil. Als Banker interessiert die grundsätzliche Haltung der Manager gegenüber dem Umweltschutz. Was wird in den einzelnen Bereichen hierfür getan? Welchen Stellenwert nimmt der Umweltschutz im Unternehmen ein? Wie tief sind die Mitarbeiter und das Management vom Umweltschutzgedanken durchdrungen? Existiert im Betrieb ein Umwelt-Organisationsschema? Die Beantwortung dieser und ähnlicher Fragen tragen dazu bei, den Stellenwert des Umweltschutzes im Unternehmen zu umreißen.

5.1 Die umweltschutzorientierte Produktentwicklung

Das ausgeprägte Umweltbewußtsein der Konsumenten führte dazu, daß „bessere Umweltverträglichkeit" bei vielen Produkten zu einem wichtigen Verkaufsargument avancierte. Diesem Umstand wird vielfach bereits bei der Produktplanung und später bei der Produktentwicklung Rechnung getragen. Auf Basis einer Produktlinienanalyse werden verschiedene umweltschutzrelevante Möglichkeiten durchdacht. Über den gesamten Produktlebenszyklus hinweg wird das Produkt und seine Bestandteile auf Umweltverträglichkeit überprüft.

Es werden beispielsweise Überlegungen angestellt, wie man den Anteil umweltfreundlicher Komponenten erhöhen, knappe Werkstoffe verringern, das Produkt langlebiger und wartungsfreundlicher konstruieren, das Produkt risikofreier und abfallarmer verwenden, das Produkt nach Gebrauch problemlos (Rückgabe an den Erzeuger, recyclebar oder gut abbaubar etc.) entsorgen kann. Aus Banksicht ist zu prüfen, inwieweit bei der Produktplanung und -entwicklung vorausschauend innovative Vorsorgelösungen berücksichtigt wurden bzw. werden. Wie umweltverträglich sind die bereits eingeführten Produkte? Wurden bei den neueren Produkten umweltschonendere Effekte erzielt? Derartige Fragen können oft anhand von Produktprospekten beantwortet werden.

5.2 Der umweltschutzorientierte Einkauf von Ressourcen

Jeder Rohstoff, jedes Teil, das in ein Produkt einfließt, beeinflußt die Umweltverträglichkeit des Produktes. Die Einkaufsleiter der Firmen sollten deswegen für das Umweltmanagement stark sensibilisiert sein. Sie sind es, die durch ihre Beschaffungspolitik maßgeblich zu einer umweltfreundlichen Produktetablierung beitragen können. Kenntnisse über Rohstoff- und Werkstoffeigenschaften sind in diesem Zusammenhang wichtig.

Umweltbewußtes Einkaufen von Ressourcen verlangt mehr denn je eine hohe Qualifikation. Ist in der Einkaufsabteilung auskömmliches Umweltschutz-Know-how vorhanden? Gibt es Einkaufsrichtlinien und Lieferantenlisten für umweltfreundliche Materialien? Ist eine umweltgerechte Lagerung der Rohstoffe möglich? Solche Fragen können sicherlich nicht direkt gestellt werden, weil sie stark in die unternehmerische Intimsphäre eindringen. Bei einer Betriebsbesichtigung oder durch Informationen von Dritten und Betriebsangehörigen beantworten sich vorstehende Fragen oft von selbst.

5.3 Die umweltverträgliche Produktion und Investition

Zu einer umweltverträglicheren Produktion kann ein reduzierter Ressourcenverbrauch, eine verbesserte Luftreinhaltung, ein verringerter Geräuschpegel, verminderte Erschütterungen, verbesserte Abwasserqualität etc. beitragen. Manchmal sind für umweltverbessernde Effekte nur geringe Investitionen notwendig. So lassen sich beispielsweise durch den Einsatz von Drosselventilen, Sparreglern, Durchlaufbegrenzern, Sensoren, Thermostaten und durch energiesparende Beleuchtungskörper bereits ansehnliche Einsparungen und Umweltverbesserungen erzielen. Um die Umweltschutzaktivitäten zu erkunden, sind Informationen über Art und Höhe der umweltschutzrelevanten Investitionen notwendig. Vermehrt sind in den Geschäftsberichten, Wirtschaftsartikeln und Werbeprospekten hierüber Angaben enthalten. Der Genossenschaftsbund Migros investiert beispielsweise über acht Millionen Franken jährlich in den Umweltschutz und dokumentiert damit ein besonderes Engagement mit positivem Werbeeffekt.

Viele Unternehmen sind darum bemüht, direkt in den Fertigungsprozeß umweltverbessernde Effekte einfließen und sich dieses auch einiges kosten zu lassen. Es wurde erkannt, daß ein betriebsintegrierter Umweltschutz aber nicht nur kostenbelastend, sondern immer massiver nutzenbringend wirkt. Deshalb gibt es in vielen Betrieben sogenannte ökologische Checklisten für Investitionen, und in ganz fortschrittlichen Unternehmen werden bereits ökologische Investitionsperspektiven entwickelt, bei denen versucht wird, den Stand des Umweltschutzes in fünf, zehn, fünfzehn und zwanzig Jahren visionär zu erfassen und bei Investitionsvorhaben adäquat zu berücksichtigen.

Die ökologische Checkliste für Investitionen dient dazu, auf umweltrelevante Faktoren vor einer Investitionsentscheidung aufmerksam zu machen und gegebenenfalls entsprechende Maßnahmen einzuleiten. Fragen hieraus könnten beispielsweise lauten: Werden die Rohstoffe effizient eingesetzt? Wird die Energie effizient eingesetzt? Welche Emissionen werden erzeugt und abgegeben an Luft, Wasser, Boden? Welche Maßnahmen zur Reduktion der Emissionen sind vorgesehen? Wird der Stand der Technik zur Wiederverwendung von Abfallstoffen und Nebenprodukten eingesetzt? Fallen die nichtwiederverwendbaren Abfallstoffe in unbedenklicher Quantität und Qualität an? Welche Maßnahmen zur Vorbehandlung der Abfälle sind vorgesehen, um diese umweltgerecht entsorgen zu können?

Zur Beurteilung der ökologischen Bonität ist auszuloten, ob in der Firma ein ökologisches Leitbild, ein ökologisches Informationssystem und ökologische Checklisten existieren. Ferner ist zu prüfen, ob eine Umweltorganisation mit einem klar definierten Handlungs-, Aktions- und Verantwortungsrahmen vorliegt.

5.4 Die umweltfreundliche Verpackung

Im Dezember 1991 trat die neue Verpackungsverordnung in Kraft. Hiernach werden die Produzenten und Handelsunternehmen dazu verpflichtet, zunächst Transportverpackungen, seit 1. 4. 1992 Umverpackungen und ab 1993 auch Verkaufsverpackungen wieder zurückzunehmen. Doch die Rücksendung der Schachteln, Kisten, Paletten und Kartons an die Verkäufer verursacht große Mühe und Kosten. Insbesondere auf der Großhandelsstufe gibt es noch einige Probleme zu lösen. In vielen Einzelhandelsgeschäften hat man bereits vorgegriffen. Neben den Kassen oder an den Ausgängen wurden Behälter für Verkaufsverpackungen aufgestellt, die bisher jedoch nur zögerlich in Anspruch genommen werden. Große Handelsketten haben zwischenzeitlich mit ihren Lieferanten und innerhalb der eigenen Lieferwege neue Transportsysteme eingeführt. Migros spart beispielsweise jährlich 60.000 Tonnen Abfall ein, weil es in dauerhaften Kunststoffgebinden statt in Kartons transportiert.

Ist der Begriff Verpackungs-Ökobilanz in der Firma bekannt? Wird auf „Overpacking" verzichtet, beispielsweise auf Mehrfachverpackung? Wird bei der Verpackung der Produkte nur auf das Notwendigste zurückgegriffen? Ist bereits ein Mehrweg-Transportverpackungssystem mit den Hauptabnehmern etabliert worden? Wie umweltfreundlich sind die Verpackungen? Können die Verpackungen wiederverwendet werden (Ersatz von Einweg- durch Mehrwegverpackungen)? Wird auf Styropor und Aluminium verzichtet? Sind die Packstoffe recyclebar? Anhand solcher Fragen kann geklärt werden, wie umweltfreundlich die Verpackungsordnung des Unternehmens geregelt ist.

5.5 Das Recycling

Die Wiederverwertung von Roh- und Werkstoffen ausgedienter Produkte hat mit dem Aufkommen des ökologischen Bewußtseins große Bedeutung erlangt. Wie verschiedene Beispiele aus der Computerindustrie zeigen, wird durch das Computerrecycling das entsprechende Entsorgungsproblem entschärft, die Beschaffung von Ressourcen durch die Wiederbenutzung von Abfällen sowie Schadstoffen in die Produktion begünstigt und gleichzeitig die Abfallmengen reduziert. Fachleute gehen davon aus, daß ca. 85 Prozent der Computerteile wieder in die Produktion fließen könnten. Die Rücknahme und Zerlegung von Altcomputern ist mittlerweile bei den Hardware-Herstellern immer mehr im Kommen. Die Computer werden mechanisch in ihre Bestandteile (Leiterplatten, Kabel, Glas, Eisen, Edelmetalle, Kunststoffe etc.) zerlegt, an Recyclingfirmen weitergegeben und über Recyclingprozesse (Schredern, Mahlen, Schmelzen) in wiederverwertbare Güter umgewandelt.

Problematisch ist nach wie vor das Rücknahmeprozedere von alten Elektrogeräten. Für sie ist ein Recyclingverfahren längst überfällig. Das Batterierecycling ist aufgrund der Produktgrößen akzeptierter und wegen des rückläufigen Quecksilberanteils unproblematischer geworden. Das Recycling von Glas, Aluminium, Altpapier, Stahl und Kunststoff wird von den Produktionsunternehmen immer häufiger praktiziert. In der Autoindustrie sind derzeit große Bemühungen hinsichtlich der Totalverwertung von Altwagen im Gange. Das Auto-Totalrecycling wird heute von allen namhaften Automobilherstellern in Pilotprojekten erforscht und getestet. Die vorläufigen Ergebnisse sind vielversprechend.

Wird bezüglich der Abfall- und Emissionsminimierungen nach dem Prinzip „Vermeiden vor Vermindern vor Verwerten vor Entsorgen" vorgegangen? Wird bei der Auswahl von Werkstoffen auf recyclingfähige Sortenreinheit geachtet? Sind die Werkstoffe für die Recyclingfirmen mit entsprechenden Kürzeln (Material-Kurzzeichen nach internationalen Normen) gekennzeichnet? Welche Recyclingverfahren werden bereits praktiziert (zum Beispiel getrennte Sammlung von Abfällen)? Inwieweit sind die hergestellten Erzeugnisse recyclingfähiger gemacht worden (zum Beispiel Erhöhung des Anteils recyclingfähiger Stoffe)? Wird neben dem innerbetrieblichen Recycling auch ein überbetriebliches Recycling (Abfälle der Endverbraucher in den Recyclingkreislauf einbeziehen) verfolgt? Vorgenannte Fragen können zur Beurteilung der ökologischen Bonität beitragen.

E. Kreditentscheidung

1. Die Kreditprotokollierung als Grundlage für die Kreditentscheidung

Vor jeder Kreditvergabe wird ein Kreditprotokoll von einem Kreditsachbearbeiter erstellt. Hierin werden die Eckwerte aus der Kreditwürdigkeitsprüfung festgehalten. Der Kreditantrag bzw. das Kreditprotokoll wird dann den Entscheidungsträgern zur Unterzeichnung vorgelegt. Wie ein Kreditprotokoll aussehen könnte, wird im nachstehenden frei erfundenen Beispiel eines Kredites für die Maschinenbau-Elektronik GmbH (Hersteller von Qualitätssicherungsgeräten und Prüfmaschinen für die elektronische Industrie) aufgezeigt.

Dem Unternehmen steht die Hausbank mit einem Kreditrahmen in Höhe von insgesamt DM 7 Mio. zur Verfügung. Weitere DM 3 Mio. stehen für Erweiterungsinvestitionen zur Entscheidung an.

Kreditprotokoll

Kreditzweck:

Neubau einer zusätzlichen Produktions- und Lagerhalle inklusive Büroräumlichkeiten mit 3 CAD-Arbeitsplätzen sowie die Anschaffung von Maschinen und Robotern für eine technisch neue Produktionsstraße.

Investitions- und Finanzierungsplan (in DM):

Grundstück	0,5 Mio.	Eigenmittel	1,1 Mio.
Baulichkeiten	1,5 Mio.	Eigenleistungen	0,1 Mio.
Einrichtungen u. CAD	0,9 Mio.	Mittelfr. Darlehen	1,2 Mio.
Maschinen/Roboter	1,3 Mio.	Langfr. Darlehen	1,8 Mio.
Gesamte Invest.Kosten	4,2 Mio.	Finanzierungsmittel	4,2 Mio.

Sicherheiten:

neu: DM 1,5 Mio. erststellige Grundschuld auf neu zu erstellendes Betriebsanwesen. Beleihungswert gemäß Beleihungswertermittlung vom 10. 5. 1992 DM 4 Mio.

alt: DM 3,0 Mio. erststellige Grundschuld auf altes Betriebsanwesen. Beleihungswert gemäß Beleihungswertermittlung vom 2. 4. 1983 DM 6 Mio.

Technische Bonität:

Sämtliche Produkte sind jünger als 5 Jahre. Über 60 % des Umsatzes erzielt das Unternehmen mit Produkten, die jünger als 3 Jahre sind. Durch kleine wirkungsvolle

Innovationssprünge bei der Produktentwicklung wurde die Marktposition ausgebaut und gefestigt. Die anhaltend hohe Innovationsgeschwindigkeit dokumentiert sich auch in einem Forschungs- und Entwicklungsaufwand von über 7 % des Umsatzes. Die neu konzipierte Produktionsstraße ist wegen ihrer flexiblen Produktionsmöglichkeiten einzigartig in Deutschland. Der Produktionsprozeß ist über ein PPS weitgehend automatisiert. Der CAD-Durchdringungsgrad liegt bei über 60 %. Hoher Computerisierungsgrad durch CAD in der Verwaltung. CIM ist eine zentrale Herausforderung für die Führungsriege.

Wirtschaftliche Bonität:

Rohstoffe und Materialien unabhängig von Großlieferanten beschaffbar. Trotzdem wird Einkauf über 2 Hauptlieferanten abgewickelt. 50 % der Produktion wird an die deutsche Großindustrie, 15 % an deutsche Mittelständler und 35 % an ausländische Unternehmen abgesetzt. Zunehmender Exportanteil. Unser Kunde gilt bei den Abnehmern als Problemlöser (großes Produktions-Anpassungspotential, das den kundenspezifischen Wünschen Rechnung trägt). Bei Auftragserteilung wird gegen Stellung einer Anzahlungsbürgschaft 35 % des Forderungsbetrages vorausbezahlt. 90 % der Produktion ist auftragsbezogen. Geringe Kapitalbindung durch kleine Lagerhaltung von halbfertigen Erzeugnissen. Es gibt in Europa 3 ernsthafte Mitwettbewerber. Mit 2 Prüfungsautomaten (ca. 20 % des Umsatzes) agiert man jedoch in einer Marktnische. Die Produkte der Mitwettbewerber liegen hinsichtlich der Produktreifegrade ca. 2 Jahre hinter denen unseres Kunden. Die Branchengewinn-Schätzung für das laufende Geschäftsjahr wird mit plus 10 % prognostiziert. Starke Wachstumsbranche. Gerade in konjunkturell schwierigen Zeiten sehr gute Auftragslage durch besondere Rationalisierungsbemühungen der Abnehmer. Auftragsreichweite derzeit 8 Monate. Auftragseingänge momentan stark zunehmend.

Finanzielle Bonität:

Jahresabschlüsse der letzten Jahre, aktuelle BWA sowie Rentabilitätsvorschau für 1992 und 1993 liegen vor. Jahresabschluß per 12/91 mit Volltestat zeigt das gewohnt positive Bild. Eigenkapitalquote 36 %; wirtschaftliche Eigenmittel 52 %; Anlagedeckungsgrad 120 %; Umsatz plus 25 Prozentpunkte gegenüber 1990 auf DM 75 Mio.; Jahresüberschuß DM 2 Mio. (DM 1,6 Mio.); Cash-Flow DM 3 Mio. (DM 2,3 Mio.). BWA per 3/92 weist Umsatzerlöse von DM 20 Mio. und ein vorläufiges Ergebnis von DM 0,5 Mio. nach Abschreibungen von TDM 350 aus. In der Rentabilitätsvorschau 1992 und 1993 werden bei Erlösen von DM 85 Mio. bzw. DM 92 Mio. aufgrund von Erweiterungsinvestitionen und zunehmenden Forschungsaufwendungen Gewinne auf heutiger Basis prognostiziert. Bei anhaltender Wachstumsdynamik wird 1993 der Gang an die Börse geplant. Außer unseren Grundschulden ist das gesamte Anlage- und Umlaufvermögen frei von Rechten Dritter. Stille Reserven im Grundvermögen bestehen in Höhe von DM 3,5 Mio. Liquiditätsreserven durch freie Banklinien DM 3 Mio. Der gesamte Kapitaldienst, inklusive für die Neuinvestition, ist durch den Cash-Flow mit noch genügend Reserven darstellbar. Aus dem Beteiligungsbereich belastet weiterhin das japanische Tochterunternehmen, das immer noch nicht aus den „roten Zahlen" gekommen ist. Verlust in 1991

DM 0,4 Mio. Das junge Tochterunternehmen in den USA arbeitet bereits mit Gewinn. 1991 DM 0,2 Mio.

Ökologische Bonität:

Der Umweltschutzgedanke wird seit diesem Jahr schon bei der Produktentwicklung (Einsatz umweltfreundlicherer Werkstoffe) beachtet. Bis Mitte des Jahres soll die Umweltorganisation etabliert sein. Die Geschäftsführung hat sich bei der Verantwortungsteilung selbst nicht ausgespart. Die Transport-Container für die Roh- und Werkstofflieferungen wurden mit wertbeständigen Kunststoffgebinden bestückt, die ohne Paletten be- und entladen werden können. Kartons und Paletten sind damit überflüssig geworden. Bei der Versendung der Fertigerzeugnisse werden nur recyclebare Packstoffe verwendet. Ab 1993 werden die Altgeräte wieder zurückgenommen. Das entsprechende Recyclingverfahren ist ausgetestet worden und hat sich gut bewährt. Bei der Produktion fallen so gut wie keine Emissionen an. Die Umweltrisiken des Unternehmens sind sehr gering.

Management:

3 Geschäftsführer: Herr X, 45 Jahre, Logistik/Produktion, Herr Y, 60 Jahre, Finanzen/Produktentwicklung, Herr Z, 48 Jahre, Vertrieb/Beteiligungen. Mittleres Management: 5 Prokuristen, 2 aus dem technischen Bereich, 3 aus dem kaufmännischen Bereich. Herr A, 50 Jahre und schon seit 15 Jahren im Betrieb, kann sehr weitgehend in eigener Regie entscheiden. Insbesondere Herr Y, Herr Z und Herr A sind sehr persönlichkeitsstark, korrekt und äußerst zuverlässig. Vorwegangaben fanden immer Bestätigung durch die endgültigen Zahlen. Ein vertrauensvoller und offener Informationsaustausch ist stets gewährleistet. Gute Managementqualifikationen liegen abgesehen von Herrn X und einem Prokuristen sonst bei allen Unternehmensverantwortlichen vor. Herr Y, Hauptgesellschafter des Unternehmens, ist der eigentliche Firmenpromotor, -innovator und Mitarbeitermotivator. Er ist eine Ausnahmeerscheinung, weil er sowohl technisch als auch kaufmännisch sehr versiert ist. Leider trägt er sich mit Altersruhegedanken. Nächstes Jahr möchte er seinen Verantwortungsbereich Finanzen in die Hände von Herrn A legen, der dann zum Mitgeschäftsführer avancieren soll. Wer den Bereich Produktentwicklung übernehmen soll, ist noch nicht geklärt. Herr Y ist kinderlos und möchte sich in seinem Ferienhaus auf Gran Canaria ganz der Malerei widmen. Herr Y plant, seine Gesellschaftsanteile später in Aktien umzuwandeln. Um die Lücke zu schließen, die durch das Ausscheiden von Herrn Y entsteht, müssen von der ersten und zweiten Ebene besondere Anstrengungen unternommen werden.

Votum:

Wir vertreten das Kreditengagement im Hinblick auf
- die überdurchschnittliche Geschäftsentwicklung mit weiterhin positiven Zukunftsperspektiven
- das versierte und erfahrene Management
- die geordneten Gesamtverhältnisse
und bitten um antragsgemäße Genehmigung.

Vorgenanntes Beispiel wurde recht ausführlich verfaßt, damit die einzelnen Prüfungspunkte exemplarisch dargestellt werden konnten. Auf die dem Textteil vorgestellten Grunddaten wurde hier bewußt verzichtet (siehe untenstehende Ausführungen zum Maschinellen Kreditantrag Teil I und Teil II). In der Praxis werden die Kreditanträge – insbesondere bei Altengagements – gestraffter formuliert.

Einige Kreditinstitute sind bereits dazu übergegangen, die Kreditanträge weitgehend maschinell zu erstellen. Die Verbesserung durch die Einführung des maschinellen Kreditantrages (MKA) liegt zum einen in einer erleichterten Administrationshandhabung und zum anderen in der Etablierung eines einheitlichen Antragformulars. Unter Zuhilfenahme eines EDV-Programms können die benötigten Datenbanken (EDV-Bilanzanalyse, Kundenbasisdaten, Kontodatenbank, Schlüsseldatenbank, Auslandsdatenbank etc.) direkt angesprochen und im MKA ausgedruckt werden.

Mühsames manuelles Zusammentragen von Grunddaten ist damit nicht mehr erforderlich. Die Berichterstattung wird durch den MKA erheblich erleichtert. Ferner wird durch ihn eine vollständige und aktuelle Darlegung aller Kreditentscheidungsdaten jederzeit möglich. Durch den Einsatz von Texteditoren bei der Formulierung des Antragtextes werden durch den MKA weitere Erleichterungen geschaffen.

Der Grundaufbau des MKA lehnt sich weitgehend an den des traditionellen Kreditantragsformulars an. Im Antragskopf stehen naturgemäß Absender, Adressat, Kontonummern, Bearbeiter, Betreuer etc., im Kreditartengitter die Linien und entsprechende Veränderungen nebst Befristungen, Konditionen und Inanspruchnahmen. Vor den Begründungstexten werden unter anderem Angaben über Umsätze, Kundennutzen, sonstige Bankverbindungen, Registerveränderungen, Sicherheiten etc. gemacht.

Grundsätzlich sollte der Stil und die Darstellungsweise eines Kreditantrages wie folgt sein:

– knapp (aber alle wesentlichen Punkte berücksichtigend, soweit sie risikorelevant sind)
– präzise (um einen zeitraubenden Schriftwechsel von vornherein auszuschließen)
– wahrheitsgemäß (ohne Übertreibungen, Untertreibungen, Beschönigungen, Verzerrungen)
– kritisch (Darstellung der negativen Kreditwürdigkeitspunkte oder Bedenken sowie deren Entkräftigung durch Abwägen der Chancen (Positiva) und Risiken (Negativa).

Der Kreditantrag ist weder ein Instrument zur Beschreibung der gesamten Geschäftsbeziehung noch ein Instrument zur Auflistung von vergangenen oder aus anderen (beigefügten) Unterlagen ersichtlichen Daten. Die Antragsbegründung sollte möglichst kurz sein und auf risikorelevante Aspekte hinweisen.

2. Der Anspruchskatalog an einen leistungsfähigen Kreditentscheidungsprozeß

2.1 Die grundsätzliche Vorgehensweise

Zunächst ist die normative Grundstruktur für die Kreditwürdigkeit, d. h. der Bewertungsrahmen, festzulegen. Dieser beinhaltet verschiedene Beurteilungskriterien, die der personellen und materiellen Einschätzung auskömmlich Rechnung tragen müssen. Anhand des vorliegenden Beurteilungsrasters wird nun der Kreditnehmer qualitativ eingeschätzt. Hierbei müssen sowohl vergangenheitsorientierte, gegenwärtige als auch zukünftige Betrachtungsmomente zusammenfließen. Die gezeichneten Zukunftsbilder dürfen jedoch nicht nur aus den Regelmäßigkeiten und Erfahrungen der Vergangenheit abgeleitet werden, sondern es müssen übergewichtig die momentanen Nutzen- und Erfolgspotentiale in materieller Hinsicht und die gegenwärtige persönliche Situation des Unternehmensvertreters mitberücksichtigt werden.

So kann z. B. eine in der Vergangenheit florierende Branche zum gegenwärtigen Zeitpunkt einen großen Einbruch erleben bzw. in privater Hinsicht durch Ehescheidung, Tod des Ehegatten, Spielsucht etc. ein in der Vergangenheit absolut seriöser und vertrauenswürdiger Firmenvertreter sich in das Gegenteil verkehren. Ferner fließen in jedes Zukunftsbild Zielvorstellungen ein, die oft zu optimistisch und positiv vorprogrammiert waren. Es ist nur zu menschlich, daß man dazu neigt, ein einmal gefaßtes positives Urteil über einen Menschen oder eine Sache stets zu positivieren und eine einmal gefaßte negative Meinung zukünftig auch ständig zu negativieren. Die Zukunftsbilder der Kreditentscheider sollten demnach immer das beste Szenario und das schlechteste Szenario gedanklich beinhalten:

Aurelius Augustinus, bedeutendster Kirchenlehrer des Abendlandes, definierte die Zeit als dreifache Gegenwart: Die gerade erlebte Gegenwart, die Vergangenheit als gegenwärtige Erinnerung und die Zukunft als gegenwärtige Erwartung. Die Kreditwürdigkeitseinschätzung sollte aus allen drei Betrachtungsweisen gespeist sein. Die Meinungsbildung über die Kreditwürdigkeit sollte von mindestens zwei Kreditentscheidern, möglichst aus unterschiedlichen Hierarchiestufen (größerer Erkenntnisgewinn durch die breitere „Kontaktschiene") vorgenommen werden. Die Ergebnisse sollten zu einem Endresultat verdichtet werden. Anhand des festgelegten Kreditwürdigkeitsbildes wird dann die Kreditentscheidung getroffen. Die aus der Kreditentscheidung resultierenden Arbeiten sind schließlich durchzuführen und zu kontrollieren. Die Kreditentscheidung kann eine Krediterhöhung, -reduzierung, -prolongation oder -streichung nach sich ziehen.

2.2 Guter Informationsfluß zwischen und innerhalb der Hierarchiestufen

Bei Kreditengagements ab einer gewissen Größenordnung werden vom Vorstand über die Gebietsfilialleiter, die Filialleiter bis zu den Firmenkundenbetreuern und Sachbearbeitern Kontakte zur Firma unterhalten. Jede Kontaktperson der Bank hat aus seiner Hierarchieebene Meinungen, Erkenntnisse und Informationen über das Unternehmen bzw. die Firmenvertreter. Um zu einem möglichst objektiven Urteil zu gelangen, ist daher eine transparente Informationspolitik unabdingbar. Ein guter Informationsfluß kann dazu beitragen, Kreditrisiken zu minimieren und die Kreditwürdigkeitseinschätzung auf ein realistisches Niveau zu bringen. Das Zusammentragen der Informationen anhand von Aktenvermerken, Zwischenberichten, Gesprächen und Telefonaten bringt somit positive Synergieeffekte. Einmal im Jahr, zum Prolongationszeitpunkt, werden die Informationen verdichtet und zu einem Meinungsbild zusammengefaßt. In der Regel wird die Kreditwürdigkeitseinschätzung im Schlußvotum aufgenommen.

2.3 Subjektivitätsvorbehalt zurückdrängen

Die Beurteilung von Menschen über andere Menschen und Sachen ist höchst subjektiv, d. h. mit Werturteilen und Vorurteilen belegt. Das Urteil wird aus der individuellen Erlebnis- und Erfahrungswelt des Beurteilers abgeleitet. Diese wiederum kann je nach Ausprägung und Güte höchst unterschiedlich sein. Um den Subjektivitätsvorbehalt zu entkräften, ist ein ständiges Bemühen notwendig, das sich mindestens an den nachstehenden drei Punkten orientieren sollte:

– ein auf die Erfordernisse der Kreditwirtschaft gerichtetes Weiterbildungskonzept der Kreditentscheider,
– die unbedingte Einhaltung mindestens des Vier-Augen-Prinzips bei der Kreditwürdigkeitseinschätzung und Kreditentscheidung,
– ein allgemeingültiges Beurteilungsraster für die Kreditwürdigkeitseinschätzung.

Für die Gewichtung der einzelnen Beurteilungskriterien bleibt noch so viel Interpretationsspielraum, daß der Subjektivitätsvorbehalt niemals eliminiert werden kann. Selbst bei Einführung von Kreditscoring bzw. rein auf EDV-Basis gestützten Kreditprüfungen bleibt der Subjektivitätsvorbehalt bestehen, weil bei der Programmierung und Eingabe der Daten ebenfalls subjektiv gewertet wird.

2.4 Fachliche und persönliche Weiterbildung der Kreditentscheider

Wie weiter oben bereits festgestellt wurde, ist jede Kreditentscheidung subjektiv geprägt. Ein leistungsfähiges Kreditentscheidungskonzept muß dafür Sorge tragen, daß der Subjektivitätsgrad gering bleibt und die Kreditentscheidung auf eine möglichst rationale und sachliche Entscheidungsgrundlage abgestellt wird, d. h. jederzeit falsifizierbar sein sollte. Dieses Streben nach weitgehender Objektivierung verlangt neben einer allgemeingültigen Übereinkunft eines Beurteilungsrasters in der Kreditwirtschaft vor allem fachliche und persönliche Kompetenz der Kreditentscheider. Hierzu zählen eine starke Persönlichkeit, die vor allem eine soziale Kompetenz ausgebildet haben muß, Fachwissen und -erfahrung (Kreditpraxis, Marketingkenntnisse, betriebswirtschaftliches Spezialwissen, Kenntnisse über Zins- und Devisenmärkte, Branchenkenntnisse, steuerliches Grundwissen – insbesondere der Firmenbesteuerung – bankspezifisches und bankübergreifendes Produktwissen), lösungsorientiertes und unternehmerisches Denken sowie hohes Einfühlungsvermögen.

Um diesen Anforderungskatalog dauerhaft erfüllen zu können, ist ein ständiges Bemühen um Weiterbildung und Entwicklung des Kreditentscheiders unausweichlich. Im Idealfall ergänzen sich die Förderung der Bank mit der intrinsischen Motivation des Kreditmanagers. Der Markt für die Banken ist grundsätzlich verteilt. Verbesserung der Marktanteile und Erfolgspotentiale wird zukünftig nahezu ausschließlich von der Beratungs- und Persönlichkeitsstärke des Bankers abhängig sein. Wer heute machbares Kreditgeschäft aufgrund von Unerfahrenheit, Entscheidungsschwäche oder mangelnder Ausbildung ablehnt, fügt seiner Bank multiplikativen Schaden zu. Eine Bank tut gut daran, die Mitarbeiter mit Akribie auszuwählen und ihre fachliche und persönliche Weiterbildung ständig zu fördern.

2.5 Vier-Augen-Prinzip

Mit der KWG-Novelle von 1976 wurde auf das Vier-Augen-Prinzip wieder besondere Aufmerksamkeit gelenkt. Kreditinstitute in der Rechtsform einer Einzelfirma wurden ab 1976 untersagt. Gleichzeitig wurde festgelegt, daß mindestens zwei hauptamtliche Geschäftsführer bestellt sein müssen (vgl. hierzu § 33 Abs. 4 KWG: Versagung der Erlaubnis). Wie oben bereits angesprochen, trägt das Vier-Augen-Prinzip dazu bei, subjektive Unzulänglichkeiten der Kreditverantwortlichen im Entscheidungsprozeß zurückzudrängen. Durch die Plausibilitäts- und Richtlinienprüfung eines zweiten „Pouvoirträgers" sollen die Gefahrenmomente weitgehend ausgeschaltet werden, die sich bei einer Einzelkompetenz schnell einschleichen und ausbreiten können. Mögliche Beispiele hierfür sind vorschnelle Kreditzusagen und ungenügende Kreditwürdigkeitsprüfungen.

Es liegt in der Natur der Sache, daß man die eigenen Fehler ohne einen Hinweis von Zweiten selbst nur schwerlich aufdecken und korrigieren kann. Personenbezogene Einzelvollmachten werden deshalb nur selten erteilt. Lediglich wenn besondere Umstände es erfordern und/oder wenn eine herausragende Kreditkompetenz vorliegt, wird davon Gebrauch gemacht. Die Vorteile einer gemeinsamen Kreditvollmacht liegen jedoch eindeutig auf der Hand. Nach dem Motto „Vier Augen sehen mehr als zwei" (qualitativ gleiches Kredit-Know-how unterstellt) können die Kreditrisiken besser erkannt und in der Regel mit einem breiteren Blickwinkel gesehen werden. Das Kreditausfallrisiko wird dadurch reduziert und die Bank vor Schaden bewahrt. Die Vollmachtsträger für das Kreditgeschäft sollten mit großer Sorgfalt ausgesucht werden, weil die kreditfachliche Kompetenz die Qualität des Kreditgeschäfts bedingt bzw. über Erfolg oder Mißerfolg im Kreditgeschäft entscheidet.

Durch das Vier-Augen-Prinzip wird eine Gegenkraft im Entscheidungsprozeß wirksam, die regulierend und kontrollierend eingreift. Vollständige Klarheit über eine anstehende Kreditentscheidung verschafft man sich nämlich oft erst nach einem ausführlichen Kreditgespräch bzw. einer Kreditdiskussion, die eventuell ohne eine entsprechende Auseinandersetzung zu schnell und damit vielfach zu unfundiert getroffen worden wäre. Das Vier-Augen-Prinzip stellt ein Regulativ dar, das im Kreditentscheidungsprozeß ausgleichend, hinterfragend und vorbeugend wirkt und somit entscheidungssicherer macht. Bei der Anwendung des Vier-Augen-Prinzips sollte darauf geachtet werden, daß jeweils eine Genehmigungsunterschrift von einem Mitarbeiter aus dem „back-office", d. h.: der Leitung, und eine Unterschrift von einem Betreuer geleistet wird. Zwei „Vertriebsunterschriften" bergen besondere Gefahren in sich. Der Ertragsgedanke könnte hier gegenüber der Risikovorsorge leicht das Übergewicht bekommen.

2.6 Irrationalität vermeiden

Im Kreditentscheidungsprozeß spielen irrationale Momente eine größere Rolle, als gemeinhin angenommen wird. Wie bei jedem Geschäftskontakt stehen sich auch im Kreditgeschäft zwei Menschen(gruppen) gegenüber, die über ein bestimmtes Finanzierungsvolumen bzw. über eine bestimmte Finanzierungsbereitschaft verhandeln und schlußendlich zu einem rechtskräftigen Abschluß kommen. Auf der einen Seite steht (stehen) der (die) Firmenverantwortliche(n), auf der anderen Seite der (die) Bankvertreter. Die Menschen, die hier zusammenkommen, sind wie alle Menschen mit Unzulänglichkeiten und Stärken, mit positiven und negativen Charaktereigenschaften und mit mehr oder weniger ausgeprägten Persönlichkeitsstrukturen ausgestattet. Dies bedeutet, daß jede Geschäftsbeziehung nicht nur vor einem rationalen, sondern auch vor einem irrationalen Hintergrund gesehen werden muß. Beide Komponenten fließen in den Kreditentscheidungsprozeß ein.

Nachstehend werden einige irrationale Phänomene herausgestellt, die für das Kreditgeschäft besondere Gefahrenmomente beinhalten. Zunächst wird auf die zwischenmenschliche Dimension und danach auf das subjektive Feld irrationalen Verhaltens abgestellt.

2.6.1 Das Zusammentreffen verschiedener Personenprofile von Kunden und Bankvertretern

Irrationalitäten oder Fehlverhalten in zwischenmenschlicher Hinsicht treten verstärkt dann auf, wenn zwei besonders charakterstarke Personen aufeinandertreffen. Welche Auswirkungen dies auf die Kreditbeziehung haben kann, wurde von Anton Schmoll[1] sehr gut herausgearbeitet.

Schmoll unterscheidet jeweils zwischen fünf verschiedenen Menschentypen. Auf der Unternehmerseite wird der selbstbewußt Tüchtige, der Blender, der Phantast, der Lobbyist, der Ungeeignete und auf der Bankseite der fachlich Versierte, der Prestigebetonte, der Ängstliche, der Kundenanwalt und der Überforderte herausgestellt. Treffen nun zwei besonders ausgeprägte Personenprofile aufeinander, werden bestimmte soziale Verhaltensmuster wirksam, die ein nicht unerhebliches Kreditrisiko verursachen können.

---

1 Vgl. hierzu Schmoll, Anton, Kreditbeziehung in sozialpsychologischer Sicht, Die Bank, 10/90.

Zwei extreme Interaktionen sollen dies verdeutlichen: Kommt der Blendertypus auf der Unternehmerseite mit dem prestigebetonten Firmenkundenbetreuer zusammen, ergibt sich in der Regel die Konstellation, daß einer den anderen mit immer noch mehr Imponiergehabe und Statusverhalten beeindrucken möchte. Die rationale Geschäftsbasis verliert immer mehr an Terrain. Die zwischenmenschliche Beziehung wird von Emotionen, Macht- und Einflußdenken beherrscht. Die Rationalität weicht zunehmend der Irrationalität. Schlußendlich gelingt es dem „Blender" den Pouvoirträger der Bank tatsächlich ganz zu blenden. Die Aufmerksamkeit liegt nicht mehr bei der kreditmäßigen Ordnung und der sorgfältigen Kreditüberwachung, sondern sie ist auf „Nebenschauplätze" gelenkt worden. Der Blendertypus hat sein (un)bewußtes Ziel einer unkritischen Kreditvergabe bzw. Kreditzusage erreicht.

Ein anderer sozialer Prozeß wird durch die Zusammenkunft des Phantasten mit dem Kundenanwalt ausgelöst. Der Firmenkundenbetreuer identifiziert sich in so einem Fall nahezu vollständig mit den Plänen, Wünschen und Investitionsvorhaben des Unternehmers. Der Blick für die Inhalte der Kreditwürdigkeitsprüfung geht immer mehr verloren. Die im Kreditgeschäft nötige Distanz zum Kunden hat sich nahezu aufgelöst. Die Fähigkeit, zwischen realistischen und phantastischen Plänen zu unterscheiden, ist abhanden gekommen. Der Kreditwunsch des Kunden wird vom „Kundenanwalt" mit aller Kraft und dem Einsatz aller Beziehungen bankintern durchgefochten. Selbstverständlich gibt es viele weitere Beziehungskonstellationen, die Ursache für Kreditausfälle sein können. Die aufgezeigten Extrembeispiele sollten aber deutlich machen, daß der Kreditentscheidungsprozeß nicht nur rein fachlich und formal einheitlich vonstatten geht, sondern daß auch die sozialpsychologische Komponente auf die Entscheidungsfindung Einfluß nimmt.

2.6.2 Vorschnelle Kreditzusagen

Wenn Irrationalität in zwischenmenschlicher Hinsicht vorkommt, so ist die logische Konsequenz, daß sie auch subjektiv vorhanden ist. Eine Form irrationalen Verhaltens im Kreditentscheidungsprozeß stellen vorschnelle Kreditzusagen dar. Von vielen Pouvoirträgern aus verschiedenen Bankinstituten wurde ebenfalls bestätigt, daß nicht selten Kreditentscheidungen direkt beim Kunden oder spontan am Telefon getroffen werden, ohne der Kreditwürdigkeitsprüfung hinreichend Rechnung getragen zu haben. Sind diese Kreditentscheider in der Hierarchie höher angesiedelt als die mitentscheidenden Kreditreferenten, wird oft das Pferd von hinten aufgezäumt. Das heißt für die Kreditvorwegentscheidung wird ex post (nach der Kreditbestätigung gegenüber dem Kunden) vom Kreditreferat ein – soweit die notwendigen Prüfungsunterlagen später noch durchholbar sind – revisionsgerechtes, nachvollziehbares Kreditprotokoll erstellt und von den Vollmachtsträgern im nachhinein unterschrieben bzw. hausintern legalisiert.

Sicherlich mögen viele Ad-hoc-Kreditentscheidungen vor Ort beim Kunden aufgrund einer jahrelangen reibungslosen Geschäftsbeziehung, einer befriedigenden wirtschaftlichen und finanziellen Bonität sowie aktuell vorliegenden Zahlenmaterials berechtigt sein, andererseits schleichen sich durch übereilte unkritische Vorwegentscheidungen Fehler und Risiken ein, die schlußendlich zu den bekannten „Leichen im Keller" führen können.

Vor schnellen Zusagen ohne eingehende Kreditprüfung – gerade bei Neukunden – kann deshalb nur gewarnt werden. Es ist kein Kompetenzverlust, wenn bei einer Neuakquisition auf die Einreichung von Kreditunterlagen und deren Auswertung verwiesen wird, bevor man eine endgültige Kreditzusage abgibt. Und Akquisitionskunden, die hierfür kein Verständnis haben, sind sowieso sehr kritisch zu durchleuchten. Im Vorfeld einer Kreditverhandlung kann ersatzweise auf eine „grundsätzliche Kreditbereitschaft" verwiesen werden. Einer verbindlichen Kreditvereinbarung sollte jedoch immer eine Kreditwürdigkeitsprüfung vorausgehen, will man nicht Gefahr laufen, unnötige Risiken in „die Bücher zu holen".

2.6.3 Kreditbearbeitungsfehler aus Fahrlässigkeit

Vor, während und nach der Kreditentscheidung können Bearbeitungsfehler große Risiken und manchmal sogar einen totalen Kreditausfall verursachen. Zu den irrationalen Verhaltensweisen aus subjektiver Sicht im Kreditgeschäft gehören bestimmte fahrlässige Geschäftspraktiken, die relativ häufig anzutreffen sind. So wird beispielsweise die Kreditwürdigkeitsprüfung nicht tief genug oder nur rudimentär vorgenommen (Beispiele: § 18 KWG nicht beachtet, Kapitalverhältnisse völlig unzureichend ohne diesen Sachverhalt, „heilende" Sicherheiten zu haben = unternehmerisches Risiko liegt weitgehend bei den Gläubigern), oder es werden andere Richtlinien und hausinterne Formvorschriften nicht eingehalten.

Zu letzterem zählt zum Beispiel, daß es versäumt wurde, sicherzustellen, daß die Kreditmittel zweckentsprechend eingesetzt wurden, oder daß dem Kunden gegenüber nicht einhaltbare Zusagen gemacht wurden. Ein gravierender Verstoß wäre beispielsweise, vor der Sicherheitenordnung das Darlehen bereits auszuzahlen. Von den Kreditpraktikern ist nach einem Verwertungsfalle immer wieder zu hören, daß die Sicherheitenbewertungen oder die vorgegebenen Stillen Reserven im Anlagevermögen unrealistisch waren. Um Schaden von seiner Bank abzuwenden, ist es für jeden Kreditentscheider unerläßlich, sich weiterzubilden und sein Kredit-Know-how stets zu aktualisieren. Der Wille, seine Krediturteilsfähigkeit ständig zu schärfen, sollte bei jedem Kreditverantwortlichen vorhanden sein. Nur so können Fahrlässigkeiten bei der Prüfung der Kreditvoraussetzungen und der Kreditunterlagen unterbunden werden bzw. erst gar nicht aufkommen.

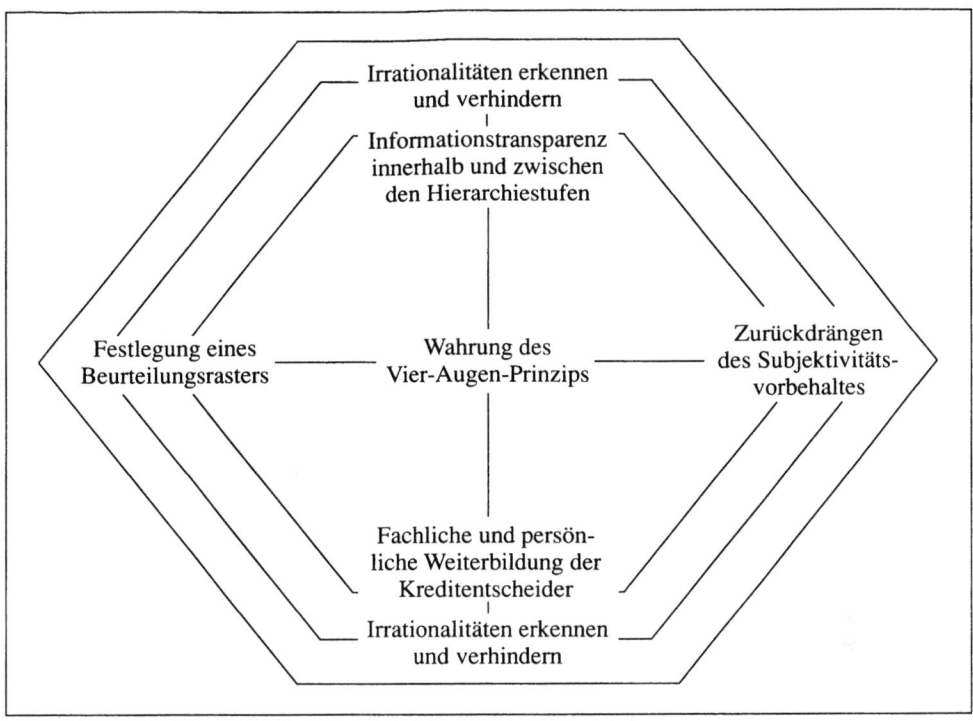

Abbildung 19: Grundvoraussetzungen für einen leistungsfähigen Kreditentscheidungsprozeß

3. Erkenntnisse aus der Insolvenzanalyse für die Kreditentscheidungsfindung nutzbar machen

3.1 Die Bedeutung der Insolvenzanalyse für die Kreditpraxis

Die große Bedeutung der Insolvenzanalyse für die Kreditpraxis wird unter anderem dadurch unterstrichen, daß kaum ein Fachautor auf die Aufnahme eines Kapitels über die Insolvenzursachen verzichtet oder zumindest auf diese wichtige Thematik im Zusammenhang mit der Früherkennung von Kreditrisiken hinweist. Die abgeleiteten Erkenntnisse aus diesem Gebiet vermögen dem Kreditmanagement wertvolle Orientierungspunkte und Leitlinien für die tägliche Kreditentscheidungspraxis zu geben. Die Beschäftigung mit diesem Themenkomplex sensibilisiert den Kreditverantwortlichen hinsichtlich Frühwarnindikatoren bzw. befähigt ihn zum besseren Risk-Manager gegenüber Kollegen, die sich mit dieser Materie nur tangential auseinandersetzen. Für das Treffen von Kreditentscheidungen ist die Fähigkeit zur frühzeitigen Erkennung von Unternehmensrisiken und deren zukünftigen Gefährdungspotentialen von elementarer Bedeutung. Durch dieses spezielle Kredit-Know-how können unnötige Risiken vermieden bzw. Schäden für die Bank abgewendet werden.

3.2 Insolvenzursachen

Bei den Insolvenzursachen ist zwischen verschiedenen Ursachensphären zu unterscheiden. Axel Gösche[1] gliedert die Insolvenzursachen in

- den Ursachenkomplex im Bereich des Unternehmers (Gesundheit, Alter und Ableben, Psyche und Charakter, familiäre Gegebenheiten, Qualifikationsmängel, ungesetzliches Handeln),
- den innerbetrieblichen Ursachenkomplex (Kapitalausstattung, Gesellschafter, Standort, Unternehmenserweiterung, Beteiligung und Haftung, Materialwirtschaft, Leistungserstellung, Personal und Organisation, Leistungsverwertung, Rechnungswesen, Investition und Finanzierung),
- den zwischenbetrieblichen Ursachenkomplex (Kreditinstitute, Abnehmer, Konkurrenz, Lieferanten, Administration, Fiskus) und
- den gesamtwirtschaftlichen Ursachenkomplex (Konjunktur, Strukturwandel, Sonstiges).

Er ermittelte eine allgemeine und auch spezielle (unternehmensspezifische Insolvenzursachen) Rangfolge. Bei der allgemeinen Skala steht die Konjunktur an erster Stelle, gefolgt von der Kapitalausstattung und der Leistungsverwertung auf Rang 2 bzw. 3. Auf Rang 4 liegen Qualifikationsmängel. Gösche hält als Fazit der allgemeinen Rangfolge fest, daß

---

1 Vgl. Gösche, Axel, Dr., Woran scheitern Unternehmungen?, Ergebnisse einer Kienbaum-Untersuchung über die Ursachen von Insolvenzen, Blick durch die Wirtschaft, Freitag, 23. Oktober 1987/Nr. 204/S. 7.

unter Ausschluß des gesamtwirtschaftlichen Ursachenkomplexes die Faktoren Kapitalausstattung, Konkurrenz, Leistungsverwertung und Qualifikation sowie Leistungserstellung als Hauptursachen dominierten. Bei der speziellen Rangfolge wurde zwischen den Wirtschaftsbereichen Produzierendes Gewerbe (Industrie und Handwerk), Großhandel, Einzelhandel und Dienstleistungen unterschieden. Bei der Industrie stand die strukturelle Veränderung im Vordergrund der Insolvenzursachen, gefolgt von der Leistungserstellung, der Kapitalausstattung und den Qualifikationsmängeln des Führungskaders. Beim Handwerk stand an erster Stelle die Konjunktur, an zweiter die Qualifikationsmängel und an dritter die Kapitalausstattung.

Beim Großhandel war die Konjunktur ebenfalls primär Insolvenzursache. Auf den nächsten Rängen lagen die Konkurrenz, die Ursache „Psyche und Charakter" sowie die Abnehmer. Beim Einzelhandel wurden die Plätze 1 bis 5 durch die Ursachenfaktoren Leistungsverwertung, Gesundheit, Alter und Ableben, Standort, Konjunktur und Qualifikationsmängel belegt. Die Hauptursache bei den Dienstleistungsunternehmen war die Kapitalausstattung. Danach kamen die Punkte Investitionen und Finanzierung, Gesundheit, Alter und Ableben, Psyche und Charakter.

Weiter fand Gösche bei den größenspezifischen (Unternehmensgröße nach Beschäftigten) Analysen heraus, daß Kleinstunternehmen (bis 5 Mitarbeiter) in erster Linie wegen Qualifikationsmängeln sowie aus Gesundheits- und Altersgründen Konkurs anmelden mußten. Bei den großen Mittelunternehmungen (101 bis 500 Beschäftigte) lagen die Konkursursachen schwerpunktmäßig im Bereich der Führungsmannschaft bzw. des Unternehmers. Auf Rang 1 lag das Kriterium „Gesellschafter", gefolgt von Qualifikationsmängel, Konkurrenz, ungesetzliches Handeln, Kapitalausstattung und „Psyche und Charakter". Bei der altersspezifischen Untersuchung wurde die bereits allgemein bekannte Tatsache bestätigt, daß junge Betriebe bis 5 Jahre für ca. ein Drittel der gesamten Konkurse und Vergleiche verantwortlich waren. Eine relativ große Häufigkeit von Unternehmern, die in Konkurs geraten sind, trat bei den 61- bis 70jährigen (14,5 %) auf.

Die Insolvenzanalyse von Reske/Brandenburg/Mortsiefer von 1978 ergab folgende Hauptursachen: An erster Stelle Fehler der Betriebsführung, an zweiter Finanzierungsprobleme und an dritter Absatzprobleme. Die untenstehende Tabelle 5 zeigt die weitere Rangfolge auf.

Die Insolvenzursachenanalyse der Deutschen Bundesbank im Monatsbericht 1/92 umfaßt den Zeitraum von 1985 bis 1990 mit folgenden Ergebnissen: Mangelnde Eigenkapitalausstattung 24 %, ungünstige Absatz- bzw. Auftragsentwicklung (konjunkturelle Nachfrageschwankungen, veraltete Produkte, mangelnde Wettbewerbsfähigkeit) 22 %, Managementfehler 32 %, Unternehmensabhängigkeiten (Abnehmer, Lieferanten) 6 %, sonstige Gründe (hauptsächlich Tod, Ausscheiden eines Gesellschafters oder Geschäftsführers und Konkursdelikte) 13 %. Auch bei dieser Untersuchung nimmt die Ursache „Fehler der Führungsmannschaft" eine bedeutende Stellung ein. Die jüngst durchgeführte Analyse von Creditreform für das erste Halbjahr 1992 stellt als hauptsächliche Insolvenzursache den Bereich der Finanzierung, verbunden mit mangelnden kaufmännischen Kenntnissen bzw. Branchenkenntnissen heraus.

Tabelle 5: Insolvenzursachen und ihre Rangfolge

Entstehungsbereiche der Insolvenzursachen	Rangfolge
Innerbetrieblicher Bereich	
Betriebsführung	1
Betriebsstruktur	4
Beschaffung/Lagerung	11
Betriebsleistung	6
Absatz	3
Finanzierung	2
Verwaltung/Personal	12
Rechnungswesen	8
Zwischenbetrieblicher Bereich	
Banken	10
Lieferanten	13
Abnehmer	7
Konkurrenten	9
Überbetrieblicher Bereich	5

Quelle: Reske, W., Brandenburg, H., Mortsiefer, H., Insolvenzursachen mittelständischer Betriebe: eine empirische Analyse, Göttingen 1978

Insgesamt gesehen dürfte die Insolvenzursache „Unzulänglichkeiten des Managements" dominant sein, so daß bei der Kreditwürdigkeitsprüfung hierauf besonders geachtet werden sollte. Bei der Ursachenanalyse müssen generell jedoch auch Wirkungszusammenhänge (Zusammenspiel von endogenen und exogenen Elementen) und Mehrfachursachen gesehen werden. Oft kommen mehrere Krisenursachen zusammen und verstärken sich gegenseitig. Insbesondere dürften die „Managementfehler" eine breite und sich schnell vermehrende Negativwirkung haben. Wenn hier noch Probleme aus dem „exogenen Feld" (Konjunkturschwäche, Strukturwandel u. a.) dazukommen und damit ein ganzes Ursachenbündel zum Tragen kommt, wird der Unternehmensniedergang unaufhaltsam beschleunigt. Ursachen, die zu einer insolvenzgefährdeten Situation führen, sind in der Regel multikausal und multilokal. Krisenursachen, die in der Unternehmenssphäre begründet liegen, dürften deutlich dominant sein. Weitere globale Ursachenfelder werden in Abbildung 20 aufgezeigt.

3.3 Aktuelle Insolvenzentwicklung

Der Verband der Vereine Creditreform und Neuss hat für das erste Halbjahr 1992 rd. 6700 Gesamtinsolvenzen (davon 4500 Unternehmenskonkurse – plus 7,8 % gegenüber dem Vorjahr) hochgerechnet. Die rückläufige Insolvenzentwicklung von 1985 bis Juni 1991 ist damit beendet worden. Gegenüber dem Vorjahr, berichtet obengenannte Wirtschaftsauskunftei weiter, seien der Maschinenbau und die Textilindustrie bei der jüngsten

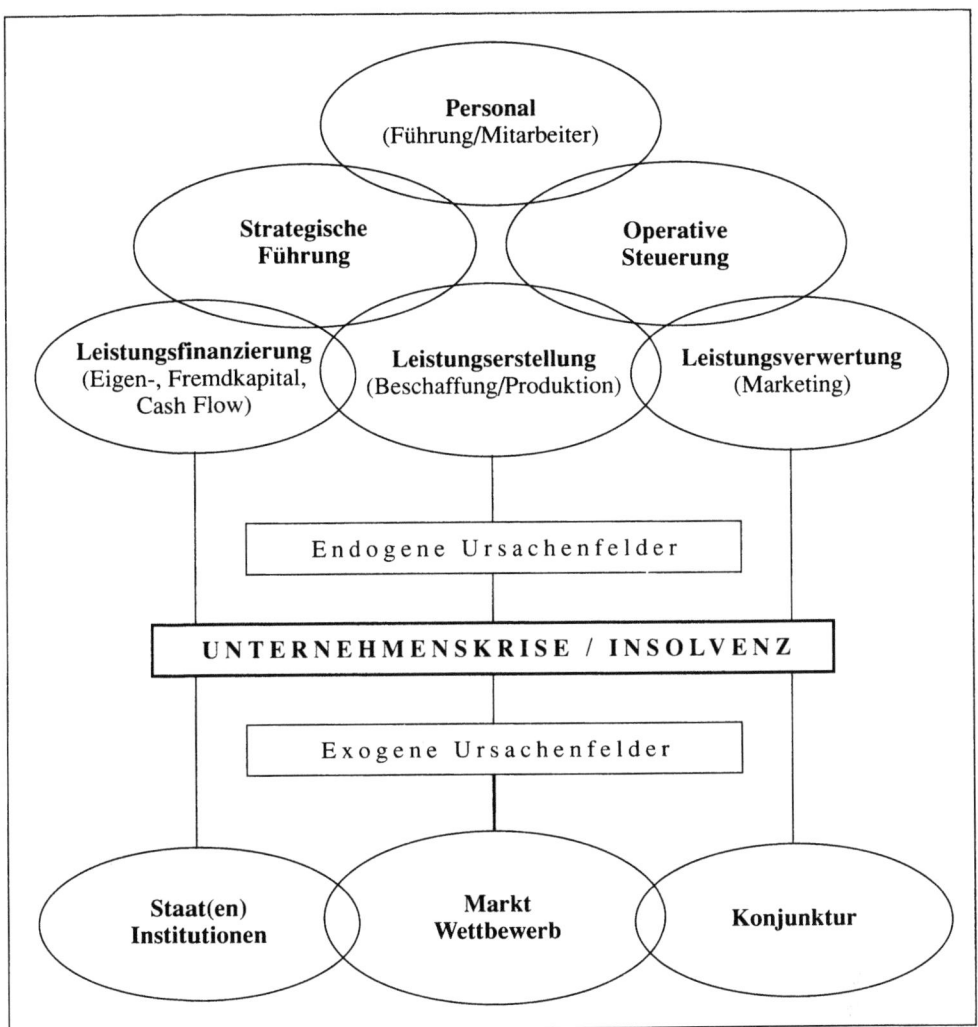

Abbildung 20: Ursachenbereiche einer Unternehmenskrise

Quelle: Rohe, Christoph, So wurde ein Konkurs verhindert, Kreditpraxis 5/88, S. 36

Insolvenzwelle besonders betroffen. Die Gläubigerverluste beliefen sich im ersten Halbjahr 1992 auf ca. DM 9 Mrd. (1991: DM 17 Mrd.). Erschreckend ist nach wie vor die Anzahl masseloser Konkurse, die rund 76 % der Gesamt-Insolvenzen ausmachen. Die Ursache „mangelndes Managementwissen" wird bei der Analyse von Creditreform besonders hervorgehoben. Da Führungsfehler eine der gewichtigsten Krisenursachen darstellen, wird diesem Komplex durch einen eigenen Abschnitt besondere Beachtung geschenkt.

3.4 Mangelhafte Managementqualifikation als herausragende Insolvenzursache

Nahezu bei jeder Insolvenzuntersuchung ist neben dem Kriterium Eigenkapitalmangel (schlechte Kapitalstruktur) auch das der mangelhaften Führungs- bzw. Managementqualifikation bei den dominanten Insolvenzursachen aufgeführt. Manche Autoren wie beispielsweise Hoebel gehen sogar soweit, daß sie sagen: „Dem Unternehmenskonkurs geht stets der Führungskonkurs voraus." Letztlich läßt sich fast alles auf Managementfehler reduzieren.

Als Managementprobleme im engeren Sinn nennt Creditreform bei jungen Unternehmern: zu geringe kaufmännische Kenntnisse (häufig bei Junghandwerkern), mangelhafte Fachkenntnisse (bei Aussteigern oder ehemaligen Arbeitslosen besonders häufig), falsche Standortwahl, zu geringes Engagement, zu aufwendiger Lebensstil (Prestigedenken) und Betrug (insbesondere durch unseriöse Neugründungen). Bei Altunternehmen ergeben sich Probleme u. a. durch Überalterung, mangelnde Gesundheit, Tod, Erbauseinandersetzungen, Nachfolgefragen und fehlende Anpassungsüberlegungen. Jedes Unternehmen steht oder fällt mit der qualitativen und quantitativen Arbeitsleistung ihrer Mitarbeiter, insbesondere der Führungsriege, deren Entscheidungen und Verhaltensweisen sich multiplikativ im Unternehmensgeschehen auswirken bzw. auf die Mitarbeiter Einfluß nehmen. Die Führungsmannschaft ist für das „Steuerrad" und damit für das „Kurshalten" und gegebenenfalls für „Kurskorrekturen" verantwortlich. In unserer Wirtschaft hängt das Wohl eines Unternehmens in entscheidendem Maße von den Fähigkeiten und Möglichkeiten der Leitungsriege ab. Ihre Entscheidungen beeinflussen die Struktur des Unternehmens und damit indirekt sämtliche Funktionsbereiche.

Die Krisenprophylaxe, die nur über die Kenntnisse ihrer Ursachen und der Wege zu ihrer Überwindung erreicht werden kann, ist eine zentrale Aufgabe der Unternehmensleitung. Der Leitungsriege obliegt es, nicht nur die operative Seite, sondern auch die strategische Zielausrichtung für das Unternehmen festzulegen sowie gegebenenfalls im Zeitverlauf zu modifizieren, und damit bewußt konjunkturellen und strukturellen Problemen entgegenzuwirken. Erwin Kreim geht in seinem zitierten Buch sogar noch weiter, indem er schreibt: „Richtige Anpassungsmaßnahmen an konjunkturelle Einflüsse und strukturelle Veränderungen zu treffen und erfolgreich umzusetzen, ist eine originäre Managementfunktion. Die Qualifikation der Unternehmensführung wird gerade daran gemessen, inwieweit es gelingt, konjunkturelle und strukturelle Veränderungen zu beherrschen. Wenn dies in der Vergangenheit vielen Unternehmen auch in sogenannten Krisenbranchen (Bau, Textil, Foto) gelang, so erscheint dies als Beweis für die These: ‚Erst in konjunkturellen Krisenzeiten läßt sich die Managementqualifikation beurteilen.' In einem allgemeinen Konjunkturstrom mitzuschwimmen ist sehr viel einfacher."

Gerade in Umbruchzeiten und konjunkturell rückläufigen Phasen manifestiert sich die Güte der Managementleistungen. So führt auch der Insolvenzexperte Gerhard Beuck[1]

---

1 Vgl. Beuck, Gerhard, Trotz Aufschwung mehr Insolvenzen, WISU 12/86, S. 575

hierzu aus: „Und natürlich spielt das Management eine wesentliche Rolle, wenn man nach den Insolvenzursachen fragt. Die Anforderungen an die Unternehmensführung sind in den letzten Jahren erheblich gestiegen. Die Folgen unternehmerischer Fehlentscheidungen oder Unterlassungssünden zeigen sich im Konjunkturabschwung wesentlich schneller als in guten Zeiten." Bei den kürzlich durchgeführten Insolvenzuntersuchungen der Landeszentralbanken wurde als herausragender Indikator ebenfalls „Fehlentscheidungen des Führungskaders" herausgestellt. Relativ häufig wurden auch Insolvenzgründe genannt, die auf Managementfehler im weitesten Sinne zurückzuführen sind: schlechte Geschäftsführung/Organisation (19 %), Kalkulationsfehler (8 %) und verfehlte Investitionspolitik/ Produktionsprogramm (5 %).

Durch die bewußte Urteilsbildung über die Managementqualifikation der Führung ist ein wesentlicher Beitrag zur Risikoreduzierung im Kreditgeschäft möglich. Vor einer Kreditentscheidung sollte deshalb jeder Kreditverantwortliche nochmals mit sich selbst ins Gericht gehen, um diesem Umstand gebührend Rechnung zu tragen. Insbesondere ist zu hinterfragen, ob die Manager entsprechendes Know-how hinsichtlich Krisenvorsorge und Krisenüberwindung besitzen, ob sie „Risk-Management" als integralen Bestandteil innerhalb der Führungsaufgaben begreifen, und ob sie Frühwarnsysteme, Überwachungs- und Kontrollinstanzen etabliert haben.

Bei Forderungsausfällen beispielsweise muß bei einem Gewinn vor Steuern von fünf Prozent (dies trifft laut Creditreform auf ca. 70 % aller mittelständischen Firmen zu) ungefähr das Zwanzigfache der überfälligen Forderungen als zusätzlicher Umsatz erzielt werden, um den Forderungsverlust zu kompensieren. Bei diesem Tatbestand kann dem „Risk-Management" bzw. einer Vorsorgepolitik ihre Existenzberechtigung wohl kaum abgesprochen werden. Es wäre wünschenswert, wenn die Kreditverantwortlichen ihre Fähigkeiten und Kenntnisse hinsichtlich der Beurteilung der Managementqualifikation durch spezielle Schulungen bzw. Seminare und durch ein persönliches Weiterbildungsengagement ausbauen, vertiefen und verfeinern würden.

4. Die Kreditüberwachung

4.1 Die Bedeutung der Kreditüberwachung für den Kreditentscheidungsprozeß

Ist die Kreditwürdigkeitsprüfung durchgeführt und die Genehmigung durch Unterzeichnung des Kreditprotokolls erteilt, so ist die Kreditentscheidung vorerst abgeschlossen. Der Kreditentscheidungsprozeß selbst ist jedoch keine einmalige Aktion, sondern währt bereits vor der Kreditzusage und während der gesamten Kreditlaufzeit. In Abbildung 21 sind daher die möglichen Kreditentscheidungsfelder innerhalb des Kreditentscheidungsprozesses dargestellt.

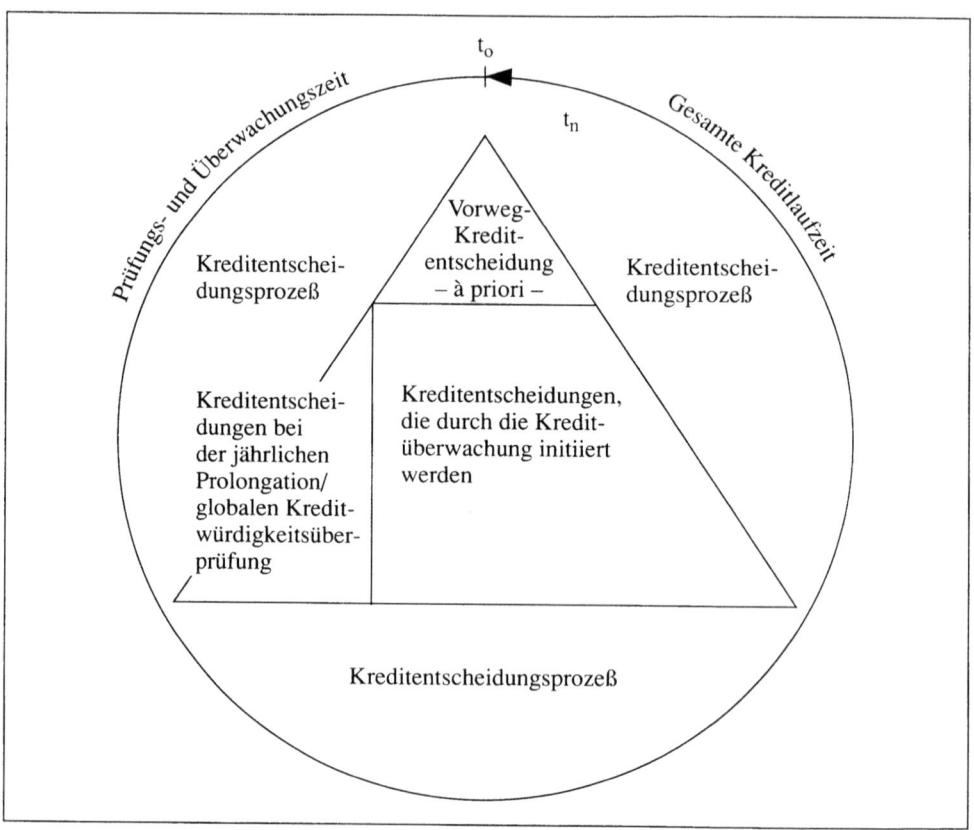

Abbildung 21: Die Kreditentscheidungen während der gesamten Kreditlaufzeit

Eine erhebliche Veränderung der wirtschaftlichen und finanziellen Verhältnisse kann beispielsweise zu einer Modifikation der ursprünglichen Kreditentscheidung führen. So ist eine Fälligstellung des gesamten Kredites, eine Teilrückführung (soweit die Konditions- und Laufzeitvereinbarungen sowie die Geschäftsbedingungen dies ermöglichen) oder bei

124

einer positiven Entwicklung eine Kreditaufstockung denkbar. Im Kreditentscheidungsprozeß werden somit vergangene, gegenwärtige und zukünftige Elemente wirksam. Er trägt sowohl statischen (bei der Kreditetablierung) als auch dynamischen (während der Darlehenslaufzeit) Charakter.

Die Aufrechterhaltung und weitere Darstellbarkeit bzw. Vertretbarkeit des in der Vergangenheit zugesagten Kredites wird anhand eines Kreditüberwachungssystems überprüft. Je nachdem, welche besonderen Umstände eintreten und welche wirtschaftlichen und finanziellen sowie persönlichen Konsequenzen während einer Darlehens- bzw. Kreditlaufzeit sich daraus ableiten lassen, so verändert sich entsprechend die Einschätzung der Kreditwürdigkeit. Dies wiederum beeinflußt die Höhe des Kreditobligos bei dem Kreditkunden. Die Kunst besteht nun darin, die gelieferten Daten und Informationen aus der einzelfallbezogenen Kreditüberwachung richtig zu interpretieren und adäquate Strategien rechtzeitig einzuleiten. Ein funktionsfähiges Überwachungssystem trägt dazu bei, mit großem zeitlichem Vorlauf Chancen und Risiken zu erkennen. Es liegt in der Hand der Entscheidungsträger, die Informationen aus dem Kreditüberwachungssystem zur „Engagementsteuerung" zu nutzen.

Ein gutes Kreditüberwachungssystem liefert zukunftsorientierte Signale. Es ist ein wichtiges Instrument der Kreditpolitik, weil es zur Risikominimierung einen unverzichtbaren Beitrag leistet. Kreditüberwachungssysteme sind mehr denn je gefordert, neben den finanz- und betriebswirtschaftlichen Überprüfungsfeldern, die technische, wirtschaftliche und ökologische Bonität sowie die Managementqualifikation stärker in den Mittelpunkt zu rücken.

Frühzeitige Warnsignale gerade aus der strategischen Krisenphase (zukünftige Erfolgspotentiale werden bedroht oder verlieren ihre Bedeutung) eines Unternehmens sind sehr wertvoll, weil hier die Ursprünge für Gefährdungen liegen und präventive Maßnahmen seitens der Bank noch gut greifen können. Die strategische Krise geht der Erfolgskrise und der darauf anschließenden Liquiditätskrise voraus. Sie ist der Wurzelboden für insolvenzgefährdete Entwicklungen. Als Beispiele können hier angeführt werden: Ein technisch total überalteter, unwirtschaftlicher Maschinenpark, mit dem keine effiziente Produktion mehr möglich ist, weil adäquate Erneuerungsinvestitionen „verschlafen" wurden; der überwiegende Anteil der Produkte hat bereits einen fortgeschrittenen Reifegrad, ohne daß entsprechende Neuproduktentwicklungen vorgenommen wurden usw.

Auch ist die Kreditüberwachung untrennbar mit dem Kreditentscheidungsprozeß verbunden. Die Aufgabe der Kreditüberwachung ist es, Veränderungen der Kreditwürdigkeit zeitnah oder möglichst im vorhinein festzustellen, damit die Kreditentscheidungen von einer soliden und tiefgreifenden Informationsbasis aus getroffen werden können. Die Kreditüberwachung beinhaltet sowohl risikovorsorgende als auch risikosteuernde Zielsetzungen. Sie ist für das Einzelengagement genauso wichtig wie für die Globalsteuerung des Kreditgeschäfts.

Weil der Wertberichtigungsbedarf einen nicht zu unterschätzenden Einfluß auf das Gesamtergebnis eines Kreditinstitutes haben kann und viele Praktiker darin übereinstimmen, daß der überwiegende Anteil der Kreditausfälle auf Ursachen zurückführbar sind, die erst nach der Kreditvalutierung eingetreten sind, erwächst der Kreditüberwachung eine besondere Verpflichtung. Ihr obliegt es, sofort nach der Kreditauszahlung die bei der Kreditentscheidung aufgestellten Kreditwürdigkeitseinschätzungen (Szenarien: best case/ worst case) zu überprüfen und die „roten Warnlampen" angehen zu lassen, wenn sich große negative Abweichungen bei der Kreditwürdigkeit und/oder bei den Sicherungswerten abzeichnen. Ferner trägt die Kreditüberwachung gesetzlichen Vorschriften (§ 18 KWG) Rechnung. Die Beschäftigung mit Fragen der Kreditüberwachung trägt wesentlich zum Geschäftserfolg bei. Nur durch eine bewußte Engagement-Auseinandersetzung können aufziehende Gefahren frühzeitig erkannt und Risiken reduziert werden.

4.2 Die Festlegung von Frühwarnindikatoren für das Kreditüberwachungssystem

Frühwarnindikatoren können grundsätzlich als Informationssysteme verstanden werden, die für ihre jeweiligen Benutzer mögliche Gefährdungen mit zeitlichem Vorlauf signalisieren, um diese damit in die Lage zu versetzen, noch rechtzeitig geeignete Gegenmaßnahmen zur Abwehr oder Minderung der signalisierten Gefährdungen zu ergreifen. Bei der Suche und Auswahl von Frühwarnindikatoren spielt die schnelle Informationsverfügbarkeit eine große Rolle. Ferner sollte die Diagnosekraft des Indikators eindeutig und hoch sein. Die Signalwirkung sollte er frühzeitig anzeigen, so daß für Gegenmaßnahmen genügend Zeit verbleibt (Sinnhaftigkeit in der zeitlichen Dimension). Die Indikatoren sollten quantifizierbar und die Informationsbeschaffungskosten vertretbar sein.

Frühwarnindikatoren können ganz allgemein aus dem externen Beobachtungsfeld und aus dem internen Beobachtungsbereich herausgesucht werden. Zu den externen Informationsbeschaffungsmöglichkeiten zählen Bank- und Handelsauskünfte, Branchenberichte, Pressemitteilungen, Veröffentlichungen in Fach- und Kammerzeitschriften, Erzählungen von Mitarbeitern des Firmenkunden sowie Geschäftspartner, Erfahrungsberichte von Lieferanten, das Zahlenwerk des Kreditkunden oder des Wirtschaftsprüfers. Register- und Grundbuchauszüge u. a. Informationen aus bankinternen Quellen sind i. d. R. ergiebiger, weil sie kostengünstiger, schneller verfügbar, effizienter und aktueller sind.

Zu den bankinternen Informationsquellen gehören u. a. die Kundenbasisdatei (Kontonummer, Datum der Kontoeröffnung, des ersten Akquisitionsbesuches, Rechtsform, Unterschriftsberechtigte, Kapital- und Gesellschafterverhältnisse, Geschäftsführer, Vorstand, Gründungsjahr, Firmenbezeichnung, Adresse usw.), die Firmenkundendatei (Besuchsnotizen, zukünftige Besprechungspunkte, Geschäftsmöglichkeiten, Übersicht der Geschäftszahlen der letzten drei Jahre, Umsatz, Mitarbeiter, Kreditwürdigkeitseinschätzung, Investitionsvorhaben, Kundennutzen, Produktnutzung, Kontobewegungen, Durchschnittssalden, Zahlungsverkehrsdaten, zuständiger Betreuer mit Vertretungen, Wiedervorlage etc.), die Sicherheitendatei (Spezial-, Globalsicherheit, Sicherheitenarten, fest und/oder veränderliche Sicherungswerte, Beleihungswertermittlungen, Blankoanteil etc.) und die Kundenkontenanalyse (Gesamtengagementübersicht mit Wechselobligo, Lastschriften- und Scheckobligo, Risikovormerklinien für Prämien und Provisionen, Soll- und

Habenumsätze in verschiedenen Perioden, Übersicht der Konditionen und Laufzeiten von Krediten, Kontoleitkarte usw.).

Bei den meisten Kreditinstituten sind alle oben genannten bankinternen Informationsquellen EDV-mäßig abrufbar. Vieles hängt davon ab, wie in den einzelnen Bankfilialen die Datenbanken gepflegt, aktualisiert und genutzt werden. Wenn ein Firmenkundenbetreuer nach einem Kundenbesuch die Firmenkundendatei nicht überarbeitet und die neuesten Informationen in die EDV einspielen läßt, verliert das ganze System seine steuernde und überwachende Bedeutung für das entsprechende Engagement. Genauso verhält es sich, wenn beispielsweise Kapitalveränderungen, Gesellschafter-, Geschäftsführerwechsel in den Kundenbasisdaten nicht ständig auf dem neuesten Stand gehalten werden. Die gesamten Informationen aus der EDV können nur so gut sein, wie die Datenpflege vorgenommen wird. Ein „geschärftes" Bewußtsein hierfür trägt sicherlich auch zur Risikominimierung im Firmenkreditgeschäft bei.

Die Fülle von Daten, die täglich in einer Bank aufbereitet werden müssen, läßt sich ohne EDV nicht mehr bewältigen und schon gar nicht in einem tolerierbaren Zeitrahmen. Ein effizientes Kreditüberwachungssystem muß notgedrungen auf die EDV zurückgreifen, sollen die Frühwarnindikatoren – so wie der Name bereits sagt – frühzeitig vor drohenden Risiken warnen. Anton Schmoll unterscheidet in seinem Buch „Praxis der Kreditüberwachung" Frühwarnindikatoren für den Beobachtungsbereich „Unternehmer", für den Beobachtungsbereich „Unternehmen", für den Beobachtungsbereich „Kreditbedingungen" und für den Beobachtungsbereich „Kreditsicherheiten". Aus den umseitigen Abbildungen auf den Seiten 130–138, die von Schmoll entlehnt wurden, sind aus den einzelnen Beobachtungsbereichen die Indikatoren und die Informationsquellen ersichtlich. Die von Schmoll aufgelisteten Frühwarnindikatoren sind systemvoll sowie überschaubar strukturiert und stellen für die Kreditpraxis wertvolle Checklisten dar. Für den Firmenkundenbetreuer bietet sich der Indikatorenkomplex aus der Kundenkontenanalyse besonders an.

Es gehört „zum täglichen Brot" eines jeden Firmenkundenberaters Anlage- und Kreditdispositionen mit seinen Kunden vorzunehmen. Hierfür stehen verschiedene Hilfsinstrumente (tägliche Dispositionsliste ausgewählter Firmenkunden, EDV-Ausdrucke über das Gesamtengagement, Überziehungsliste u. a.) zur Verfügung. Der Firmenkundenbetreuer wird also sehr oft mit der Kontoführung seiner Kunden konfrontiert. Bei aufmerksamer Beobachtung der Kundenkonten sind bestimmte Entwicklungstendenzen unter bestimmten Voraussetzungen (beispielsweise wenn ein Kunde nur eine Bankverbindung unterhält oder wenn eine dominante Hausbankfunktion vorliegt) leicht erkennbar.

Obwohl die Liquiditätskrise (zum Beispiel ansteigende Kreditziehungen) der strategischen Krise (zum Beispiel schwerwiegende Investitionsfehler des Managements) zeitlich nachgelagert ist, nimmt die Kundenkontenanalyse aus Praktikabilitäts- und Operationalisierungsgründen eine wichtige Position bei der Kreditüberwachung ein. Der Kundenkontenanalyse soll deshalb durch einen eigenen Abschnitt besondere Aufmerksamkeit geschenkt werden.

UNTERNEHMER		
Indikator	Info-Quelle	EDV
1. Verhalten gegenüber der Bank		

• Geändertes Auftreten gegenüber der Bank
  – betont forsches Auftreten
  – unterwürfiges Auftreten
• Verminderte Kooperationsbereitschaft
• Keine Einhaltung von Vereinbarungen, Zusagen
• Unzuverlässigkeit
• Unehrlichkeit (sagt Unwahrheiten)
• Sinkende Offenheit/Informationsbereitschaft
  (Verschlossenheit, Auskunftsverweigerung)
• Einschränkung bzw. Vermeidung der
  Kontakte zur Bank
  (Abnahme der Kontakthäufigkeit)
• Vermeidung von Gesprächen
• Abwanderung in andere Filiale
• Nichterreichbarkeit des Unternehmers
  (läßt sich verleugnen; kein Kontakt möglich)
	Kundenbetreuer
	– persönliche Kontakte
	– persönliche Wahrnehmungen
	– Kundengespräch	

2. Persönliche Eigenschaften (Charakter)/Veränderungen		

• Geänderter Lebensstil, -wandel
• Äußeres Erscheinungsbild
• Familiäre Probleme
• Scheidung
• Starker Alkoholkonsum
• Teure Autos
• Kostspielige Hobbys
• Glücksspiele, Spielleidenschaft
	Kundenbetreuer
	– persönlicher Kontakt,
	  Gespräche
	– eigene Wahrnehmungen/
	  Beobachtungen
	– persönliche Eindrücke
	Kontaktpersonen der Kreditnehmers
	– Verwandte
	– Mitarbeiter
	– Kunden
	– Lieferanten
	– Konkurrenten
	– div. andere Personen
	Auskünfte
	Medien (Lokalpresse)	

• Spielcasino	Schecks von Casinos	
3. Fachliche und führungsmäßige Qualifikation		
• Fehlendes kaufmännisches Know-how • Einseitige, technische Ausbildung/Ausrichtung • Fehlende Branchenerfahrung • Realitätsferne, Phantast • Verringerung der Einsatzfreude • Längere Abwesenheit vom Betrieb (starkes außerberufliches Engagement) • Führungsschwäche • Keine Stellvertreterregelung • Ungeklärte Nachfolgefrage	Kundengespräch Betriebsbesichtigung Mitarbeiter des Kreditnehmers Infos aus der Branche	

Abbildung 22: Frühwarnindikatoren für den Beobachtungsbereich Unternehmer

Indikator	Info-Quelle	EDV
4. Gesundheitszustand		
• Gefährliche Hobbies • Anhaltende Nervosität, ständige Gereiztheit (permanente psychische Überforderung) • Verschlechterung des Gesundheitszustandes • Längere/schwere Krankheit • Unfall	Kundenbetreuer – persönliche Wahrnehmungen – optischer Eindruck Mitarbeiter des Kreditnehmers Versicherung, Höhe der Prämien Medien	
5. Privater Finanzierungsbereich/Vermögensbereich		

• Überhöhte Privatentnahmen
• Starkes Ansteigen der Privatkredite
  (Private Verschuldung)
• Ständige Überziehungen auf dem Privatkonto
• Private Zahlungsrückstände
• Keine Veranlagungen mehr (Abbau der Ersparnisse, Auflösung von längerfristigen Anlagen)
• Kreditkarten-, Scheckkartenmißbrauch
• Verkauf privater Vermögenswerte zur betrieblichen Obligoreduzierung
• Verschiebung von Vermögenswerten
• Auffälliger Immobilienverkauf
• Zu große Privatinvestitionen
  (Übertriebener Luxus, unverhältnismäßig hoher Lebensstandard und Lebenswandel)
• Wunsch nach Entlassung aus der persönlichen Haftung
	Bilanz
	Privatkonto/KSV
	
	Privatkonto/ÜZ-Liste
	Mahnungen/Negativliste
	Stornierung Spar-Dauerauftrag
	
	Kundenbetreuer/Dritte
	
	Kundenbetreuer/Dritte
	Grundbuch
	Kundenbetreuer/Dritte
	Privatentnahmen
	
	Kundengespräch
		x
		x
		
		x
		x
		x

6. Sonstiges		
• Ämterkumulierung • Nicht gemeldete Wohnsitzänderung (Übersiedlung ins Ausland) • Häufige Anfragen • Private Strafverfahren/Verurteilungen • Hinweis „Unerwünschte Kontoverbindung"	Medien Post unzustellbar Banken, Auskunfteien, Lieferanten Gericht, Zeitungen, Dritte UKV-Liste	

Abbildung 22 (Fortsetzung)

Quelle: Schmoll, Anton, Praxis der Kreditüberwachung, Wiesbaden 1991, S. 126–127

UNTERNEHMEN		
Indikator	Info-Quelle	EDV
1. Unternehmensführung, -struktur		
• Hohe Fluktuation im Management (Führungswechsel) • Häufiger Gesellschafterwechsel	Oftmalige Änderungen der Unterschriftsberechtigung Handelsregister Auskünfte	
• Uneinigkeit in der Geschäftsleitung • Persönliche Differenzen unter Gesellschaftern • Änderung der Rechtsform (Haftungseinschränkung)	Eigene Beobachtungen/Kundengespräche/Dritte Handelsregister	
• Außergewöhnliche Betriebsaufspaltung; unplausible Firmenverschachtelungen (Verschleierungen?) • Fusionsbemühungen • Verkaufsabsichten • Verschlechterung des Unternehmensimage	Handelsregister/Betriebsprüfung Zeitungen/Gerüchte/Dritte	
2. Betriebsstätte/Produktion		
• Geschäftslokal sehr oft geschlossen • Schlechter Zustand der Betriebsgebäude • Schlechter Zustand der Räumlichkeiten (verwahrloster Eindruck) • Schlechter Zustand der Produktionsanlagen • Überaltete Maschinen (Fehlende Ersatz-, Rationisierungsinvestitionen) • Auslastungsprobleme (Leerkapazitäten) • Auffällig rasche Änderungen des Produktionsprogrammes	eigene Beobachtungen/Dritte eigene Beobachtungen Betriebsbesichtigung Betriebsprüfung Infos aus der Branche	
3. Beschaffungs-, Lagerbereich		
• Hohe Abhängigkeit von wenigen Lieferanten • Lieferungen nur mehr gegen Barzahlung • Anstieg Lieferantenschulden • Überdurchschnittlicher Anstieg des Warenlagers (Produktion auf Lager) • Überalterung des Warenlagers	Kundengespräch/Betriebsprüfung Bilanz Betriebsprüfung/Bilanz Betriebsprüfung	 x x
4. Absatzbereich, Marktsituation		
• Umsatzrückgang • Auftragsrückgang (schlechte Auftragslage) • Abhängigkeit von wenigen Abnehmern • Überdurchschnittlicher Anstieg von Forderungen • Insolvenz von Abnehmern • Nicht marktkonforme Produkte • Änderung der Marktsituation • Neue Konkurrenten am Markt • Mangelhafte Leistungen (zunehmende Reklamationshäufigkeit der Abnehmer) • Außergewöhnliche Abverkaufsaktionen (Preisschleuderei)	Bilanz Saldenliste Kundengespräch/Betriebsprüfung/ Auskünfte Auskünfte Betriebsprüfung Eigene Beobachtungen/Dritte Gespräche mit Kunden des Kreditnehmers. Inanspruchnahme von Rücklaßhaftungen Dritte/Medien	x

Abbildung 23: Frühwarnindikatoren für den Beobachtungsbereich Unternehmen

Indikator	Info-Quelle	EDV
5. Personal		
• Hohe Personalfluktuation • Ausscheiden von guten Fachkräften (Kündigungen) • Umstellung auf Kurzarbeit • Personalabbau • Negatives Betriebsklima	Gespräche mit Mitarbeitern des Kreditnehmers/Dritte Gespräche mit Mitarbeitern des Kreditnehmers/Medien Gehaltsüberweisungen (Gehaltskonten) Gespräche mit Mitarbeitern/ Betriebsbesichtigung	
6. Rechnungswesen		
• Große Buchungsrückstände (Unaktualität) • Stark verzögerte Fakturierungen • Unzureichendes Mahnwesen • Fehlende bzw. unzureichende Kalkulation (Kostenrechnung) • Unzweckmäßige Organisation des ReWE • Keine Fachleute im ReWE	Betriebsprüfung	
7. Ertrags-, Vermögens-, Kapitalsituation		
• Ertragseinbußen (-rückgänge) • Kontinuierliche Eigenkapitalverminderung • Ansteigen des Fehlkapitals • Überbewertung der Aktiva • Auflösung von Rücklagen/Reserven • Verkauf von Betriebsvermögen • Kreditaufnahme bei anderen Banken (Neuverschuldung)	Bilanz Saldenliste Bilanz Bilanz Betriebsprüfung Bilanz/Betriebsprüfung Bilanz/Betriebsprüfung Bilanz/Auskünfte	x x x x x x
8. Finanzamt/Krankenkasse		
• Ungeregelte Rückstände bei Finanzamt • Rückstände bei (Gebiets-) Krankenkasse	Lastschriftanzeige Anzeige	

Abbildung 23 (Fortsetzung)

Quelle: Schmoll, Anton, a.a.O., S. 130–131

SICHERHEITEN		
Indikator	Info-Quelle	EDV
1. Grundstücke/Gebäude		
• Weitere Belastungen der verpfändeten Liegenschaft (nachrangige Hypotheken)	Grundbuch	x
• Exekutive Pfandrechte	Grundbuch	x
• Versteigerung	Exekutionsgericht	
• Antrag auf Freilassung	Kundengespräch/Grundbuch	
• Verkauf der Liegenschaft bei hinterlegter Pfandbestellungsurkunde (VE + Urkunde)	Grundbuch	x
• Belastung der Liegenschaft bei hinterlegter Pfandbestellungsurkunde durch andere Gläubiger (z. B. Fremdbanken)	Grundbuch	x
• Vertragswidrige Verfügungen (z. B. Abschluß von Bestandverträgen, Inkasso von Mietzinsvorauszahlungen)	eigene Beobachtung	
• Demontage von Inventar	eigene Beobachtung	
• Verwahrlosung	eigene Beobachtung	
• Prämienverzug bei Feuerversicherung	Versicherung	
• Umwidmungen; Änderungen des Flächenwidmungsplanes	Gemeinde, Vermessungsamt, Amtsblatt	
• Wertminderung (Preisverfall am Immobilienmarkt, Umwelteinflüsse)	Makler/eigene Marktbeobachtung	
• Brandschaden	Medien/Versicherung	
2. Eigentumsvorbehalt/Pfandrechte		
• Wertverfall der Maschinen/Anlagen (z. B. technische Entwicklung bei EDV-Geräten)	Betriebsbesichtigung/Fachzeitschriften	
• Verwahrlosung der Maschinen/Anlagen (mangelnde Wartung/Pflege des Pfandobjektes)		
• Beschädigung der Pfandobjekte	Betriebsbesichtigung	
• Zerstörung der Pfandobjekte		
• Verkauf der Maschinen/Anlagen	Betriebsbesichtigung/Bilanz	x
3. Pfandlager (Lombard)		
• Preisverfall von Warenpfändern (z. B. Entmodung; Entwertung)	Lagerprüfung/Marktbeobachtung	
• Lagerabbau/verfälschte Inventarisierung	Lagerprüfung/Marktbeobachtung	
• Schwund		
• Veraltete Produkte		

Abbildung 24: Frühwarnindikatoren für den Beobachtungsbereich Kreditsicherheiten

Indikator	Info-Quelle	EDV
4. Gesundheitszustand		
• Häufige Zessionsunterdeckung (zu wenig Forderungsmaterial)	Zessionsführung	x
• Verschlechterug des Zessionsmaterials (überaltert)	Zessionsführung, Zessionsprüfung	
• Abstriche bei zedierten Rechnungen; Bestreitungen/Einwendungen	Drittschuldner	
• Forderungsausfälle (Drittschuldner werden zahlungsunfähig)	Bilanz/Medien/eigene Beobachtungen	(x)
• Doppelzessionen	Zessionsprüfung	
• Barinkasso von zedierten Forderungen (Selbstinkasso)	Zessionsführung	
• Fingierte Fakturen	Zessionsprüfung	
5. Wertpapiere		
• Kursverfall	Kursblatt/Wertpapierinformation	x
• Verluste aus Währungsänderungen (bei ausländischen Wertpapieren)		
6. (Er-, Ablebens-) Versicherung		
• Prämienrückstände, -verzug	Versicherung/Mahnungen	
• Aufkündigung des Versicherungsschutzes	Versicherung	
7. Bürgschaften		
• Verschlechterung der Bonität des Bürgen	Auskünfte/	
• Verschlechterung der Einkommens- und Vermögensverhältnisse des Bürgen	eigene Beobachtungen	
• Tod des Bürgen	Todesanzeige/Amtstafel	
• Wunsch nach Entlassungen aus der Bürgschaft	Gespräch mit Bürgen	
8. Sonstiges		
• Ersuchen um Sicherheitenfreigabe	Kundengespräch	
• Ersuchen um Sicherheitentausch		
• Ersuchen um Entlassung des Unternehmens aus der persönlichen Haftung		
• Gesetzesänderungen	Bundesgesetzblatt/Medien	
• OGH-Entscheidungen	Entscheidungssammlung/Literatur	
• Exekution auf Sicherungsobjekte		
9. Zahlweise/Zahlungs-, Finanzierungsverhalten		
• Rückläufige Kontoumsätze (Sinkende Habenumsätze)	Geschäftskonto	x
• Sehr häufige (ungeplante) Überziehungen	Geschäftskonto/ÜZ-Listen	x
• Laufende Kreditwünsche/Erhöhungen bei konstanter Betriebsleistung	Kundengespräch	
• Nichtausnützung von Skonti (Übergang Skontozahlungen auf Lieferantenkredite)	Zahlungsverkehr/Bilanz	x
• Verlängerung der Zahlungsziele	Bilanz	x
• Langsame und schleppende Zahlweise	Auskunftei	

Abbildung 24 (Fortsetzung)

Indikator	Info-Quelle	EDV
9. Zahlweise/Zahlungs-, Finanzierungsverhalten		
• Umstellung Zahlungsart (Umstellung von Scheck auf Wechselzahlungen)	Zahlungsverkehr	x
• Wechselprolongationen	Wechselabteilung	(x)
• Rückstände bei Lohn- und Gehaltszahlungen	Zahlungsverkehr/eigene	
• Verspätete Finanzamt-Überweisungen	Beobachtungen	
• Verspätete Krankenkassen-Zahlungen		
• Weitere Bankverbindungen (Ausweichen auf fremde Institute)	Auskünfte/Bilanz/Firmen-Brief-papier/Zahlschein bei Rechnungen	
• Sale and Leaseback-Verträge	Kundenbetreuer/Betriebsprüfung	
10. Auskunftswesen		
• Verschlechterung der eingeholten Auskünfte	Auskunftei	x
• Vermehrte Bonitätsanfragen (von Lieferanten/Kunden/anderen Banken)	Auskunftei	(x)
11. Negativmeldungen		
• Wechselprotest	Auskunftei	x
• Scheckrückgaben/Retourschecks	Bankintern/KSV	
• Scheckreiterei	Kundenbetreuer/Vorlage	
• Mahnungen, Mahnverfahren (Inkasso-Verfahren)	Auskunftei	x
• Klagen	Auskunftei	x
• Exekutionen	Exekutionsanzeiger/Amtstafel/Auskunftei	x

Abbildung 24 (Fortsetzung)

Quelle: Schmoll, Anton, a.a.O., S. 134–135

KREDITBEDINGUNGEN		
Indikator	Info-Quelle	EDV
1. Konditionen		
• Nichteinhaltung von Rückzahlungsterminen (Tilgungsrückstände)	Kontoführung/Mahnwesen	x
• Nichteinhaltung der Zinsenzahlungen (Zinsrückstände)	Kontoführung/Mahnwesen	x
• Stundungsansuchen (Ratenstundung)	Kundengespräch	
• Konditionenunempfindlichkeit (Akzeptieren von marktunüblichen Konditionen)	Kundenbetreuer	
2. Verwendungszweck/Laufzeit/Höhe		
• Nichteinhaltung des Kreditrahmens	Kontoführung	x
• Widmungswidrige Kreditverwendung	Betriebsprüfung/Kundengespräch	
• Laufzeitüberschreitungen (Ansuchen um Laufzeitverlängerungen)	Kontoführung/Kundengespräch	
• Nichteinhaltung von Überziehungsverboten	Kontoführung	x
• Geringe Umschlagshäufigkeit des Kontokorrentkredites	Kontobeobachtung	
3. Sicherheiten		
• Nichteinhaltung von Terminen bei Sicherheitenbestellung	Terminevidenz/Kundenbetreuer	(x)
• Nichtbeibringung der vereinbarten Sicherheiten	Kundenbetreuer	
• Nichteinhaltung von Veräußerungs- und Belastungsverboten	Grundbuch	
4. Unterlagen/Informationspflichten		
• Keine Bilanzvorlage	Bilanzdatei/Kundenbetreuer	x
• Sehr verspätete Bilanzvorlage	Bilanzdatei/Kundenbetreuer	x
• Nichtvorlage bzw. verzögerte Beibringung geforderter Unterlagen	Kundenbetreuer	
• Nichterfüllung der Informationspflicht lt. Kreditvertrag (bezügl. Änderungen persönlicher/rechtlicher/wirtschaftlicher Verhältnisse)	Kundenbetreuer	
5. Sonstige Bedingungen		
• Nichteinhaltung Ausschließlichkeitsklausel (Aufnahme Fremdkredite)	Auskünfte/Firmenbriefpapier	
• Nichteinhaltung diverser Auflagen (z. B. Beschränkung bei Privatentnahmen)	Kundenbetreuer	
• Nichteinhaltung div. Absprachen	Kundenbetreuer	
• Nichterfüllung bestimmter Vereinbarungen bezügl. Zahlungsverkehr (Umsatztätigkeit)	Kontoführung	x
• Oftmalige Änderungswünsche von Kreditbedingungen	Kundengespräch	
• Umschuldung	Kundengespräch	

Abbildung 25: Frühwarnindikatoren für den Beobachtungsbereich Kreditbedingungen

Quelle: Schmoll, Anton, a.a.O., S. 133

Bei allen Vorzügen der Frühwarnindikatoren darf nicht übersehen werden, daß der Informationsnutzen von der Risikowahrnehmungsfähigkeit und dem Problembewältigungsvermögen der „Pouvoirträger" abhängig ist. Ein gutes Früherkennungssystem ist also nur eine Seite der Medaille, auf der anderen Seite müssen gut ausgebildete und erfahrene „Risk-Manager" stehen. Bevor Kreditentscheidungen getroffen werden, sollten immer mehrere Frühwarnindikatoren gleichzeitig auf bestimmte Krisensymptome hinweisen. Die Wirkungs- und Verfahrensweise beim Einsatz von Frühwarnindikatoren für die Kreditüberwachung geht aus der Abbildung 26 hervor.

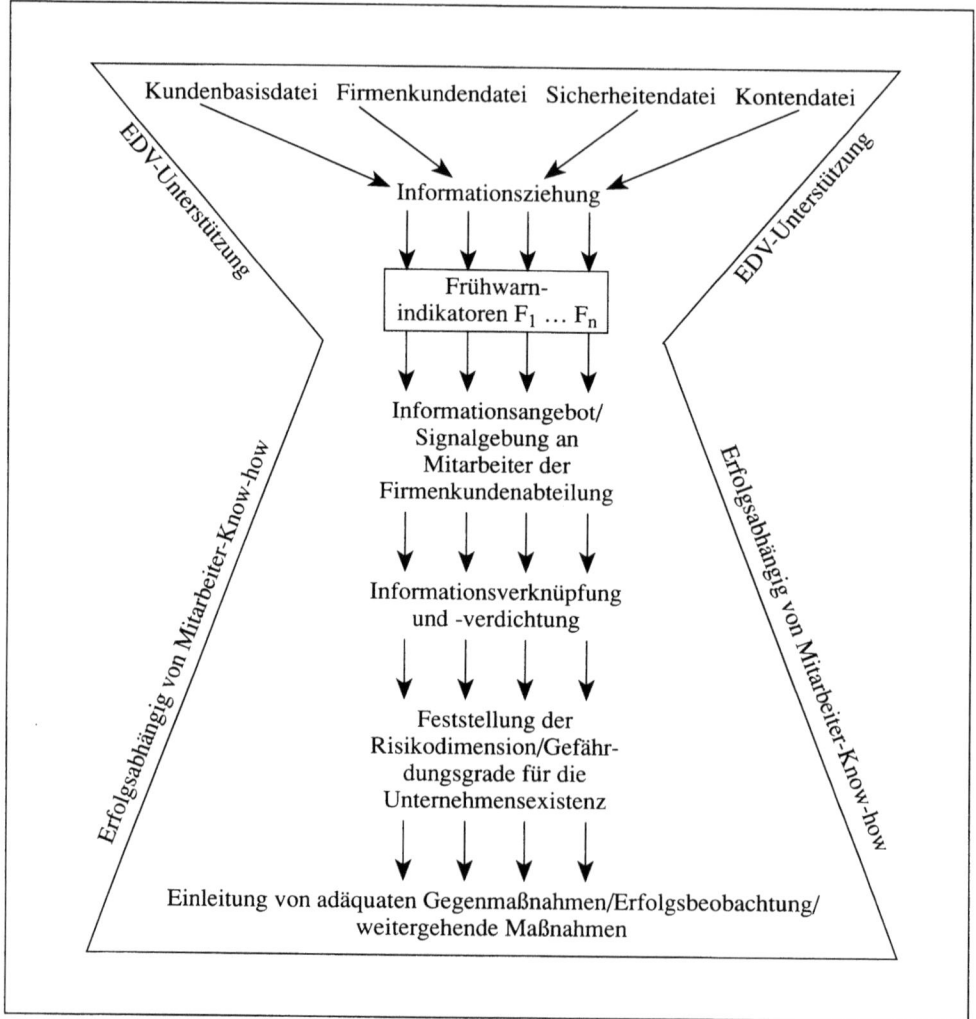

Abbildung 26: Die Begründung und Wirkungsweise von Frühwarnindikatoren aus bankinternen Beobachtungsbereichen

4.3 Merkmale negativer Unternehmensentwicklungen anhand der Kundenkontenanalyse

Aus dem debitorisch geführten Kontokorrentkonto lassen sich relativ frühzeitig Warnsignale für eine Engagementgefährdung erkennen. Voraussetzung hierfür ist die regelmäßige Beobachtung der Kontoführung. Das Kontokorrentkonto signalisiert meist schon bei beginnender Liquiditätsanspannung (in der Regel noch bevor Anlaß zur Durchholung zeitnaher Geschäftszahlen besteht) Gefahr.

Erfahrungsgemäß kann hier folgende Wirkungskette aufgezeigt werden: Als erstes ist eine verhärtete Kontoführung zu beobachten. Dies zeigt sich darin, daß in der Vergangenheit große Schwankungsbreiten bei den Salden vorgekommen sind, die jetzt ausbleiben. Die ehemals flüssige Kontoführung wird durch eine rigide abgelöst. Die durchschnittliche Inanspruchnahme steigt sowohl betragsmäßig als auch hinsichtlich der Zeitdauer an. Anschließend pendelt sich die Kreditinanspruchnahme an der Limitgrenze ein. Echte Saldoausschläge aus dem Umsatzprozeß kommen nicht mehr vor. Geldeingänge werden sofort wieder abdisponiert. Schlußendlich treten erste Überziehungen auf. Scheckziehungen werden nicht abgesprochen. Die Kreditüberziehungen werden nachhaltiger und betragsmäßig höher. In letzter Konsequenz werden sogar Rückführungsvereinbarungen nicht mehr absprachegemäß erfüllt.

Bereits im Stadium der verhärteten Kontoführung ist eine „vorsichtige" Unterredung mit dem Kunden angezeigt, da es sich nicht notwendigerweise um eine Liquiditätsverknappung handeln muß. Hier können beispielsweise Sondereinkäufe, saisonale Schwankungen, Veränderungen bei den Bankverbindungen, Sonderzahlungen an die Belegschaft, Konditionsunterschiede im Kontokorrentsatz oder die „Gewerbesteuerschaukel" unter anderem Grund für eine temporäre Voll- oder Mehrziehung sein. In der zweiten Phase muß jedoch den Anspannungsgründen unverzüglich nachgegangen werden. Beim Kundengespräch sollte man sich die aktuellen Geschäftszahlen zeigen lassen. Meistens findet dann der ursprüngliche Verdacht auf Liquiditätsverknappung Bestätigung. Kontaktherstellung im dritten Stadium ist verspätet und in der Regel bestehen hier nur noch geringe Korrekturmöglichkeiten auf Wiederherstellung einer geordneten Geschäftsbeziehung. In Abbildung 27 wurde vorgenanntes Prozedere graphisch dargestellt.

Aus der Beobachtung der Kontoführung lassen sich weitere risikorelevante Erkenntnisse gewinnen. Wichtige Frühwarnindikatoren stellen vermehrte Eigenscheckeinreichungen bzw. -ziehungen dar. Eine Kontaktaufnahme mit dem Kreditinstitut, auf das regelmäßig gezogen wird, wäre hier in Erwägung zu ziehen. Ferner können wiederkehrende Wechseleinlösungen für Bezogene, Rückrufe oder Nichtaufnahmen von Export-Inkassoaufträgen, Avalinanspruchnahmen, ein erhöhtes Wechselaufkommen, eine zunehmende Rücklastschriftquote, das Aufkommen von Rückschecks etc. Indikatoren für eine latente Unternehmenskrise sein. Auch die Verfolgung der Umsatzentwicklung auf dem Kontokorrentkonto kann wertvolle Hinweise bezüglich des Geschäftsganges und der Zuweisung liefern. Hierbei ist jedoch darauf zu achten, daß die Umsätze um die „unechten" bereinigt werden (Eigenüberträge, Stornos, Kreditvalutierungen, Umbuchungen etc.). In der Regel korrespondiert der „bereinigte" Habenumsatz mit dem Geschäftsumsatz, es sei denn, von der Firma werden gerade umwälzende Umsatzzuweisungen vorgenommen.

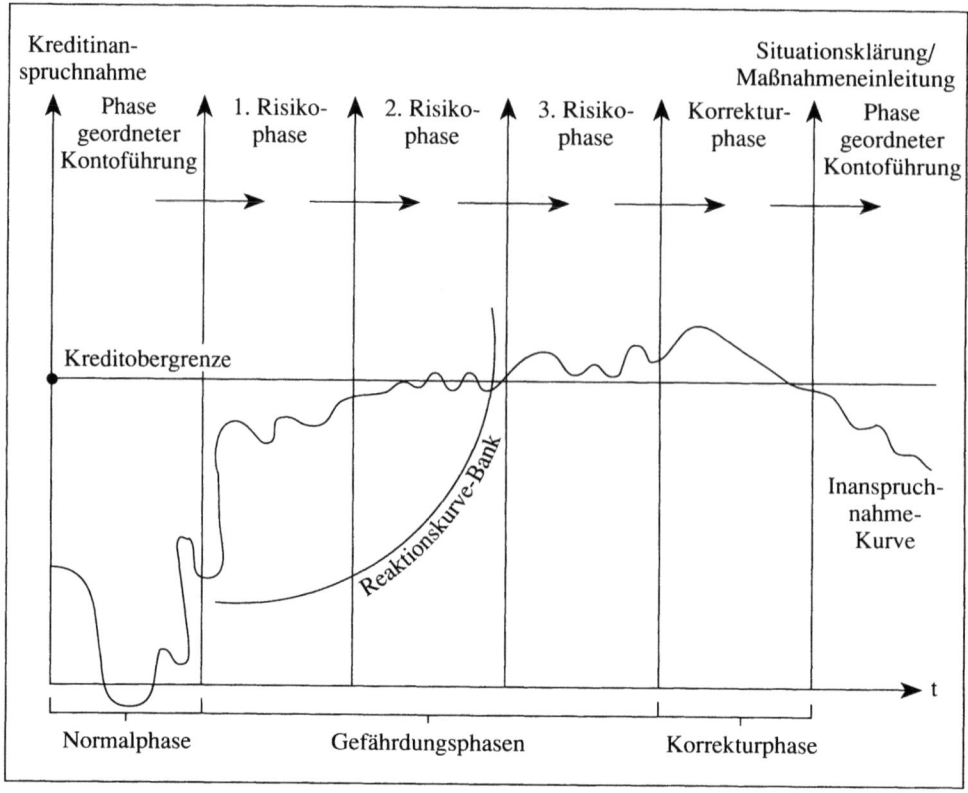

Abbildung 27: Frühwarnindikator Kontokorrentkonto

4.4 Kreditentscheidungen in der Zeitfalle

Nur aus funktionsfähigen und ergiebigen Frühwarnindikatoren lassen sich negative Unternehmensentwicklungen erkennen. Für die Kreditentscheidung ist eine sehr frühzeitige Gefahrenerkennung wichtig, weil Interventionsmöglichkeiten durch Beratungsgespräche ebenfalls zeitintensiv und bei Kreditkürzungen oder Kreditkündigungen Karenzzeiten notwendig sind. Manchmal ist es auch angezeigt, als erster den „Geldhahn zuzudrehen", um einen Totalausfall zu verhindern. Dies scheint beim Erkennen von unseriösen Geschäftspraktiken oder von einer bewußten Schlechterstellung insbesondere in Sanierungsphasen gerechtfertigt zu sein. Das Problem besteht darin, die sich abzeichnende Gefahr oder die besonderen Negativumstände rechtzeitig zu erkennen. Es sollte noch genügend zeitlicher Handlungsspielraum für Reaktionen verbleiben. Wichtig ist, daß die Gefahrenmomente als erster, vor allen anderen Gläubigern, wahrgenommen werden. Eine Kreditentscheidung treffen zu wollen, wenn bereits der letzte Schreibtisch und der Telefonanrufbeantworter von anderen Gläubigern gepfändet wurde, wird nicht mehr viel bewirken.

Um nicht in die Zeitfalle von anderen Kreditgebern zu geraten, ist frühzeitiges Agieren zur Schadensminimierung oder Risikoreduzierung vonnöten. Bei der Kreditentscheidungsfindung sollte jedoch die Qualität der Kunden-/Bankbeziehung (Vertrauensverhältnis, Fairneß, Zusammenarbeit, Einschaltquote, Informationspolitik etc.) maßgeblich berücksichtigt werden. Als Fazit bleibt festzuhalten, daß die vorbeugende Informationsgewinnung aus den Frühwarnindikatoren und in der Folge die Kreditentscheidung sehr entscheidend von dem Faktor Zeit abhängig ist.

4.5 Die Risikoportfolio-Technik als ergänzendes Hilfsinstrument bei der Kreditwürdigkeitsanalyse

Obgleich die praktische Bedeutung des Risikoportfolio-Managements innerhalb der Kreditwürdigkeitsprüfung noch relativ klein ist, scheinen deren Vorzüge nennenswert zu sein. Ein wesentlicher Vorteil dieser Technik besteht darin, daß das Risikogeflecht visuell dargestellt werden kann. Aus einem endogenen und exogenen Risikokatalog wird versucht, das Gesamtrisiko eines Engagements näherungsweise zu erfassen und abzubilden. Anschließend wird aus den Ergebnissen – soweit erforderlich – eine strategische Engagementpolitik entwickelt, die das Ziel verfolgt, die Hauptrisikofaktoren sukzessive zu reduzieren, um die Risikoeinstufung des Engagements auf ein verbessertes Niveau zu bringen bzw. das Engagement in eine höhere Kreditwürdigkeitsklasse überzuführen.

Das Risikoportfolio-Modell bedient sich in der Regel der Neun-Felder-Matrix und beinhaltet wesentliche Elemente des Kredit-Scoring.

Aus der Abbildung 28 ist die Entwicklung eines Risiko-Scoring ersichtlich. Rechts sind exogene Risikofaktoren, links endogene Risikofaktoren aufgeführt. Selbstverständlich ist dies nur eine willkürliche Auswahl, die beliebig verändert und weiter aufgeschlüsselt werden kann. Mit der Selektion und Bewertung der Risikofaktoren steht und fällt das ganze Portfolio-Modell. Je nach Auswahl der Risikodeterminanten kann das System eher vergangenheits- und gegenwartsbezogen sein oder bei erfolgspotentialbezogenen, strategischen Indikatoren eher zukunftsorientiert sein. Nach Eingruppierung in die jeweiligen Ausprägungsintervalle „niedrig", „mittel" und „hoch" werden die Markierungen in den Risikospalten addiert.

Nachdem die Scoringsummen feststehen, wird das Engagement in der Ist-Risikoportfolio-Matrix – siehe Abbildung 29 – entsprechend positioniert. Die Gesamtrisikoposition kann anschließend daraufhin überprüft werden, ob ein aktives Risk-Management notwendig ist, um das Engagement in eine niedrigere Risikoklasse zu verschieben. Hierbei ist zu beachten, daß nur die endogenen Risikokomponenten beeinflußbar sind, wie dies aus Abbildung 30 ersichtlich ist. Dies bedeutet, daß nur vertikale Veränderungen in der Matrix möglich sind. Wichtig hierbei erscheint auch das Abwägen zwischen der Fixierung effizienter Risikoreduzierungsmaßnahmen einerseits und der rationellen praktischen Umsetzbarkeit beim Kreditkunden andererseits.

Das Risikoportfolio-Konzept vermag als absicherndes Instrument bei der Kreditentscheidungsfindung wichtige Hilfsdienste zu leisten.

– Beispiel –

Bewertung des Risikos

Endogene Risikofaktoren	Risikospalte			Risikospalte			Exogene Risikofaktoren
	niedrig	mittel	hoch	niedrig	mittel	hoch	
1. Konstitutiver Bereich (zum Beispiel Rechtsformnachteile, Standortprobleme)	Ⓧ			x			1. Konjunkturelle Entwicklungen
2. Planung und Organisation		Ⓧ				x	2. Strukturelle Entwicklungen (Branchenstruktur) (Produkttechnologie)
3. Rechnungswesen			Ⓧ	x			3. Absatzmarkt
4. Personalbereich	Ⓧ			x			4. Beschaffungsmarkt
5. Beschaffungs-/ Lagerbereich		Ⓧ			x		5. Arbeitsmarkt
6. Produktions-/ Leistungsbereich		Ⓧ		x			6. Kapitalmarkt
7. Absatz- und Vertriebsbereich		Ⓧ		x			7. Soziopolititsches Umfeld (Bevölkerungsstruktur, Wandel des Konsumentenverhaltens)
8. Investitions-/ Finanzierungsbereich		Ⓧ					
9. Management		Ⓧ					
10. Kapitalstruktur			Ⓧ				
	Teilsummenrisiko: mittel mit zunehmender Tendenz			Teilsummenrisiko: niedrig			

Abbildung 28: Entwicklung eines Risiko-Scoring

Quelle: Töllner, Christian, Risikoportfolio-Management im Firmenkundengeschäft, Kreditpraxis 4/89, S. 33

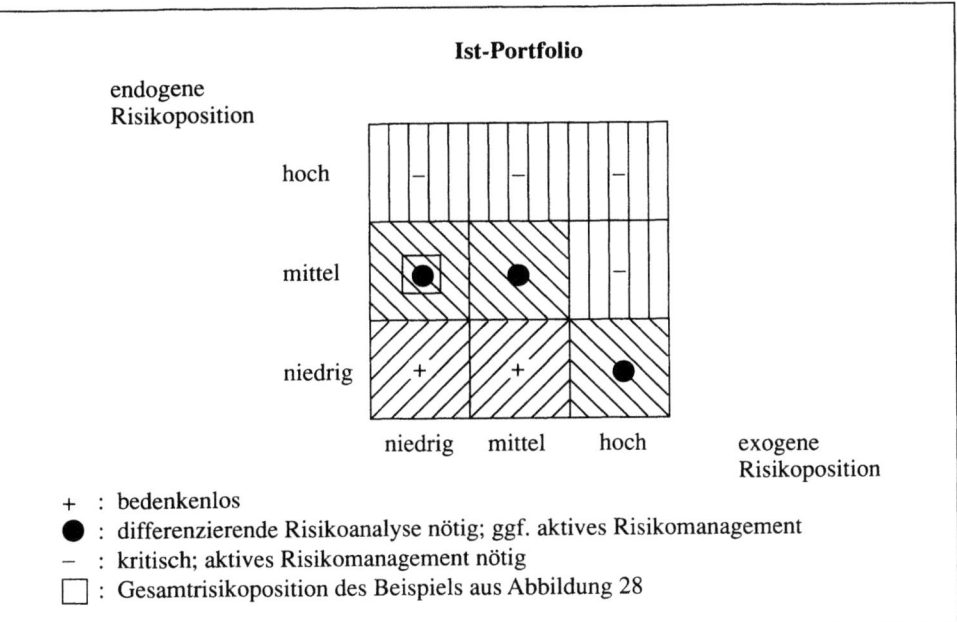

Abbildung 29: Ist-Portfolio

Quelle: Töllner, Christian, a. a. O.

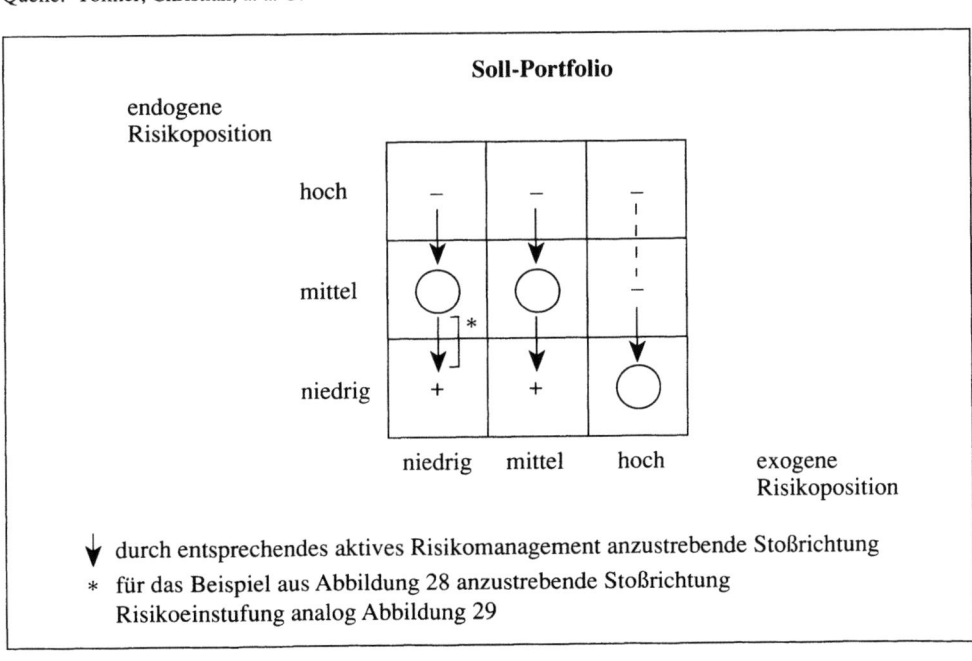

Abbildung 30: Soll-Portfolio

Quelle: Töllner, Christian, a. a. O.

Dennoch dürfen verschiedene Mängel des Modells (Subjektivität der Kriterienauswahl und der Kriteriengewichtung, Unabhängigkeit von endogenen und exogenen Risiken wird unterstellt, aufwendiges Prozedere) nicht übersehen werden. Trotz vorgenannter Unzulänglichkeiten kann die Risikoportfolio-Technik Risiken durch visuelle Darstellungsmöglichkeiten drastischer und plastischer aufzeigen als rein theoretische Modelle und darüber hinaus strategische Denkanstöße hinsichtlich Risikoreduzierungen geben. Insbesondere bei kritischen Kreditengagements scheint die Anwendung des Risiko-Portfolio-Modells empfehlenswert.

5. Solidere Kreditentscheidungen im Neukundengeschäft durch gezielte Erfolgspotentialuntersuchung

5.1 Die Bedeutung einer „strategischen Ertragsbilanz" für die Kreditwürdigkeitsprüfung

Wie aus den vorangegangenen Ausführungen bereits hervorgeht, ist eine rein vergangen-heits- und gegenwartsorientierte Kreditprüfung in einer Zeit des strukturellen Umbruchs nicht mehr ausreichend. Trendfortschreibungen aus historischen Daten können nicht mehr allein Gegenstand einer Kreditvergabe sein. Die zukünftigen Ertragschancen gilt es mehr denn je transparent und bewertbar zu machen. Ein Instrument hierzu stellt die „strategische Ertragsbilanz" dar. Hierin werden die Ertragspotentiale namentlich, monetär und zeitlich erfaßt, so daß schlußendlich die zukünftige Ertragskraft mit einer gewissen Varianz umrissen werden kann.

Die Informationseinholung für die „strategische Ertragsbilanz" verlangt höchste Sensibi-lität und Geschicklichkeit der Firmenkundenbetreuer. Leider fühlen sich Firmenvertreter relativ schnell in ihrer Firmenehre verletzt, wenn die Informationsgewinnung zu kompri-miert ist oder stark forciert wird. Die Klimaebene sollte hier von den Bankvertretern besonders beachtet werden. Die beste und bequemste Lösung wäre natürlich die Überlas-sung einer vom Unternehmen selbst erstellten „strategischen Ertragsbilanz" nebst Anlagen (Prospekte über Neuproduktentwicklungen, Planungsunterlagen, Deckungsbeitragsrech-nungen, Forschungsergebnisse, Markt-, Absatz-, Synergieberichte etc.). Diese darf mit der Rentabilitätsvorausschau keinesfalls gleichgesetzt werden.

In der strategischen Ertragsbilanz werden die zukünftigen Ertragspotentiale beschrieben und bewertet. Die Rentabilitätsvorausschau ist lediglich ein hochgerechnetes Zahlenwerk, das sich an der Gewinn- und Verlustrechnung orientiert. In der Kreditpraxis wird leider noch zu wenig Augenmerk auf zukünftige Nutzenpotentiale gelegt, und die Firmenseite gibt nur selten solche kreditwürdigkeitserhöhenden Fakten bereitwillig preis. Oft fehlt es auch an betriebswirtschaftlichem Know-how, die Daten zusammenzutragen und für eine Präsentation adäquat aufzubereiten. Für die Kreditentscheider wäre es bereits ein großer Fortschritt, die zukünftigen Ertragspotentiale aufgezeigt zu bekommen. Auch für die Unternehmen kämen dadurch bonitätsaufwertende Momente zum Tragen. Gerade die neu etablierten Ertragspotentiale sind es, die die Zukunft des Unternehmens sichern und damit eine nachhaltige Kapitaldienstfähigkeit garantieren.

5.2 Die Erfolgspotentialuntersuchung mittels einer „strategischen Bilanz"

Unter D 3.3 „Die Wettbewerbsfähigkeit" wurden bereits Wertschöpfungspotentiale bzw. Nutzenpotentiale angeführt. Nachstehend wird versucht, diese Thematik hinsichtlich ihrer Untersuchungs- und Bewertungsmöglichkeit zu durchleuchten. Gleichgültig, ob von Nutzen-, Ertrags- oder Erfolgspotentialen gesprochen wird, alle Begriffe zielen im Kern darauf ab, neben aktuell bestehenden auf mittel- bis langfristige Ertragschancen hinzuweisen. Es ist deshalb verständlich, wenn bei der Untersuchung der mittel- bis langfristigen Kapitaldienstfähigkeit diese Begriffe immer wieder verwendet werden. Bei der zukunftsorientierten Ertragskraftanalyse ist eine Beschränkung auf wesentliche Erfolgspotentiale und eine klare Gliederungsstruktur der Untersuchungsfelder wichtig. Eine praxisfreundliche Anwendung verlangt ferner eine übersichtliche Bewertungsskala, aus der eine schnelle Verdichtung zu einem Gesamturteil möglich ist. Bei der Auswahl von Erfolgspotentialen kann wie bei der Frühwarnindikatorenselektion auf unternehmensinterne und -externe Informationsquellen zurückgegriffen werden. Krystek und Giesecke haben hierzu Checklisten mit einer ordinalen Bewertungsskala[1] – siehe Abbildung 31 – vorgestellt.

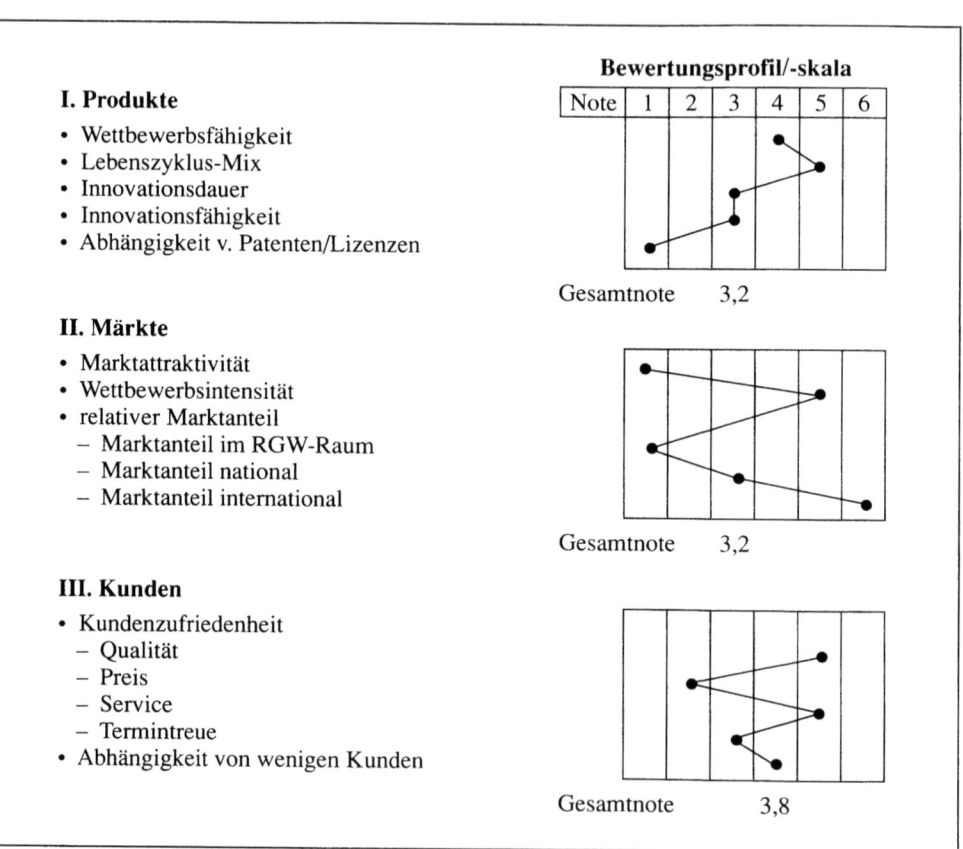

Abbildung 31: Strategische Bilanz: Geschäftsfelder

1 Vgl. Krystek, Ulrich, Giesecke, Gudrun, Strategische Bilanz. Erfolgspotentiale untersuchen, Kreditpraxis 2/92, S. 27–32.

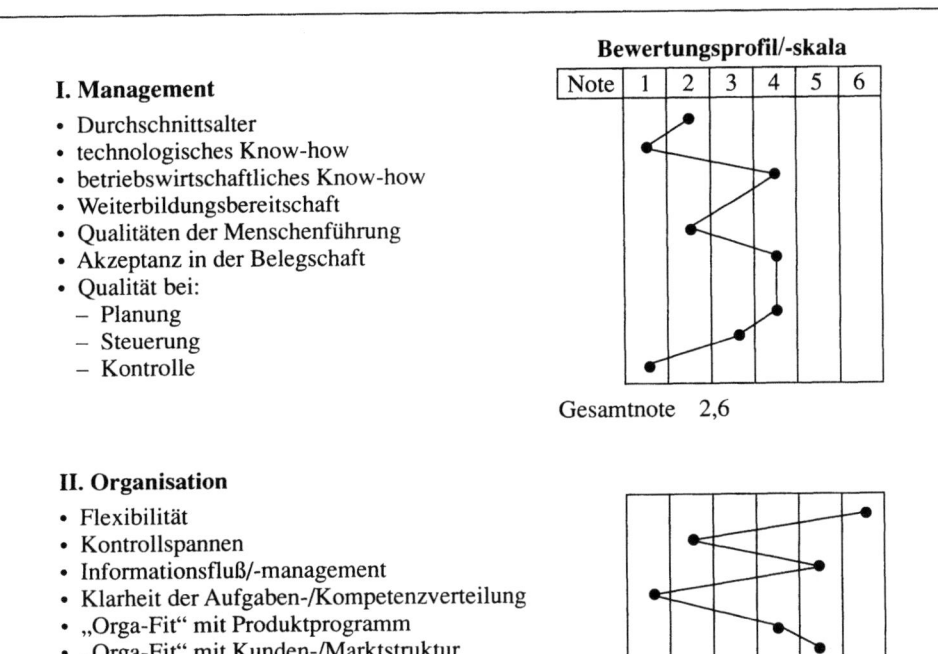

I. Management

- Durchschnittsalter
- technologisches Know-how
- betriebswirtschaftliches Know-how
- Weiterbildungsbereitschaft
- Qualitäten der Menschenführung
- Akzeptanz in der Belegschaft
- Qualität bei:
  - Planung
  - Steuerung
  - Kontrolle

Gesamtnote 2,6

II. Organisation

- Flexibilität
- Kontrollspannen
- Informationsfluß/-management
- Klarheit der Aufgaben-/Kompetenzverteilung
- „Orga-Fit" mit Produktprogramm
- „Orga-Fit" mit Kunden-/Marktstruktur

Gesamtnote 3,8

Abbildung 32: Strategische Bilanz: Führungskräfte und Organisation

Quelle: Krystek, Ulrich, Giesecke, Gudrun, a.a.O., S. 31

Dieses Modell beinhaltet alle zeitlichen Dimensionen und verbindet somit die Status- mit der Zukunftsanalyse. Die strategische Bilanz „bleibt nicht stehen bei einer Abbildung und Bewertung vergangener/gegenwärtiger Zustände, sondern erweitert dieses Bild um zukünftig angestrebte Zustände. Damit sind aber zugleich spezifische Gefahren verbunden, die speziell in einer Unterschätzung des Prognoserisikos und einer Überschätzung der Durchsetzbarkeit von Strategien bestehen. Die Forderung nach einer glaubwürdigen Begründung von Strategien, die auch eine hinreichende Quantifizierung einschließt, bleibt ebenso bestehen wie die Tatsache, daß von der Gegenwart gänzlich losgelöste Visionen nicht Gegenstand einer Bonitätsanalyse sein können."[1]

Wie bei der Risikoportfolio-Technik haften diesem Modell ebenfalls einige Unzulänglichkeiten an. Die Gewichtung der einzelnen Bewertungskriterien ist nicht gegeben. Dieser Mangel könnte durch die Implementierung einer Nutzwertanalyse geheilt werden. Ferner dürfte die Beurteilung der Fülle von Kriterien vor Aufnahme einer neuen Kreditbeziehung zeitlich kaum durchführbar sein.

Erst im Laufe einer Geschäftsbeziehung kann sich das Beurteilungsvermögen und die Beurteilungssicherheit so entwickeln, daß Aussagen zu so vielen und zum Teil „hoch-

---

1 Vgl. Krystek, Ulrich, Giesecke, Gudrun, a. a. O. S. 31

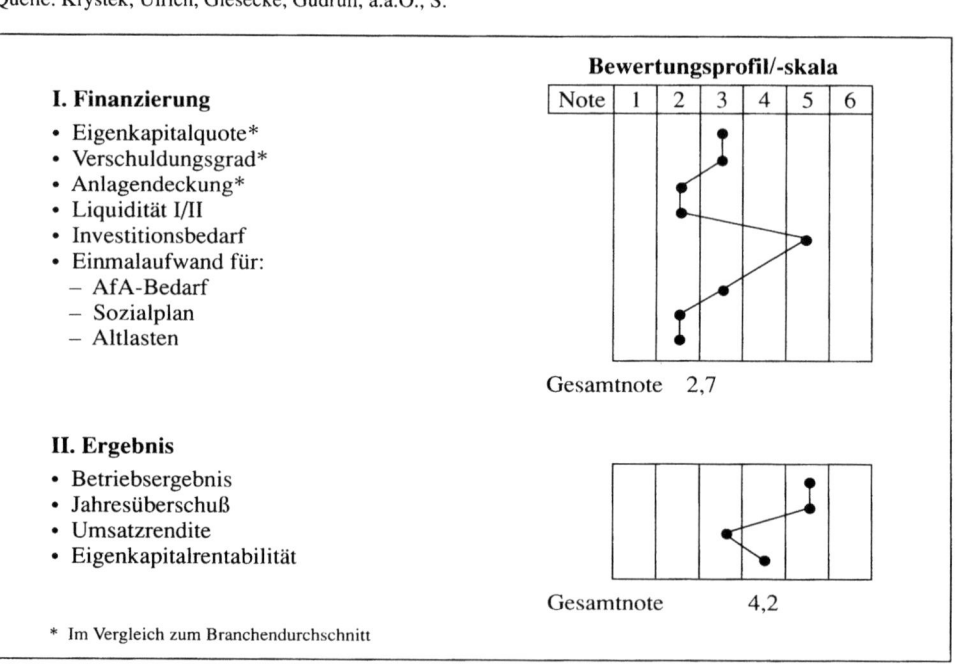

Bewertungsprofil/-skala

Note	1	2	3	4	5	6

- Eignung/Alter der Produktionsgebäude
- Produktionsinfrastruktur (z. B. Wasser-
  ver- und entsorgung, Stromversorgung)
- Durchschnittsalter der Anlagen/Maschinen
- Flexibilität (z. B. für die Einführung
  neuer Produkte)
- Reparaturanfälligkeit/Ausfallhäufigkeit
- Investitionsbedarf
  – Ersatzinvestition
  – Erweiterungsinvestition
- DV-Unterstützung der Produktion
- ökologische Altlasten durch die Produktion
- Durchlaufzeiten
- Qualitätssicherung/-kontrollen
- Produktionshilfsfunktionen
- Abhängigkeiten von Engpässen auf
  Beschaffungsmärkten

Gesamtnote   3,3

Abbildung 33: Strategische Bilanz: Produktion

Quelle: Krystek, Ulrich, Giesecke, Gudrun, a.a.O., S.

Bewertungsprofil/-skala

Note	1	2	3	4	5	6

I. Finanzierung

- Eigenkapitalquote*
- Verschuldungsgrad*
- Anlagendeckung*
- Liquidität I/II
- Investitionsbedarf
- Einmalaufwand für:
  – AfA-Bedarf
  – Sozialplan
  – Altlasten

Gesamtnote   2,7

II. Ergebnis

- Betriebsergebnis
- Jahresüberschuß
- Umsatzrendite
- Eigenkapitalrentabilität

Gesamtnote   4,2

* Im Vergleich zum Branchendurchschnitt

Abbildung 34: Strategische Bilanz: Finanzierung/Ergebnis

Quelle: ebenda, S.

146

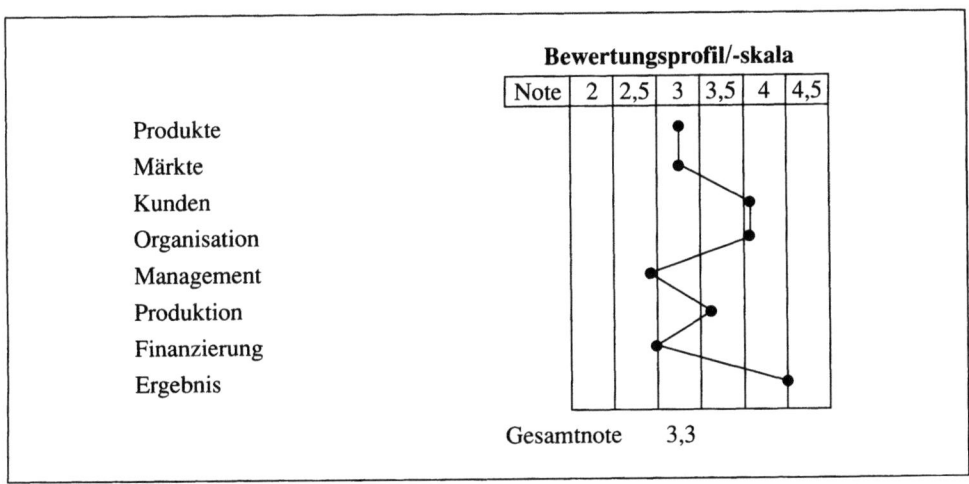

Bewertungsprofil/-skala

Note	2	2,5	3	3,5	4	4,5
Produkte						
Märkte						
Kunden						
Organisation						
Management						
Produktion						
Finanzierung						
Ergebnis						

Gesamtnote 3,3

Abbildung 35: Strategische Bilanz: Zusammenfassung
Quelle: Krystek/Giesecke, a. a. O.

sensiblen" Bewertungsbausteinen qualitativ und quantitativ gefestigt möglich sind. Eine Reduzierung auf wenige, aber im Vorfeld güte- und mengenmäßig tatsächlich abcheckbare Beurteilungskriterien wäre für die Praxis wünschenswert.

Ferner erzeugt die Punktpositionierung in den Bewertungsfeldern den Eindruck der Treffsicherheit, die jedoch nur sehr eingeschränkt gegeben ist. Das vorgestellte Modell dürfte jedoch in der richtigen „Stoßrichtung" hinsichtlich der Kreditprüfung im Neukundengeschäft liegen und kann bei entsprechender Berücksichtigung zu einer solideren Kreditentscheidung beitragen. Es bleibt zu hoffen, daß solche Prüfungsansätze weiter verfeinert werden und in der Praxis vermehrt Eingang finden. Nur so sind fest untermauerte Erfolgs- bzw. Ertragsaussichten ebenfalls kreditierbar.

6. Ratschläge für Firmenvertreter

6.1 Kreditwürdigkeits-Management

Unter Kreditwürdigkeits-Management sollen alle Maßnahmen und Verhaltensweisen – hier insbesondere das Informationsverhältnis zu den Gläubigern – eines Unternehmens verstanden werden, die zu einer Verbesserung der Firmenkreditwürdigkeit beitragen, um den potentiellen Kapitalbedarf zu gegebener Zeit schnell und unkompliziert decken zu können. Kreditwürdigkeits-Management ist somit Teil der Zukunftssicherungspolitik eines Unternehmens und sollte wegen ihrer prophylaktischen Kapitalsicherungswirkung einen gebührlichen Stellenwert innerhalb der Geschäftspolitik einnehmen.

Zu einem erfolgreichen Kreditwürdigkeits-Management tragen nicht nur unmittelbar die Firmenvertreter bei, sondern auch mittelbar das gesamte äußere und innere Erscheinungs- und Repräsentationsbild eines Unternehmens. Dies ist natürlich wieder rückkoppelbar zur Geschäftspolitik der Führungsriege. Insofern schließt sich der Kreislauf bei der Führungsmannschaft. In einer Zeit, in der geringe Eigenkapitalquoten vorherrschend sind, kommt dem Kreditwürdigkeits-Management eine große Bedeutung zu. Die Sicherstellung und Beschaffung von Fremdkapital wird gerade in Phasen rückläufiger Eigenkapitalquoten zu einer wichtigen Unternehmensaufgabe.

Besondere Anstrengungen beim Kreditwürdigkeits-Management werden stets mit einem Entgegenkommen bei der Zins- und Gebührenfrage belohnt. In der Regel lassen sich die Bankinstitute das Eingehen auf erhöhte Kreditrisiken mit einem Risikoaufschlag bei den Zinsen bezahlen. Hier spielt der Kompensationsgedanke bei einem eventuellen Kreditausfall eine große Rolle. Ein bewußtes und gut betriebenes Kreditwürdigkeits-Management schafft also nicht nur eine gute Basis für die Bereitstellung von Fremdkapital (leichtere und unkompliziertere Kreditverhandlungen, evtl. höhere Kreditbereitschaft), sondern trägt auch entscheidend dazu bei, Zinsaufwendungen und Bankspesen einzusparen. Ein entscheidendes Basiskriterium für die Erhaltung und Verbesserung der Kreditwürdigkeit ist das stetige Bemühen um Vertrauensbildung und -festigung zu den Bankvertretern, die berufsbedingt sehr kritisch sein müssen.

6.2 Die Überwindung der Vertrauensbarriere

Eine intakte und nutzenbringende Geschäftsbeziehung zwischen einer Firma und einer Bank bedarf eines guten Vertrauensverhältnisses zwischen den Firmenvertretern und den Bankvertretern. Von dieser Vertrauensbasis aus wird die Bankverbindung insgesamt getragen. Bei Kreditvereinbarungen erlangt das Vertrauensverhältnis besondere Bedeutung. Denn jedes Kreditinstitut ist verpflichtet, bei der Kreditausreichung mit größter Sorgfalt vorzugehen und die betriebsinternen und -externen Vorschriften und Richtlinien zu beachten. Im Kreditgeschäft mit größter Sorgfalt zu arbeiten, heißt unter anderem, das Vertrauensverhältnis soweit hergestellt zu haben, daß an dem Willen zur Rückzahlung des Kredites und der Zinsen beim Banker keine Zweifel mehr vorhanden sind. Ein Kreditentscheider wird also immer – insbesondere bei Neukunden – die vertrauensbildenden Faktoren sehr kritisch prüfen, bevor er eine Kreditzusage erteilt.

Im Privatbereich wird man sich ebenfalls genau überlegen, wem man Geld borgen kann und wem aus einschlägiger Erfahrung lieber nicht. Analog verhält es sich bei der Einschätzung der personellen Kreditwürdigkeit. Hier greift man auch auf die Menschenkenntnis und die bisher gemachten Erfahrungen zurück. Selbst wenn die materielle Kreditwürdigkeit sehr positiv ist, kann das fehlende Vertrauen hinsichtlich des Rückzahlungswillens ein abschlägiges Krediturteil nach sich ziehen. Wie ein Vertrauensverhältnis aufgebaut und nachhaltig verbessert werden kann, wird in den nächsten Abschnitten aufgezeigt.

6.2.1 Die kreditwürdigkeitsfördernde Informationspolitik

Die Informationspolitik spielt bei der Kreditwürdigkeitseinschätzung eines Firmenkreditkunden eine sehr gewichtige Rolle. Die Informationspolitik gegenüber der Bank sollte offen, umfassend und ehrlich sein. In der Praxis ist dieser Idealzustand selten anzutreffen. Manchmal mangelt es bereits an der Bereitschaft von Unternehmern und Finanzprokuristen zur Informationsvermittlung. Pauschale Ressentiments gegenüber Banken und falsch verstandene Eitelkeiten sind hierfür oft verantwortlich. Wenn der Bank erst über die Presse die Anmeldung von Kurzarbeit, ein Stellenabbau, eine Produktionsverlagerung, ein Auftragsrückgang, ein Beteiligungsverkauf, ein Geschäftsführerwechsel etc. bekannt wird, ist dem Vertrauensverhältnis zwischen Firmen- und Bankvertreter kein großer Wert beizumessen.

Ein offener und vertrauensvoller Dialog zwischen Kunde und Bank ist nämlich Grundvoraussetzung für ein positives Kreditwürdigkeitsvotum. Umfassend zu informieren bedeutet unter anderem auch den Mut zu haben, Negativumstände mitzuteilen, die später in der Regel sowieso bekannt werden. Je frühzeitiger solche Problemsituationen mit der Bank besprochen oder ihr transparent gemacht werden, desto höher sind die Sanierungs- bzw. finanziellen Begleitchancen. Jedes Kreditinstitut wird bestrebt sein, seinem Kunden nach Möglichkeit zu helfen und zu unterstützen, soweit noch berechtigte Sanierungsaussichten bestehen.

Die tradierte Vorstellung von einem Banker, der als „Kreditgewährer" agiert, ist überholt. Heute verstehen sich die Bankvertreter als Service-, Beratungs- und Betreuungsleute, die über den Tellerrand des Bankgeschäftlichen hinaus ihren „Support" zu leisten vermögen.

Zu einer guten Informationspolitik gehört auch die aktuelle Unterrichtung über die finanzielle und wirtschaftliche Lage. Die Zahlen aus dem Jahresabschluß dürfen für einen Banker keine Überraschung sein. Wer das Vertrauen zu seinem Bankgesprächspartner erhöhen will, tut gut daran, ihm über das gesamte Jahr hinweg, mindestens quartalsweise, die wichtigsten Eckzahlen und wirtschaftlichen Veränderungen bekanntzugeben. Auch die Mitteilung über Änderungen bei den Bankverbindungen (der aktuelle Bankenspiegel beinhaltet Kreditart, Kredithöhe und Sicherheiten nebst zeitnahem Kreditsaldo) wirkt auf die Firmenkreditwürdigkeit förderlich.

Eine bankenfreundliche Informationspolitik muß ferner ehrlich sein. Nur wer ehrlich und aufrichtig informiert, wird bei der Kreditwürdigkeitseinschätzung positive Akzente setzen. Jede „gesprochene Zahl" und alle Vorwegangaben sollten durch die endgültigen Zahlenwerke ihre Bestätigung finden. Wer unwahre oder total überzogene Informationen weitergibt, muß mit einer starken kreditmäßigen Zurückhaltung rechnen. Firmenvertretern, die über unangenehme Geschäftsergebnisse hinwegtäuschen wollen oder zu starken Übertreibungen neigen, begegnet man sehr skeptisch und vorsichtig. Wenn ein Firmenrepräsentant im vorhinein mit großen Worten aufwartet, muß er sich später daran messen lassen. Kritisch werden auch solche Kunden gesehen, die nur eine Informationsbereitschaft für Nebenschauplätze und Nebensächlichkeiten zeigen und die Informationen nicht preisgeben, die für eine kreditgebende Bank wichtig wären.

Unwahre und unrealistische Datenübermittlungen sind für die Kreditwürdigkeit vernichtend. Ein Kreditentscheider kann sich in solchen Fällen hinsichtlich des Zahlungswillens des Kreditnehmers nicht mehr sicher sein. Die Sicherheit im Vertrauensverhältnis ist nunmal das wichtigste Element in einer Kreditbeziehung, viel wichtiger als materielle Sicherheiten.

Eine regelmäßige Kontaktpflege zu den Bankvertretern hat unter anderem den Vorteil, daß Mißdeutungen und Fehlinterpretationen erst gar nicht aufkommen können, weil von vornherein klare Verhältnisse geschaffen werden. Es ist anzuraten, die Informationsintensität zu erhöhen, wenn das Kreditvolumen größer wird und/oder die Kreditkomplexität (mehrere Kreditarten werden gleichzeitig in Anspruch genommen) zunimmt und/oder die Kreditlaufzeiten langfristiger werden. Für die Bank sind insbesondere Angaben über den aktuellen Geschäftsgang, die Investitionspläne und die neuen Erfolgspotentiale von Interesse. Jeder Kreditnehmer tut gut daran, seine Informationspolitik offen, umfassend, aktuell und ehrlich zu gestalten. Wird diese Grundhaltung durch eine ständige Informationsbereitschaft ergänzt, erfährt die Firmenkreditwürdigkeit eine starke Aufwertung.

6.2.2 Die optimale Unterlagenbereitstellung

Ein Banker muß bei jeder Kreditvergabe auf bestimmte Schriftstücke abstellen können. Bei Kreditbeträgen von mehr als DM 100.000 ist die kreditgebende Bank gemäß § 18 KWG verpflichtet, sich „die wirtschaftlichen Verhältnisse, insbesondere durch Vorlage von Jahresabschlüssen, offenlegen zu lassen". Nur in Ausnahmefällen könnte die Bank davon absehen (vgl. § 18 KWG Satz 2). Der Gesetzgeber will mit § 18 KWG klarstellen, daß die Einsicht der Kreditinstitute in den Jahresabschluß im Wettbewerb unter den Banken nicht unterschiedlich gehandhabt werden darf. Die Kreditinstitute werden zudem durch das Bundesaufsichtsamt für das Kreditwesen auf die Beachtung dieser Vorschriften (unter Androhung hoher Bußgelder) überwacht.

Weiterhin haben sich aus dem Dialog mit dem Aufsichtsamt einige allgemeingültige Grundsätze entwickelt: Soweit es sich beim Kreditnehmer um ein Unternehmen handelt, das zum Führen von Büchern und Aufstellen von Jahresabschlüssen verpflichtet ist, müssen die letzten Jahresabschlüsse, gegebenenfalls ergänzt um Zusatzinformationen und Prüfungsberichte, vorgelegt werden. Mit dem § 18 KWG stellt der Gesetzgeber unter anderem sicher, daß der Bankenwettbewerb bei dem Prüfungselement „Vorlage von Jahresabschlüssen bzw. sonstigen Einkommensunterlagen" ausgeschlossen ist. Die Bankinstitute unterliegen bezüglich der Beachtung von § 18 KWG einer strengen Überwachung durch das Bundesaufsichtsamt für das Kreditwesen (BAK) in Berlin, das bei Mißachtung hohe Bußgelder verhängt. Weiterhin haben sich aus dem Dialog zwischen den Kreditinstituten und dem Bundesaufsichtsamt für das Kreditwesen einige allgemeingültige Verhaltensregeln entwickelt: Bei buchführungspflichtigen Kreditnehmern, die Jahresabschlüsse erstellen müssen, sind die Kreditinstitute gehalten, sich die letzten Jahresabschlüsse und erforderlichenfalls auch Zwischenabschlüsse vorlegen zu lassen. Ferner sind zur zukunftsorientierten Beurteilung der Kreditwürdigkeit entsprechende Unterlagen beizuziehen. Wenn der Kreditnehmer nicht zum Führen von Büchern und Aufstellen von Jahresabschlüssen verpflichtet ist, müssen die Banken anstelle der Jahresabschlüsse Einkommensteuerbescheide, einen Vermögensstatus, Gehaltsnachweise unter anderem verlangen.

Bei der Unterlagenbereitstellung ist zu differenzieren, ob erstmals Kredit bei einer Bank aufgenommen wird oder ob bereits ein langjähriges Kreditverhältnis besteht. Im ersten Fall sind umfangreichere Unterlagen (zur vergangenheits- und gegenwartsbezogenen Kreditprüfung, die bei einem bestehenden Engagement bereits vorgenommen wurde) bereitzustellen. In der Regel handelt es sich dabei um die letzten drei Jahresabschlüsse, Wirtschaftsprüfungsberichte, Geschäftsberichte, den aktuellen Status, sofern der Jahresabschluß älter als 3 Monate ist, die aktuelle betriebswirtschaftliche Auswertung mit Angaben zu den Bestandsveränderungen, Gesellschaftsverträge, Darlehensverträge bei Gesellschafterdarlehen, gegebenenfalls Organschaftsverträge und Ergebnisabführungsvereinbarungen, Investitionspläne mit Wirtschaftlichkeitsberechnungen, eine Rentabilitätsvorausschau, die mindestens die nächsten zwei Jahre umfaßt, Grundbuch- und Handelsregisterauszüge, eine Aufstellung über die Auftragseingänge und -bestände und einen Finanzplan.

Selbstverständlich hängt von der Kreditart und Kreditlaufzeit ab, welche der obengenannten Unterlagen unbedingt benötigt werden. Bei einem Betriebsmittelkredit wird der Schwerpunkt der Kreditprüfung anders gelagert sein als bei einem langfristigen Investitionsdarlehen. Bei einem Avalkredit oder Diskontkredit müssen beispielsweise ergänzende Unterlagen bzw. Informationen verlangt bzw. in Erfahrung gebracht werden. Es ist also von Fall zu Fall unterschiedlich, welche Unterlagen nun konkret benötigt werden.

Alle präsentierten Schriftstücke und Zahlenwerke, welche die zukünftige Ertragssituation und die wirtschaftlichen Entwicklungschancen durchsichtiger und prognostizierbarer machen, leisten einen Überzeugungsbeitrag gegenüber dem Kreditentscheider, daß man gewissenhaft und kontrolliert mit dem Fremdkapital umzugehen gewillt ist. Wer aufgrund von vorsichtig aufgestellten Plandaten (die anhand von nachprüfbaren Erfolgspotentialen untermauert sein müssen) die Cash-Flow-Hochrechnungen und damit die zukünftige Kapitaldienstfähigkeit sowie den mittelfristigen Kapitalbedarf aufzeigen kann, beweist damit seine Auseinandersetzungsfähigkeit mit der Zukunft. Dem Banker wird damit signalisiert, daß mit Fremdkapital genauso sorgfältig und gewissenhaft gearbeitet und umgegangen wird wie mit Eigenmitteln.

Bei der Unterlageneinreichung ist der Zeitpunkt der Überlassung wichtig. Vor einem Kreditgespräch sollten der Bank die Prüfungsunterlagen zugeschickt werden. Diese können dann im Vorfeld ausgewertet werden. Das Kreditgespräch wird dadurch effizienter und die Kreditentscheidung erheblich beschleunigt. Bei der jährlichen Einreichung des Jahresabschlusses liegen häufig Verzögerungen vor, die auf die Kreditwürdigkeit sehr belastend wirken. Denn unter Bankern gilt der Spruch: „Späte Bilanzen sind fast immer schlechte Bilanzen". Wer seine Steuerzahlungen durch eine späte Bilanzerstellung hinausschieben will, tut sich unter Umständen einen schlechten Dienst, wenn er damit seine gute Kreditwürdigkeit in Frage stellt oder die Bank gar die Einschätzung nach unten revidiert.

Wird einem umfangreichen Jahresabschlußwerk bei der frühzeitigen Bankeinreichung noch eine selbst abgefaßte Seite über die wesentlichen Veränderungen beigelegt, verschafft man sich ein positives Finanzimage. Eine weitere Imagepflege besteht darin, der Bank neben dem Liquiditätsplan auch halbjährlich mittelfristige und langfristige Finanzpläne mit Soll- und Istdaten zu überlassen. Die Art und Weise, wie ein Firmenverantwortlicher die Firmenperspektive seiner Bank nahebringt, kann unter Umständen die Firmenkreditwürdigkeit fast genauso beeinflussen wie der Inhalt der Unterlagen. Erfahrungsgemäß korrespondiert in den meisten Fällen die Qualität der Übermittlung mit dem qualitativen Inhalt der Unterlagen. Je aufgeschlüsselter, übersichtlicher und klarer das Prüfungsmaterial aufbereitet ist, desto schneller kann über das Finanzierungsanliegen entschieden werden.

Bei der Aufstellung und Einreichung der Prüfungsunterlagen gelten folgende Erfahrungsgrundsätze: Qualität ist wichtiger als Quantität; zukunftsorientierte Zahlenwerke sind für die Bank interessanter als vergangenheitsbezogene; spät eingereichte Unterlagen negativieren das Kreditwürdigkeitsbild, frühzeitig eingereichte Unterlagen positivieren das Kreditwürdigkeitsbild; je aktueller die Prüfungsunterlagen sind, desto höher wird die Qualität des Rechnungswesens eingestuft.

6.2.3 Die effiziente Gesprächsvor- und -nachbereitung

Die Bedeutung des Kreditgespräches selbst und demzufolge die Gesprächsvorbereitung wird leider allzuoft unterschätzt. Gerade bei Erstgesprächen werden die Grundlagen für das zukünftige Vertrauensverhältnis gelegt. Der erste Eindruck, die erste Begegnung ist meistens prägend (wenn auch nicht immer richtig) und deshalb für die weitere Geschäftsentwicklung bestimmend. Grobe Fehler in dieser Phase sind kaum wieder gutzumachen.

Eine rechnerische und sachliche Vorbereitung auf das erste Kreditgespräch kann deshalb nur von Vorteil sein. Wenn vorab Unterlagen der Bank eingereicht werden – was zu empfehlen ist –, muß damit gerechnet werden, daß ergänzende und kontexthafte Fragen im Kreditgespräch gestellt werden. Spontane und klare Antworten sowie erläuternde und vertiefende Ausführungen sind für den Banker ein deutliches Indiz dafür, daß der Unternehmer konkrete Zukunftsvorstellungen für sein Unternehmen entwickelt hat und seine Investitionspläne auskömmlich von allen Seiten reflektiert wurden. Eine gute Gesprächsvorbereitung ist bereits „die halbe Miete" für eine günstige und schnelle Finanzierungsplazierung. Wenn ein Unternehmensvertreter erst nach dem Kreditgespräch die wichtigsten Unterlagen zusammenstellen muß, seine eigenen Zahlenwerke und Schriftstücke nicht interpretieren kann, gar auf die meisten Fragen passen muß und/oder Zusammenhänge bzw. Synergien nicht aufzeigen kann, ist es um ein positives Kreditvotum schlecht bestellt.

Pluspunkte bei der Kreditwürdigkeitseinschätzung können sich die Unternehmensmanager sammeln, wenn sie einen vollständigen Satz der benötigten Unterlagen frühzeitig der Bank zur Vorprüfung übergeben oder zumindest die noch fehlenden Materialien beim Kreditgespräch dabei haben und die Gesprächsvorbereitung so vornehmen, daß eine lückenlose Beantwortung aller Fragen möglich ist. Die Kunst der Verschuldung besteht nun einmal darin, seinen Gläubiger davon zu überzeugen, daß sein Geld bei dem Schuldner in den besten Händen ist und die Rückzahlung zuzüglich des Zinsendienstes außer Frage und Zweifel steht. Im Grunde genommen hätten es die (potentiellen) Kreditnehmer daher wesentlich leichter und bequemer, wenn sie sich besser in die Situation eines Kreditgebers versetzen würden. Der Bankangestellte reicht ja nicht sein eigenes Geld aus, sondern treuhänderisch das Geld von Dritten. Er ist dementsprechend zu großer Sorgfalt verpflichtet.

Zu einer effizienten Gesprächsvorbereitung gehören Auseinandersetzungen mit folgenden Fragenkomplexen:

- **finanzielle Bonität**
  Stichworte: Besonderheiten, ungünstige Kennzahlen im Jahresabschluß, Rentabilitätsberechnungen einer Investition, Vorhandensein und gegebenenfalls die Qualität von Kurz-, Mittel- und Langfristplänen, Art und Spielraum der Finanzierungsreserven, kurz-, mittel- und langfristiger Kreditbedarf, Investitionsbudgets, künftige Ertragskraft, Ertragspotentiale, künftige Kapitalstruktur, Finanzierungs- und Investitionsplan usw.,
- **wirtschaftliche Bonität**
  Stichworte: Beschaffungsmarkt, Absatzmarkt, Wettbewerber, Auftragslage u. a.,
- **Fragekomplex zur technischen Bonität**
  Stichworte: Stand der Produkt- und Prozeßtechnologie, Forschungs- und Entwicklungsaufwand, Computerisierungsgrad in der Produktion und der Verwaltung, Neuproduktentwicklungen etc.
- **ökologische Bonität**
  Stichworte: Umweltschutzbemühungen in der Produktion, beim Einkauf von Ressourcen, bei der Produktentwicklung, im Vertrieb, bei der Wiederverwertung u. a.,
- **Kreditsicherheiten**
  Stichworte: Anlage- und Umlaufvermögen frei von Rechten Dritter?, sonstige freie Sicherungsmittel wie außerbetriebliche Sicherheiten, vergebene Sicherheiten an andere Geldgeber, Bankenspiegel, Gleichbehandlungspassus etc.
- **personelle Kreditwürdigkeit:**
  Stichworte: Managementerfahrungen, Führungsstil, Mitarbeiterqualifikationen, Fluktuationsquote, Entwicklungschancen im Betrieb, Informationspolitik usw.

In der Regel wird ein Firmenrepräsentant die wichtigsten und entscheidendsten Unternehmenseckdaten auswendig wissen, so daß sich eine aufwendige Vorbereitung sowieso erübrigt. Oft werden auch nur kurze Teilbereiche aus vorgenanntem Themenkomplex angerissen, weil der Banker über die Firma bereits gut informiert ist. Wichtig erscheint der Hinweis, daß zu allen Bereichen die Quintessenz vortragbar sein sollte. Nach einem Kreditgespräch kommt es relativ oft vor, daß ergänzende Unterlagen nachgereicht oder neu aufgeworfene Fragen und Sachverhalte noch abgeklärt werden müssen. Gerade in diesem Stadium einer Kreditverhandlung ist es wichtig, den ersten positiven Eindruck weiter zu festigen, indem schnell und sorgfältig die noch zu klärenden Punkte erledigt werden. Eine prompte und zufriedenstellende Erledigung läßt die Firmenkreditwürdigkeit weiter steigen, weil damit Zuverlässigkeit und Zielstrebigkeit dokumentiert wird. Muß an die abschließenden Punkte mehrmals erinnert werden, sinkt das Finanzimage rapide.

Wer die Spielregeln der Verschuldungskunst beherrscht, wird gerade diesen vermeintlich nicht so wichtigen Dingen große Beachtung schenken. Wen man in der Vorphase einer Kreditentscheidung bereits als zuverlässig, ehrlich und geschäftüchtig kennengelernt hat, dem werden auch schnell ähnliche Eigenschaften bei der zukünftigen Erfüllung von Kreditverpflichtungen zugesprochen.

6.2.4 Die kreditwürdigkeitserhöhende Kommunikation

In einem Kreditgespräch sollten neben den allgemeinen Regeln für einen guten Gesprächsfortschritt auch kreditgesprächsspezifische Regeln beachtet werden. Das Finanzierungsanliegen sollte ohne große Umschweife, Beschönigungen oder Rechtfertigungen vorgetragen werden. Vielredner, die glauben, mit rhetorischen „Klimmzügen" finanzielle und wirtschaftliche Mängel wegdiskutieren zu können, haben, wenn überhaupt, nur bei ganz unerfahrenen Kreditleuten eine Überzeugungschance. Andererseits betrachtet man Unternehmer, die zum ersten Kreditgespräch ihren Steuerberater, Wirtschaftsprüfer, Vermögensberater oder Unternehmensberater als verlängertes Sprachrohr mitbringen, sehr skeptisch und kritisch. Ein Unternehmer oder Unternehmensvertreter, der sein Haus gegenüber einem Kreditinstitut vertritt, sollte immer kaufmännisches und betriebswirtschaftliches Know-how besitzen und in der Lage sein, auch allein als Unternehmensfürsprecher aufzutreten.

Nachstehend soll auf immer wiederkehrende Fehler bei Kreditgesprächen näher eingegangen werden, um hierfür stärker zu sensibilisieren. Im Falle eines Ablösungsgespräches wirken beispielsweise folgende Aussagen „Meine Bank ist bei der Kreditvergabe nicht flexibel genug", „Meine Bank hat den Kreditrahmen für mich zu eng gesteckt", „Meine Bank ist bei der Kontoführung zu kleinlich", „Meine Bank will meine Investitionsvorhaben finanziell nicht begleiten", „Meine Bank will immer so viele Unterlagen", wie eine selbstausgesprochene Kreditablehnung. Bei Altkunden sind folgende Kommunikationsfehler vorherrschend:

- Ein Kreditwunsch wird als Anspruch ausgesprochen.
- Bei einem Finanzierungsanliegen wird bereits die Kreditzusage dafür unterstellt, ohne daß das Vorhaben und die entsprechenden Zukunftsperspektiven erläutert wurden.
- Eine Kreditzusage wird unterschwellig zu erzwingen oder im schlimmsten Fall gar zu erpressen versucht durch Androhung eines Bankwechsels oder eines geschäftlichen Schadens.

Gerade bei Einzelunternehmern kommt leider oft folgende Gegenfrage auf eine kreditwürdigkeitsklärende Frage des Bankers: „Wieviel bin ich Ihnen denn wert?". Solche Verhaltensweisen schaden der eigenen Kreditwürdigkeit nur und mahnen den Kreditentscheider zur äußersten Vorsicht.

6.2.5 Die kreditwürdigkeitsverbessernde Selbstdarstellung und Präsentation

Jeder Kreditgeber ist daran interessiert, den Betrieb seiner (potentiellen) Kunden zu besichtigen. Der Firmenkundenbetreuer möchte sich direkt vor Ort ein Bild über das Unternehmen machen und Eindrücke für die Beurteilung der Managementqualifikation bekommen. Es wird gern gesehen, wenn eine diesbezügliche Einladung direkt vom Unternehmer ausgesprochen wird. Hierdurch wird nicht nur das Interesse der Bank befriedigt, sondern vor allem bieten sich hier sehr viele Präsentationschancen, die die Firmenkreditwürdigkeit erheblich verbessern können, soweit entsprechende Voraussetzungen vorliegen. Eine selbstbewußte Eigendarstellung bei einer Betriebsbesichtigung ist einer positiven Kreditwürdigkeitseinschätzung sicherlich nicht abträglich. Hierbei sollte jedoch bedacht werden, daß ein erfahrener Banker mehr die Dinge „zwischen den Zeilen" beachtet und bewertet als das eigentlich im Vordergrund stehende Firmenanwesen. „Zwischen den Zeilen" bedeutet hier der zwischenmenschliche Umgang, Führungsstil, Engagement, Arbeitsfreude und Motivationsverhalten der Mitarbeiter, Hierarchiestruktur, Organisationsform, Computerisierungsgrad, stille Reserven im Fuhr- oder Maschinenpark und bei den Immobilien, Ausstattung der Produktionsarbeitsplätze und der Büroräume der Führungsleute, Sozialräume, Luxusbedürfnisse der Unternehmer bzw. Unternehmensrepräsentanten, Unternehmenskultur, Betriebsatmosphäre etc.

Insbesondere für die Einschätzung der Unternehmenskultur ist eine Betriebsbegehung unverzichtbar. Je nachdem, auf welcher Kulturstufe ein Unternehmen einzuordnen ist, wird dies die Kreditwürdigkeit positiv oder negativ beeinflussen. Denn „die Kultur eines Unternehmens wird immer mehr zu einem Wettbewerbsfaktor und erlangt wachsende Bedeutung, um Nachwuchsführungskräfte zu gewinnen. Die innere Organisation und Strukturen sagen viel – wenn auch nicht alles – über die Effektivität in der Zukunft aus".[1]

Die zentrale Aufmerksamkeit eines Bankers bei einer Betriebsbesichtigung wird also mehr auf die inneren Strukturen und Merkmale gerichtet sein. Sicherlich ist das äußere Erscheinungsbild eines Unternehmens nicht zu vernachlässigen. Es ist ebenfalls ein wichtiges Werbemittel und ein bedeutendes Aushängeschild. Die Chance, bei einer Betriebsbegehung sich eine Meinung über das „Innenleben" eines Unternehmens bilden zu können, sollte nicht durch die alleinige Inaugenscheinnahme von Äußerlichkeiten vertan werden. Die Grundintensionen von Kunde und Bank hinsichtlich einer Betriebsbesichtigung dürften also oftmals verschieden sein. Unter Umständen kann ein Besuch vor Ort mehr Nachteile als Vorteile für die Kreditwürdigkeit haben.

---

1 Vgl. Froemer, Fried, Führungskräfte sollten Konsequenzen aus der ‚Kulturstufe' ihres Unternehmens ziehen, Handelsblatt Nr. 15 vom 5./6. 4. 1991.

Banker schauen oft auch die Verkaufsprospekte, die Unternehmensleitlinien und -grundsätze – soweit vorhanden –, Messeunterlagen, Firmenpräsentationen (neuerdings werden hierfür sogar Videocassetten ausgegeben) etc. sehr genau an. Wer hier eindrucksvolle Ideen zur Schau trägt, dem wird schnell Kreativität und Innovationskraft zugeschrieben, was der Kreditwürdigkeit nur dienlich sein kann. Auch die Öffentlichkeitsarbeit und das Bemühen um Publicity sollte bei einem Unternehmen nicht zu kurz kommen. Die meisten Firmenkundenbetreuer beobachten derartige Aktivitäten in ihrem Zuständigkeitsbereich sehr genau, verfolgen Firmenartikel aus den Lokalzeitungen, Fachzeitschriften, Wirtschaftszeitungen und -magazinen mit großer Aufmerksamkeit und sammeln solche Pressenotizen in ihren Akquisitionsmappen. Weit verbreitet sind mittlerweile auch „Tag-der-offenen-Tür-Aktionen" mit Betriebsführungen sowie Dia- und Filmvorführungen. Unternehmen, die öfter mit positiven Schlagzeilen in den Massenmedien aufwarten, stehen in der Regel auch höher in der Gunst der Kreditgeber. Daß dies gleichzeitig positiv auf die Firmenkreditwürdigkeit ausstrahlt, braucht nicht besonders hervorgehoben werden.

Zu einem positiven Firmenimage trägt auch die jährliche Einladung zu einer Jahresabschlußbesprechung mit Übergabe der Zahlenwerke bei. Die potentiellen Möglichkeiten für das Unternehmen, auch indirekt Werbung zu betreiben und das Unternehmensimage gegenüber der Bank zu verbessern, sollten konsequent genutzt werden. Obgleich manche Kreditwürdigkeitsbemühungen nicht sofort spürbar werden, so zahlen sie sich à la longue in materieller und immaterieller Hinsicht doch aus.

F. Fazit

1. Anforderungsprofil und Position des Firmenkundenbetreuers

Der Beratungs- und Finanzdienstleistungsbedarf bei den Firmenkunden ist vor dem Hintergrund der zunehmenden Bedeutung von Informationen als Produktionsfaktor, der vermehrten Umweltschutzfinanzierungen, des beschleunigten technischen Fortschritts, der Marktstrukturveränderungen in Europa und im Osten, der Produktionsverlagerungen in Billiglohnländer sowie der relativ häufig vorkommenden Nachfolgeproblematik enorm hoch. Die Anforderungen an die Firmenkundenbetreuer(innen) sind deshalb hinsichtlich des Produktwissens einer Bank und von der betriebswirtschaftlichen und volkswirtschaftlichen Seite her hoch. Soll dieses Know-how auch noch erfolgreich in den Firmenkundenbeziehungen umgesetzt werden, ist Akquisitions- und Verkaufsgeschick sowie Sozialkompetenz unerläßlich.

Der Firmenkundenbetreuer findet in seinen Aufgabengebieten und Zielvorgaben nur in den wenigsten Fällen sich ergänzende und gut ineinanderfließende Momente. Das strategische Dreieck „Kundenorientierung, Ertragsorientierung und Risikoorientierung" immer im Auge zu behalten, ist kein einfaches Unterfangen im Tagesgeschäft. Sieht man von wenigen Ausnahmen ab, so ist in der Firmenkundenbetreuung zum Glück die langfristige Vertrauens- und Geschäftsbasis sowie die Beziehung zwischen Bankvertreter(in) und Unternehmensvertreter(in) für die Geschäftsintensivierung wichtiger als beispielsweise ein Sechzehntel Prozentpunkt bei einer Eurоziehung oder einer Festgeldanlage.

Nur darf man sich hier auch keiner Illusion hingeben. Vertrauen und Bindung muß über Jahre hinweg erst aufgebaut werden und verlangt von den Firmenkundenbetreuern ein stetiges Kontaktbemühen und eine hohe Sozialflexibilität, um auf die verschiedenartigen Gesprächspartner adäquat eingehen zu können. Nur wer ständig an sich selbst arbeitet und seine Persönlichkeit entwickelt und entfaltet, kann dieser Herausforderung gerecht werden. Der reine Produktverkauf kann nicht zum Erfolg führen. Heute ist mehr denn je problemlösungsorientiertes Akquirieren und Sozialkompetenz gefragt. Dabei spielt es keine Rolle, ob kleine, mittlere oder große Mittelstandsunternehmen und/oder Konzernadressen bzw. Holdings beraten und betreut werden. Oft laufen die Beratungsgespräche in Sachgebiete der Unternehmensführung, der Unternehmensnachfolge, der Unternehmenscomputerisierung, der Unternehmensaufspaltung, der Produktionsverlagerung, der Unternehmensrationalisierung etc. Der Firmenkundenbetreuer muß auch über solche Themenkomplexe im Grundsatz (aus seiner Betreuungserfahrung) etwas sagen können. Sicherlich müssen zu tiefergehenden Gesprächen entsprechende Spezialisten der Bank hinzugezogen werden. Der Berater hat hier vermittelnde Funktion wahrzunehmen.

Eine wichtige Voraussetzung sollte jeder Betreuer mitbringen: Krediterfahrung. Die klassischen Bankabsatzrisiken sind dem Kreditgeschäft zuzuschreiben. Der Wertberichtigungsbedarf der Bankinstitute hängt zu einem großen Teil von dem Kredit-Know-how ihrer Mitarbeiter ab. Wenngleich viele Banken dazu übergegangen sind, die quantitativen Prüfungsbausteine innerhalb der Kreditwürdigkeitsprüfung auszubauen, so können die viel wichtigeren qualitativen Prüfungselemente im Firmenkreditgeschäft niemals ersetzt werden. Und gerade bei den qualitativen Beurteilungsfeldern hat der Firmenkundenbetreuer eine besonders wichtige Aufgabe wahrzunehmen. Denn wer kann kompetenter und erfahrener über die Managementqualifikationen, die Qualität der Finanzbuchhaltung, die Betriebsatmosphäre, die Unternehmenskultur, das Motivations- und Engagementverhalten der Unternehmensmitarbeiter etc. urteilen als der Berater, der im Unternehmen ein- und ausgeht, die Kontakte zu den Unternehmern, Unternehmensvertretern und Mitarbeitern unterhält und pflegt sowie über andere Informationsquellen direkt vor Ort eine hohe Unternehmenstransparenz hat.

Krediterfahrung, Kreditkompetenzen und delegierte Konditionsspielräume sind wichtige Voraussetzungen, um im Kundengespräch kompetent auftreten zu können. Andernfalls läuft man schnell Gefahr, von den Unternehmern bzw. Unternehmensvertretern nicht ernstgenommen zu werden. Und wer einmal verlorengegangener Akzeptanz hinterherläuft, tut sich naturgemäß sehr schwer, seine Reputation und Kompetenz wieder in das richtige Licht zu rücken. Gerade bei Kreditvolumina, die die eigene Kreditkompetenz und/oder Filialkompetenz übersteigen, ist rhetorische Geschicklichkeit und aus der Krediterfahrung gewonnene Sicherheit und Souveränität im Kreditgespräch elementar wichtig.

Wer hier Schwäche zeigt, wird sich in der gesamten Geschäftsbeziehung schwertun. Einerseits darf ein kompetenzüberschreitender Kredit oder eine Krediterhöhung aufgrund der limitierten Vollmachtshöhe nicht direkt vor Ort zugesagt werden, andererseits ermöglicht einem die Krediterfahrung aufgrund der vorliegenden Unterlagen bzw. Informationen die Genehmigungschancen von vornherein einzuschätzen, so daß im Kreditgespräch die Richtung klar vorgegeben oder auf die ergänzende Prüfung von noch einzureichenden Zahlenwerken hingewiesen werden kann. Wer bei einem Finanzierungsanliegen dreimal beim Kunden vorsprechen muß, um die Auflagen vorgeordneter Kreditstellen zu erfüllen, wird sicherlich keinen Beitrag zur Verbesserung der Kundenbeziehung leisten.

Die Position der Firmenkundenbetreuer kann zusammenfassend wie folgt beschrieben werden: Der Firmenkundenbetreuer ist für die ihm übertragenen Firmenadressen und neuakquirierten Kunden hinsichtlich des Ertrages und des passenden Produktabsatzes der Bank voll verantwortlich. Dabei ist der Verkauf der Bankleistungen an den individuellen Kundenbedürfnissen auszurichten. Gegebenenfalls sind die entsprechenden Spezialisten hinzuzuziehen.

Ferner trägt er Verantwortung oder Mitverantwortung für Kreditentscheidungen. Der Firmenkundenbetreuer ist in der Regel der Filialleitung direkt unterstellt. Die Firmenkundenbetreuerin/der Firmenkundenbetreuer muß sowohl Kredit- als auch Konditionskompetenzen besitzen, um erfolgreich am Markt auftreten zu können.

Das Sachgebiet des Firmenkundenbetreuers umfaßt im wesentlichen den Produkt- und Dienstleistungsverkauf im Firmenkundenbereich, die Neuakquisition, die Kreditmitentscheidung eingebrachter Geschäfte und die Datenpflege der Firmenkundenkartei.

Bevor ein Bankmitarbeiter in der Firmenkundenbetreuung startet, sollte er eine bestimmte Berufserfahrung haben. Dies kann beispielsweise eine mehrjährige erfolgreiche Arbeit als Gruppenleiter im Firmenkundengeschäft, Mitarbeiter „Firmenkunden Kredit" oder „Firmenkunden Ausland" oder Filialleiter sein. Alternativ kann eine Trainee-Ausbildung mit Zielrichtung Firmenkundenbetreuung oder Zielrichtung Kredit auskömmlich sein. Das erste Betreuungsjahr sollte hier jedoch bei einem erfahrenen Firmenkundenbetreuer als Vertreter oder Juniorbetreuer absolviert werden.

Zu den fachlichen Anforderungskriterien zählen unter anderem herausragendes Verkaufsgeschick, gute Marketing- und Branchenkenntnisse, tiefergehende finanzwirtschaftliche, steuerrechtliche und volkswirtschaftliche Kenntnisse und die Beherrschung der verwaltungstechnischen Hilfsinstrumente im Firmenkundengeschäft. Die Beherrschung von Fremdsprachen, insbesondere von Englisch ist ein weiteres Anforderungskriterium.

Als Fortbildungsmaßnahmen bieten sich Rhetorikseminare, Verkaufstrainings, Round-Table-Gespräche, persönlichkeitsfördernde Seminare, Fachseminare und Kolloquien an.

Die Dotierung der Position ist wie folgt geregelt: In den ersten Betreuungsjahren sind meist die Endstufen des Tarifbereichs die Regel. Danach ist der außertarifliche Bereich üblich. Die Titelstruktur reicht von der Handlungsvollmacht bis zum Direktor.

2. Zukunftsperspektiven des Firmenkreditgeschäftes

2.1 Der Wettbewerb und das potentielle Kreditrisiko werden künftig zunehmen

Die ersten Industrieadressen engagieren sich bereits überwiegend direkt am Geld- und Kapitalmarkt, der „große" Mittelstand geht vermehrt den Weg an die Börse. Zum anderen kommen immer noch ausländische Anbieter auf den deutschen Markt. Dieser Trend wird mit der Verwirklichung des europäischen Binnenmarktes weiter zunehmen.

Im Ausland wiederum werden die Firmenkunden, die sich dort ebenfalls engagieren, von den ausländischen Banken stark umworben. Bei den Finanzinnovationen halten die Auslandsbanken je nach Leistung Marktanteile zwischen 25 und 50 %. Nur selten findet man Auslandsbanken, die die gesamte Produktpalette einer Universalbank offerieren. Ferner dringen „Near-banks" und „Non-banks" in das klassische Bankgeschäft ein. Insbesondere die Lebensversicherungsgesellschaften bemühen sich mit erstklassigen Konditionen verstärkt um Firmenkredite. Auch Kapitalwagnisgesellschaften sind am Markt zunehmend zu beobachten. Die Finanzmärkte sind sehr umkämpft, nicht zuletzt, weil neue Mitwettbewerber die Szene betreten haben.

Der zusätzlichen Kapitalnachfrage, die insbesondere von dem „mittleren und kleinen Unternehmen" kommt, steht also eine steigende Zahl von Wettbewerbern gegenüber. Die Bankinstitute haben sich auf die neue Situation einzustellen, daß der Wettbewerb weiter

zunimmt, „1-A-Adressen" als Kreditnehmer weitgehend ausscheiden und Kredit überproportional von kleineren und bonitätsmäßig schwächeren Firmen nachgefragt wird.
Durch diese veränderte Kreditkundenstruktur muß damit gerechnet werden, daß die
potentiellen Kreditrisiken zunehmen und das Kreditausfallrisiko demnach größer wird.

Bereits in 1991 dürfte die globale Bonitätsverschlechterung in den bestehenden Kreditportefeuilles einen enormen Wertberichtigungsbedarf ausgelöst haben. Eine eingehendere
Kreditprüfung sollte also nicht nur eine Grundintension sein, sondern geradezu eine
unaufschiebbare Pflicht. Auch wenn die Kreditvergabepolitik eines Bankhauses einen
restriktiven Kurs einschlägt, sollte das bestehende Kreditportefeuille aus vorgenannten
Gründen kritisch unter die Lupe genommen werden.

2.2 Rationalisierungsbestrebungen bei den Bankinstituten werden zukünftig zu Effizienzsteigerungen im Firmenkreditgeschäft führen

Die Bankinstitute rüsten sich für das Jahr 2000. In 15 bis 20 Jahren ist davon auszugehen,
daß nur noch vier bis fünf „Superriesen" im Dienstleistungsmarkt vertreten sein werden.
Eine Lawine von Fusionen, Aufkäufen, Übernahmen und Kooperationen im Bankgewerbe
dürfte demnächst losgetreten werden. Die verschärften Eigenkapitalanforderungen nach
EG-Recht veranlaßten bereits jetzt viele Sparkassen und Volksbanken zu fusionieren, um
als größeres Aggregat am Markt wettbewerbsfähiger und flexibler auftreten zu können.
Die Dominanz des Finanzsektors in den 80er Jahren mit der Ordnung der Währungen und
der Finanzströme, der Globalisierung, Liberalisierung und Computerisierung läßt sich in
diesem Jahrzehnt nicht mehr fortsetzen. Vieles deutet darauf hin, daß die neunziger Jahre
das Jahrzehnt der Industrie und des Mittelstandes werden. Bereits jetzt ziehen die Unternehmen durch umwälzende Prozeßtechnologien, Produktionsverlagerungen, Umwelt-
schutzinvestitionen, neue Arbeitsstrukturen und ein immer innovativer werdendes Fi-
nanzmanagement die Aufmerksamkeit auf sich. Die Ära der Finanzwelt, die durch eine
weitgehende Beschäftigung mit sich selbst charakterisiert war, dürfte in den 90er Jahren
durch eine Phase der stärkeren Konzentration auf den Kunden und auf die Etablierung
umfassenderer Bankdienstleistungen (Corporate Finance) sowie der Konsolidierung abgelöst werden.

Der Strukturwandel in der Bankenwelt ist ferner durch Allfinanzbestrebungen, eine
verbesserte Vorsorgepolitik (insbesondere bei Krediten an Problemländer und bei großen
Immobilienengagements), eine Schwerpunktverlagerung bei der Geschäftspolitik (die
Qualität des Kreditportefeuilles steht heute im Vordergrund) und durch ein verbessertes
„Risk"- und Kostenmanagement charakterisiert. Gerade letztere Faktoren und die gene-
rellen Rationalisierungsbemühungen werden dafür sorgen, daß das Firmenkreditgeschäft
zukünftig effizienter gestaltet werden muß.

Dem relativ hohen und ständig steigendem Verwaltungsaufwand bei den Banken wird
derzeit ein straffes Kostenmanagement entgegengestellt. Ferner soll mit stetigen Produk-
tivitätsverbesserungen dem zunehmendem Administrationsaufwand entgegengewirkt

160

werden. Im Firmenkreditgeschäft sind bei den Großbanken schon verschiedene Maßnah-
men zur Effizienzsteigerung eingeleitet worden. Unter anderem zählt hierzu eine striktere
Aufgabenverteilung zwischen den Mitarbeitern des Bereiches Kredit (Risikobeurteilung,
Technik und Verwaltung) und des Betreuungsbereiches (Akquisition und Beratung unter
Berücksichtigung der Ertragsoptimierung, der Risikominimierung und der maximalen
Ausschöpfung des Kunden- und Marktpotentials). Als gemeinsame Tätigkeit verbleibt die
Kreditentscheidung, die unter Einbeziehung der geschäftspolitischen und der Kreditwür-
digkeits- bzw. Risikoaspekte, zu treffen ist. Die Firmenkundenbetreuer sollen durch die
striktere Aufgabenverteilung mehr Freiräume für das Marketing bekommen, während die
Kreditmitarbeiter die Service- und Mitentscheidungsfunktion innehaben.

Weitere Maßnahmen zur Effizienzsteigerung sind beispielsweise die Verlängerung des
Prolongationsrhythmus auf zwei oder mehr Perioden bei den Engagements mit niedrigen
Risikomerkmalen, der verstärkte Übergang der kreditmäßigen Ordnung von Risikolinien
an Stelle von einzelnen Produktlinien, die Einführung von Sprungkompetenzen bei be-
stimmten Konzerneinzelengagements und die Reduzierung der Anzahl der Beteiligten am
Kreditentscheidungsprozeß.

2.3 Ein erfolgreiches Firmenkreditgeschäft wird zukünftig eine höhere Beratungs-, Prüfungs- und Sozialkompetenz von den Entscheidungsträgern verlangen

Die aktuellen Veränderungen in der Wirtschaft, die unter anderem durch eine Wirt-
schaftsdynamik bestimmt sind, durch die ganze Branchen niedergehen und neue Ge-
schäftszweige von heute auf morgen etabliert werden, Quantensprünge in fast allen
Technologien zu verzeichnen sind, die Unternehmenskonzentrationen größer werden und
der Konkurrenzkampf der Firmen nicht nur national, sondern zunehmend auch international ausgetragen werden muß, verlangen zukünftig von den Kreditverantwortlichen ein
neues anspruchsvolleres Denken und Entscheiden, wenn das Kreditgeschäft in der Zukunft
genauso risikobewußt verantwortet werden will wie in der Vergangenheit.

Managementfehler werden in der zukünftig noch schnellebigeren Zeit fatalere Unterneh-
mensprobleme zeitigen als in den vergangenen Jahrzehnten. Die Beurteilung der Managementqualifikation nimmt somit einen zentralen Stellenwert innerhalb der gesamten
Kreditwürdigkeitsprüfung ein.

Wer daher keine klaren Vorstellungen über Bewertungskriterien bei der Beurteilung der
Managementqualifikation besitzt sowie keine Kontakte und Beziehungen zu Firmenver-
antwortlichen/Unternehmern unterhält, wird sich bei diesem Prüffeld sehr schwer tun.
Erfahrungen mit Firmenkunden und ein geschulter Blick für das Wesentliche sind heute
mehr denn je gefragt; insbesondere vor dem Hintergrund eines Strukturwandels auf den
Produktmärkten (die Produktlebenszyklen werden bei verlängerten Produktentwick-
lungszeiten immer kürzer, Konsumgewohnheiten ändern sich heute schneller und sprung-
hafter usw.) und auf den Finanzmärkten (Finanzinnovationen wie z. B. RUFs, NIFs,
Commercial Papers, Medium Term Notes, Floating Rate Notes etc. ersetzen teilweise

klassische Kreditprogramme). Gerade wenn es darum geht, den Mitwettbewerbern auf weitgehend verteilten Märkten Anteile abzuringen, wird eine hohe soziale und fachliche Kompetenz, die zur Vertiefung des Kundenvertrauens bzw. für eine überzeugende Beratungsleistung unabdingbar sind, enorm wichtig.

Aufgrund relativ niedriger Eigenkapitalquoten (1950 = 57,7 %, 1960 = 37,8 %, 1970 = 31,3 %, 1980 = 27,5 %, 1986 = 19 %) sowohl historisch als auch im internationalen Vergleich, zunehmender Investitionszwänge – um wettbewerbsfähig bleiben zu können – und einer erhöhten Kapitalbindung im Umlaufvermögen (längere Zahlungsziele, Zahlungsverzögerungen wegen Abhängigkeiten von Großabnehmern, Liquiditätsengpässen bei den Abnehmern etc.) werden die Kreditinstitute unwillkürlich stärker in das unternehmerische Risiko (erweitertes Risiko) gedrängt. Hieraus erwachsen zusätzliche Risiken im Firmenkreditgeschäft, die es kalkulierbar zu halten gilt. Die Kalkulierbarkeit wiederum hängt davon ab, ob die Firmenkundenberater, Kreditberater oder Kreditreferenten in der Lage sind, Nutzenpotentiale der Firmenkunden zu erkennen und deren zukünftige Ertragsmöglichkeiten abzuschätzen. Betriebswirtschaftliches Denken, Marketing-Knowhow, Grundkenntnisse von Technologieinnovationen und Beurteilungsvermögen über potentielle Umweltbelastungen aus Produkten und Produktionsverfahren werden zukünftig den guten und kompetenten Mitarbeiter im Firmenkreditgeschäft unter anderem auszeichnen. Da die Gestaltung bzw. Beeinflussung des zwischenmenschlichen Bereichs ein wichtiger Erfolgsfaktor ist, verlangt dies Kommunikationsfähigkeit, Ausstrahlungsvermögen, Überzeugungsfähigkeit, Charakter- und Persönlichkeitsstärke. Die im Firmenkundengeschäft tätigen Mitarbeiter sind daher entsprechend gefordert, sowohl ihre fachliche Kompetenz – zur Beurteilung der Entwicklungschancen der Kreditkunden und der Kreditrisiken – als auch ihre soziale Kompetenz – zur Bildung von Kundenvertrauen und -bindung – stets fortzuentwickeln, wenn sie das Firmenkreditgeschäft weitgehend von unnötigen Risiken freihalten und erfolgreich ausbauen wollen. Mit zunehmender Technisierung und Globalisierung im Kreditgewerbe kommt der persönlichen Kompetenz damit ein immer höherer Stellenwert zu. Das Anforderungsprofil für den Firmenkundenbetreuer wird zukünftig deswegen noch anspruchsvoller werden.

3. Abschließende Bemerkung

Das Kreditgewerbe ist auf das Informationswesen angewiesen. Die Ziehung von Basisinformationen, die Informationsaufbereitung und -verdichtung sowie die passende Informationsnutzung sind das „A und O" im Kreditgeschäft. Der Informationsdurst und die Informationsverarbeitung muß bei allen Kreditentscheidungen soweit gehen, bis der Erkenntnisgrad und Überzeugungsgrad erreicht ist, daß die Kreditverpflichtung vom Kreditnehmer vereinbarungsgemäß erfüllt werden kann. Informationen im Kreditgewerbe sind im übertragenen Sinne gleichbedeutend mit den Rohstoffen im produzierenden Gewerbe.

Gleichwohl ist es im Interesse der Kundenbeziehung notwendig, hochsensibel und äußerst taktvoll bei der Informationsbeschaffung vorzugehen. Sicherlich gehört auch viel Fingerspitzengefühl und rhetorische Geschicklichkeit dazu, dem notwendigen Informationsbedürfnis der Bank einerseits und der Beziehungsqualität mit dem Firmenkunden andererseits auskömmlich Rechnung zu tragen. Denn nur über eine vertrauensvolle und intakte Kunden-Bank-Beziehung können Geschäfte abgeschlossen werden, die dem Kunden und der Bank Vorteile bringen. Ein „amtsstubenmäßiges" Abfragen der Prüffelder würde sicher auf Unverständnis stoßen und die Position der Bankverbindung schwächen.

Unternehmerisches Mitdenken- und Mitfühlenkönnen ist eine wichtige Grundvoraussetzung erfolgreichen Wirkens im Firmenkundengeschäft. Entscheidend bei der Kreditwürdigkeitsprüfung ist die richtige Dosierung auf der Sach- und Klimaebene. Alle Fragen zur Kreditwürdigkeit können nicht in einem einzigen Gespräch geklärt werden. Das Kennenlernen des Betriebes und möglichst vieler Unternehmensvertreter schafft mehr Transparenz, eine höhere Informationsverknüpfung sowie eine tiefere Informationsdurchdringung. Dies wiederum bedingt einem mehr Urteilssicherheit bei der Kreditentscheidungsfindung. Aus der Praxiserfahrung kann bestätigt werden, daß es durchaus möglich ist, sämtliche Kreditwürdigkeitsfelder abzuchecken und die hierfür notwendigen Informationen „durchzuholen", wenn in partnerschaftlicher und vertrauensvoller Form die Kreditprüfung vorgenommen wird. Ein aktives und bewußtes Kreditwürdigkeits-Management erleichtert das Kreditverhandlungsprozedere deutlich und verbindet die Unternehmens- und Bankinteressen in idealer Weise.

Literaturverzeichnis

Adler, Alfred, Menschenkenntnis, Frankfurt, 1966

Ahlers, Friedel, Der Führungsstil als Erfolgsfaktor, Das Erfolgsrezept gibt es nicht, Handelsblatt Nr. 123, 1. 7. 1991

Bankkaufmann, Schnellkurs: Bonitätsprüfung im Firmenkundengeschäft (2), Wo stille Reserven zu finden sind, 9/88, S. 51 ff. Schnellkurs: Bonitätsprüfung im Firmenkundengeschäft (3), Die Grenzen der Kennzahlen, 10/88, S. 24 ff. Schnellkurs: Bonitätsprüfung im Firmenkundengeschäft (3), Die Unternehmenskrise rechtzeitig erkennen, 11/88, S. 45 ff. Zukunftsorientierte Bonitätsprüfung, Marketingkonzepte und Innovation, 1/88, S. 25 ff.

Beuck, Gerhard, Trotz Aufschwung mehr Insolvenzen, in: WISU 12/86, S. 575 f.

Beyer, Helmut, Die Praxis der Bilanzanalyse nach „neuem Recht", in: Kreditpraxis 2/89

Binder, Hans, Die menschliche Person, Verlag Hans Huber, Bern, Stuttgart, Wien, 1974

Birkenbihl, Vera F., Stroh im Kopf? Gebrauchsanleitung fürs Gehirn, München, 1990

Blomeyer, Karl, Hypotheken und Grundschulden, Frankfurt a. M. 1980

Brück, Felix, Produkte- und Produktionsstrategie (VI)/Erfolgsfaktoren im Maschinenbau, Gezielt neue Technologien einsetzen, Handelsblatt, 16. 9. 1991, S. 16

Buchmann, Peter, Bonitätsbeurteilung (2), Aktuelle Daten ergänzen die „klassische" Bonitätsprüfung, in: Kreditpraxis 3/1991

Buchmann, Peter, Insolvenzprophylaxe; So lassen sich Gefahren für ein Unternehmen frühzeitig erkennen, in: Kreditpraxis 5/88, S. 11–14

Claudius, Matthias, Vom Gewissen

Commerzbank, Leitfaden „Aspekte der Kreditwürdigkeitsprüfung unter besonderer Berücksichtigung der Finanzierung von Investitionen", Frankfurt, Juli 1987

Commerzbank, Entwicklung der Unternehmens-Insolvenzen in der Bundesrepublik, Interne Schrift, 5/1986

Creditreform, Arbeitsunterlage: Creditreform Informationssystem, Neuss, 4/1986

Dehmer, Hans, Unternehmensnachfolge, in: Wirtschaft im Südwesten, Seite 14–16, Juli 1991

Der Betriebswirt, Schadensbegrenzung bei Insolvenzen, in: Der Betriebswirt 2/87, S. 19–22

Deutsche Bundesbank, „Die Untersuchung von Unternehmensinsolvenzen im Rahmen der Kreditwürdigkeitsprüfung durch die Deutsche Bundesbank", Monatsbericht Januar 1992, S. 30–36

Domet, Friedrich, Forschungsobjekt Seele, München 1971

Drever, James, Fröhlich, W. D., Wörterbuch zur Psychologie, dtv., Nördlingen 1977

dtv-Lexikon, Konversationslexikon in 20 Bänden, München, Oktober 1975

Dyllick, Thomas, Ökologisch bewußtes Management, in: Die Orientierung Nr. 96, 1990

Everling, Oliver, Wie unterscheiden sich Rating und Bonitätsprüfung?, in: Kreditpraxis 5, September 1991, S. 19–22

Everling, Oliver, Rating-Agenturen (31), Bonitätstrends im Vergleich, Börsen-Zeitung, 11. 4. 1991; Rating-Agenturen (28) (Standard & Poor's auf Akquisitionskurs), BÖZ, 12. 12. 1990, Rating-Agenturen (26), Moody's erhebt globalen Anspruch, in: BÖZ, 7. 11. 1990

Fisher, David, Insolvenzen: Sie müssen nicht sein, in: Kreditwesen 17/86, S. 9 f.

Froemer, Fried, Führungskräfte sollten Konsequenzen aus der „Kulturstufe" ihres Unternehmens ziehen, in: Handelsblatt Nr. 15 vom 5./6. 4. 1991

Führung von Mitarbeitern, Handbuch für erfolgreiches Personalmanagement, hrsg. Lutz von Rosenstiel, Erika Regnet, Michael Domsch, Schäfer Verlag, 1991

Gaberdiel, Heinz, Kreditsicherung durch Grundschulden, Sparkassenheft 7, Stuttgart, Januar 1985

Gabler, Banklexikon, 9. Auflage, Wiesbaden, 1984

Gälweiler, Alois, Die strategische Führung der Unternehmung, in: Der kaufmännische Geschäftsführer, 3. Nachlieferung 1979

Gösche, Axel, Woran scheitern Unternehmungen?, Ergebnisse einer Kienbaum-Untersuchung über die Ursachen von Insolvenzen, FAZ, Blick durch die Wirtschaft, Nr. 204, 23. Oktober 1987, S. 7

Gorsler, Hans, Möglichkeiten und Grenzen der Prognostik, Aufsatz in CH-D Wirtschaft, 4/90

Grundmann, Friedrich, Risikopolitik im Industriekreditgeschäft, in: Die Bank, S. 65–68, 2/1985

Hack, Uwe, Zukunftsorientierte Bonitätsanalyse bei gewerblichen Kreditnehmern, Kreditpraxis 2/89, S. 34–38

Hahn, D., Frühwarnsysteme, Krisenmanagement und Unternehmensplanung, in: Zeitschrift für Betriebswirtschaft, Ergänzungsheft 2/1979

Handbuch der Kreditprüfung, Hrsg. Wiesingen, Walter, Wien, 1987

Handelsblatt, Pleiten/Mehr als jede zweite Insolvenz betrifft eine GmbH; Die meisten Anträge werden mangels Masse abgelehnt, Handelsblatt vom 23. 5. 1990

Handelsblatt, Unternehmen und Märkte, Creditreform/Die Zahl der Unternehmenspleiten steigt seit einem Jahr wieder an; Schwachpunkte sind Eigenkapitalmangel sowie fehlendes Managementwissen, Handelsblatt vom 10. 6. 1992, S. 17

Hengstenberg, H.: Philosophische Anthropologie, Stuttgart, 1957

Hess, Josef: Insolvenzen, Managementfehler sind in den meisten Fällen letzte Ursache der Unternehmenszusammenbrüche, Untersuchung von Creditreform, Handelsblatt vom 29. 12. 1987, S. 10

Hoebel, K. J., Firmenkonkurs ist Führungskonkurs, Verdrängt: Jedes Marktproblem ist ein menschliches Problem, Südkurier vom 28. 3. 1988

Jenny, Klaus, Unternehmer und Risiko: Finanzierungsmöglichkeiten, Nr. 22, der Reihe „Aus der Sicht des Bankiers", Schweizerische Kreditanstalt, Dezember 1989

Katz, R. L., Management of the Total Enterprise, Englewood Cliffs, 1970

Kluge, Jürgen, Produkt- und Produktionsstrategie (V), Kleine Innovationsschritte für effiziente Entwicklung, Handelsblatt Nr. 173 v. 9. 9. 1991

Kobi, Jean-Marcel, Human Resources im kulturellen und strategischen Kontext, in: Die Orientierung Nr. 97, Bern, 1990

Kramer, Friedhelm, Produktinnovation, Der Weg zur Gewinnung und Sicherung von Marktanteilen, in: Die Orientierung, Nr. 66 Bern, 1977

Kreim, Erwin, Zukunftsorientierte Kreditentscheidung, Gabler Verlag, 1989

Kredite an Unternehmen, Deutscher Sparkassen- und Giroverband e. V., Sparkassenheft 81, Stuttgart, 5/85

Krystek, Ulrich; Giesecke, Gudrun, Strategische Bilanz: Erfolgspotentiale untersuchen, in: Kreditpraxis 2/92, S. 27–32

Krystek, Ulrich, Ursachen von Unternehmenskrisen, in: Kreditpraxis 4/87, S. 7–14

Kübler, Klaus-Joachim, Handwerk bedroht durch Insolvenzen, in: Der Betriebswirt 2/87, S. 8–11

Kurzfristiges Kreditgeschäft, Arbeitsheft Bankakademie, Frankfurt, 1/87

Lahnert, Walter, Die Risikofaktoren einer zweitstelligen Grundstücksbeleihung, in: Zeitschrift für das gesamte Kreditwesen, S. 68 f., 1965

Lay, Rupert S. J., Führen durch das Wort

Löffler, Helmut, Grundbuch und Grundstücksrecht, Frankfurt a. M., 1980

Löhner, Michael, Führen durch das Wort, Die Macht der Sprache, Sonderschrift zu einer Vortragsveranstaltung der Commerzbank AG, Filiale Singen, 1988

Löhner, Michael, Das Führungssystem als Unternehmensaufgabe, Von der Unternehmensphilosophie zur Mitarbeiterinteraktion, Sonderschrift zu einer Vortragsveranstaltung der Commerzbank AG, Filiale Singen, 1989

Lwoski, Hans-Jürgen, Kreditsicherheiten, Grundzüge für Studium und Praxis, 5. Auflage, Berlin, 1982

Management Wissen, Abschied vom Wettbewerb, 1/92, S. 4 ff.

Mc Gregor, D., Der Mensch im Unternehmen, Düsseldorf, 1970

Meffert, Heribert, Marketing: Einführung in die Absatzpolitik, 5. Auflage, Wiesbaden 1980

Meyer, Claus, Kunden-Bilanz-Analyse der Kreditinstitute, Eine Einführung in die Jahresabschluß-Analyse und in die Analyse-Praxis der Kreditinstitute, Schäfer Verlag, 1989

Muthesius, Volkmar, „Geld und Geist", kulturhistorische und wirtschaftspolitische Aufsätze von Dr. v. Muthesius, Fritz Knapp Verlag, Frankfurt a. M., 1961

Nahlik, Wolfgang, Praxis der Jahresabschlußanalyse, Recht-Risiko-Rentabilität, Gabler Verlag, 1989

Neuberger, O., Experimentelle Untersuchung von Führungsstilen, in: Gruppendynamik, 3, S. 191–219

Neuberger, O., Führungsverhalten und Führungserfolg, Berlin, 1976

Pack, L., Unternehmensführung, in: Handwörterbuch der BWL, Band 3, Stuttgart 1976, Spalte 4081. Arbeitsunterlage zur Veranstaltung A BWL I (Unternehmenspolitik) WS 1982/83

Profit impact for market systems (PIMS-Studie), in: Harvard Business Review, March–April 1974

Pümpin, Cuno, Abschied vom Wettbewerb, in: Zeitschrift Management Wissen, 1/92, S. 5 f.

Pümpin, Cuno, Kobi, J.-M., Wüthrich, H., Unternehmenskultur, in: Die Orientierung Nr. 85, Bern, 1985

Reske, W., Brandenburg, A., Mortsiefer, H., Insolvenzursachen mittelständischer Betriebe. Eine empirische Analyse, Göttingen 1978

Rödl, H., Insolvenzen durch Früherkennung vermeiden, in: Bank-Betrieb 10/76

Rödl, Helmut, Fehlurteile in der Finanzierung führen häufig zum Zusammenbruch des Unternehmens, Schon eine kleine Konjunkturflaute kann den Weg zum Konkursrichter bringen, Handelsblatt vom 6. 4. 1989, S. 30

Rössler, Günter und Adams, Heinz W., CIM/Schlag- oder Zauberwort?, Wenn die Organisation nicht stimmt, bringt die EDV-Integration nichts, Handelsblatt Nr. 70, 11. 4. 89, S. 21

Rohe, Christoph, So wurde ein Konkurs verhindert, in: Kreditpraxis 5/88, S. 35–38

Rosenstiel, L. v., Molt, W. & Rüttinger, B., Organisationspsychologie, Stuttgart, 1988

Rudolph, Siegbert, DSWR/DATEV-Sonderdruck III, Wie liest man die betriebswirtschaftliche Auswertung (BWA)?, Nürnberg

Sauter, Werner, Vom Vorgesetzten zum Entwicklungspartner, in: Die Bank, 3/91

Schmidt, Josef, „Vorbild zu sein ist die einzige Form des Führens", in: Computerwoche 25, 22. 6. 1990

Schmitz-Maibauer, Heinz, Der erfolgreiche Manager in der Zukunftsgesellschaft, Fakten, Voraussetzungen, Visionen, in: Zeitschrift CH-D Wirtschaft 10/90, S. 11–17

Schmoll, Anton, Kreditbeziehung in sozialpsychologischer Sicht, in: Die Bank, 10/90

Schmoll, Anton, Frühwarnsysteme, Kredite überwachen per EDV, in: Kreditpraxis 3/91, S. 12–17

Schmoll, Anton, Praxis der Kreditüberwachung: Ertragssteigerung durch effiziente Risikoreduzierung, Gabler Verlag, 1991

Schmoll, Anton, Kreditkultur, – Wie das Verhalten von Mitarbeitern und Kunden die Ergebnisse im Kreditgeschäft bestimmt, Gabler Verlag, 1988

Scholz, Christian, Pathologische Entwicklungen wirken sich im ganzen Unternehmen aus; Informationskultur ist Teil der Unternehmenskultur, in: Computerwoche, 11. 1. 1991, S. 23 f.

Schweizer Saubermänner, Handelsblatt, Junge Karriere, Wintersemester 1991/92

Seibel, Johannes, Kreditwürdigkeit ist ein Ergebnis und kein Zufall, Frankfurter Zeitung, Blick durch die Wirtschaft, Jg. 25, Nr. 34, 1982, S. 3

Seibel, Johannes, Die richtige Kontaktpflege zu Kreditgebern, Frankfurter Zeitung – Blick durch die Wirtschaft, Jg. 21, Nr. 27, 2. 2. 1978, S. 3 und Nr. 30, 6. 2. 1978, S. 3

Seipp, Walter, Risikopolitik im Firmenkreditgeschäft; Vortrag an der Universität Stuttgart-Hohenheim, Mai 1983

Sichtermann, Siegfried, Bedeutung und Behandlung der Eintragungen in Abt. II des Grundbuches, Sparkassenheft 14, Stuttgart, Mai 1974

Stein, J. H. von, Früherkennung von Kreditrisiken mit quantitativen Methoden, in: Betriebswirtschaftliche Blätter 10/1983

Stein, J. H. von, Zur Weiterentwicklung der Kreditbeurteilung, in: Betriebswirtschaftliche Blätter 5/84, S. 218 ff.

The New Dun & Bradstreet Rating. An instant guide to financial strength and risk, 05/89, Dun & Bradstreet Limited, London

Töpfer, Armin; Mehdorn, Hartmut, Total Quality Management (1), Anforderungen und Umsetzung in der Praxis, Der Zeit- und Qualitätswettbewerb wird zu einem erfolgbestimmenden Faktor, Handelsblatt v. 13. 1. 1992, S. 15

Ulich, E., Baitsch, C., Alioth, A., Führung und Organisation, Zeitschriftenreihe „Die Orientierung", Nr. 81, Bern, 2. Auflage 1987

Umweltschutz – ein Bankgeschäft?, Börsenzeitung vom 30. 11. 1991

Van Gisteren, Roland, Nr., Branchenorientierte Bonitätsanalyse mit Früherkennungseigenschaften dargestellt am Beispiel von Hochbauunternehmungen, Frankfurt, Januar 1986

Vester, F., Neuland des Denkens, Stuttgart, 1980

Vollmer, Günther, Eigenwerbung und Selbstdarstellung gehören zu Profil und Aufgaben des Erfolgsmanagers, Handelsblatt vom 4./5. Januar 1991

Vopel, Klaus W., Führungsqualitäten, Mutiges Management, Band 1, Hamburg, 1991

Wahrig, Gerhard, Deutsches Wörterbuch, Lexikon-Verlag, Gütersloh, 1978

Watzlawick, P., Wie wirklich ist die Wirklichkeit?, München, 1987

Weber, Joachim, CIM/Alle Produktionsschritte müssen von der Datenverarbeitung technisch erfaßbar sein, Um die rechnergesteuerte Fabrik ist es merklich ruhiger geworden, Handelsblatt Nr. 58, 22./23. 3. 1991, S. D1

Wirtschaftswoche, Risikofinanzierung, Wenig dazugelernt, S. 83 f., Nr. 31, 25. 7. 1986

Wöhe, Günter, Einführung in die Allgemeine Betriebswirtschaftslehre, 14. Auflage, München, 1981

Wolff, E., Zwangsversteigerungs- und Zwangsverwaltungsrecht, Sparkassenheft 61, Stuttgart, Dezember 1977

Zander, Erich, Führung in Klein- und Mittelbetrieben, 7. Auflage, Freiburg i. Br. 1990

Zander, Erich, Zu einem guten Führungsstil gehört die Mitarbeiterinformation, in: Computerwoche 16., 19. April 1991, S. 50–53

GABLER-Angebote zum Thema „Kreditgeschäft"

GABLER-Bücher zum Thema „Geldanlage" (Auswahl)

Harald Gerhards / Helmut Keller
Baufinanzierung von A bis Z
1993, 586 Seiten,
Broschur, DM 64,—
ISBN 3-409-39918-6

Karl H. Lindmayer
Geldanlage und Steuern '93
1993, 380 Seiten,
Broschur, 48,— DM
ISBN 3-409-14792-6

Odile Lombard / Didier Marteau
Devisenoptionen
1990, 205 Seiten,
gebunden, 98,— DM
ISBN 3-409-14117-0

Rüdiger Päsler
Handbuch des Investmentsparens
1991, 426 Seiten,
gebunden, 148,— DM
ISBN 3-409-19932-2

Peter Schöllhorn
Geldanlage und Vermögensverwaltung international
1991, 272 Seiten,
Broschur, 48,— DM
ISBN 3-409-14123-5

Hartmut Sieper
Geldanlage professionell
1991, 343 Seiten,
Broschur, 48,— DM
ISBN 3-409-14122-7

Lars Tvede
Psychologie des Börsenhandels
1991, 392 Seiten,
gebunden, 78,— DM
ISBN 3-409-14749-7

Günther Wudy (Hrsg.)
Geldanlage für Optionen und Futures
1993, 258 Seiten,
Broschur, 68,— DM
ISBN 3-409-14137-5

Zu beziehen über den Buchhandel oder den Verlag.

Stand der Angaben und Preise: 1.8.1993
Änderungen vorbehalten.

GABLER

BETRIEBSWIRTSCHAFTLICHER VERLAG DR. TH. GABLER, TAUNUSSTRASSE 52-54, 65183 WIESBADEN

MIX
Papier aus verantwortungsvollen Quellen
Paper from responsible sources
FSC® C105338

If you have any concerns about our products,
you can contact us on
ProductSafety@springernature.com

In case Publisher is established outside the EU,
the EU authorized representative is:
Springer Nature Customer Service Center GmbH
Europaplatz 3, 69115 Heidelberg, Germany

Printed by Libri Plureos GmbH
in Hamburg, Germany